音楽 1~3年 もくじ

JN085238

JASRAC 出 2010792-001
写真提供：アフロ，国立劇場，
　　　　　国立能楽堂，
　　　　　国立文楽劇場，
　　　　　いずみホール
協　　力：人形浄瑠璃文楽座
　　　　　むつみ会

解答 p.1

プラスワーク　楽典　五線譜と楽譜の記号

1 **大譜表** 音楽を記録するには五線譜を使うのが一般的である。

「ドレミファソラシド」は階名と呼ばれ，音名とは別のものだよ。

音名：ひとつひとつの高さの音に付けられた固有の音の名前

2 **線**

このページは，音楽の基本となることがらをまとめているので，しっかり覚えよう。

3 **ト音記号とヘ音記号**

★左の記号を（ ① ）記号という。

下の五線にト音記号をかこう。

★左の記号を（ ② ）記号という。

下の五線にヘ音記号をかこう。

4 **楽譜の記号**

ト音記号もヘ音記号も，記号をかく位置に注意しよう。

音部記号…音域に応じて，ト音記号やヘ音記号を使う。

（ ① ）…♯（シャープ）や♭（フラット）を使って調を表す。

（ ② ）記号…$\frac{2}{4}$，$\frac{3}{4}$，$\frac{4}{4}$，$\frac{6}{8}$ などを使うことが比較的多い。

ここでは，音楽に関するクイズを出題するよ。

プラスワーク 楽典 音符と休符

1 音符と休符

※全休符は１小節全体を休む場合にも使う。

	音符	4分音符＝1としたときの長さの割合		休符	
𝅝	全音符	 1　2　3　4	4	▬	全休符 ※
𝅗𝅥.	付点2分音符		3	▬	付点2分休符
𝅗𝅥	2分音符		2	▬	2分休符
♩.	付点4分音符		$1\frac{1}{2}$	𝄽.	付点4分休符
♩	4分音符		1	𝄽	4分休符
♪.	付点8分音符		$\frac{3}{4}$	𝄾.	付点8分休符
♪	8分音符		$\frac{1}{2}$	𝄾	8分休符
♬	16分音符		$\frac{1}{4}$	𝄿	16分休符

3連符…ある音を3等分した音符。

▁▁▁…♩を3等分する音符　　▁▁▁…𝅗𝅥を3等分する音符

2 音符と休符の長さの関係をまとめよう！

(1) 次の音符の名前を（　　）に書き，＿＿に同じ長さの休符を書きなさい。

① ♩ （　　　　　　　　　　）　　② 𝅝 （　　　　　　　　　　）

③ ♪ （　　　　　　　　　　）　　④ ♪. （　　　　　　　　　　）

(2) 次の休符の名前を（　　）に書き，＿＿に同じ長さの音符を書きなさい。

① ▬ （　　　　　　　　　　）　　② 𝄾 （　　　　　　　　　　）

③ 𝄽. （　　　　　　　　　　）　　④ ▬. （　　　　　　　　　　）

(3) 次の音符や休符の長さを，1つの音符や休符で表しなさい。

① ♪ ＋ ♪ ＝（　　　　　　　　　）　　② 𝅗𝅥 ＋ 𝅗𝅥 ＝（　　　　　　　　　）

③ ♩. ＋ ♪ ＝（　　　　　　　　　）　　④ 𝅗𝅥 ＋ ♩ ＝（　　　　　　　　　）

⑤ 𝄽 ＋ 𝄽 ＝（　　　　　　　　　）　　⑥ 𝄾 ＋ 𝄾 ＝（　　　　　　　　　）

Ｑ 2分音符は，8分音符何個分の長さかな？　　　答えは次のページ

プラスワーク

プラスワーク　楽典　拍子とリズム

解答 p.1

1　拍子記号

○→1小節の拍数
○→1拍に数える音符の種類

例 4/4 →1小節の拍数は4
　　　→1拍に数える音符は4分音符

数学の分数と形は似ているけど意味は違うね。

拍子…拍子には単純拍子と複合拍子がある。※（　　）内は主なものである。

　単純拍子：2拍子系（4分の2拍子，8分の2拍子，2分の2拍子）　例花

　　　　　　3拍子系（4分の3拍子，8分の3拍子）　例赤とんぼ，エーデルワイス

　　　　　　4拍子系（4分の4拍子，8分の4拍子）　例夏の思い出，荒城の月

　複合拍子：6拍子系（8分の6拍子）　例浜辺の歌，早春賦

2　拍子と音符の関係をまとめよう！

(1)　下のリズム譜に縦線を書きなさい。

(2)　下のリズム譜に，拍子記号を書き，□にあてはまる音符を1つの音符で書きなさい。

　A 4個分の長さだよ。2分音符は4分音符2個分の長さでもあるんだ。

解答 p.1

プラスワーク　楽典　音階・和音とコードネーム

1　音階と階名

　音階の始まりの音を（①　　　　　　　）という。音階の主なものに，長調の音階と短調の音階がある。音階の各音に付けられた名前を（②　　　　　　　）という。長調では主音を（③　　　　　　　），短調では主音を（④　　　　　　　）とする。一時的に音高を変化させるために，音符の左側に付ける♯，♭，♮などの記号を（⑤　　　　　　　）という。

ハ長調の音階

イ短調の音階

　　は全音，　　は半音，　　は全音＋半音を表す。

　日本の音階には，律音階，（⑥　　　　　　　）音階，都節音階，民謡音階などがある。音階によって，それぞれさまざまな特徴を持っている。

2　三和音と主要三和音

　音と音との高さの隔たりを（①　　　　　　　）という。音程は「度」で表す。基本となる音に３度と５度上の音を重ねたものを（②　　　　　　　）という。

ハ長調の三和音

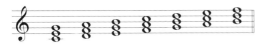

和音記号　Ⅰ　Ⅱ　Ⅲ　Ⅳ　Ⅴ　Ⅵ　Ⅶ

イ短調の三和音

和音記号　Ⅰ　Ⅱ　Ⅲ　Ⅳ　Ⅴ　Ⅵ　Ⅶ

　三和音のうち，特に重要なはたらきを持つ，Ⅰ・Ⅳ・Ⅴの和音を（③　　　　　　　）という。また，Ⅴの和音に，元になる音から７度上の音を加えた和音を（④　　　　　　　）という。

長調の主要三和音

短調の主要三和音

属七の和音

3　コードネーム

　和音の呼び方の一種で，和音のもとになる音の英語音名ＣＤＥＦＧＡＢＣと数字や記号などで表す（英語音名のＣは音名のハ，Ｄはニにあたる）。

　例　Ｃ…Ｃメイジャー，Ｃm…Ｃマイナー，Ｃ₇…Ｃセブンス

Ｑ♪ この記号をなんという？　　　　　　答えは次のページ

プラスワーク　楽典　調

解答 p.2

1　調号と臨時記号

♯や♭などの調号が付いている場合，その調号は，調が変わるときを除き，その曲の
（①　　　　　　　）まで有効である。臨時記号はその音から小節内にのみ有効である。
♯はその音を半音（②　　　　　　　）記号，♭はその音を半音（③　　　　　　　）記号，
♮は変化していた音を元に（④　　　　　　　）記号である。
例 ト長調にはヘ音を半音上げる♯の調号が付いているが，最後までヘ音には♯が付く。

2　いろいろな調の音階

さまざまな音を主音とする長調，短調が存在する。
例 ヘ長調の主音は（①　　　　　　　）音で，ニ短調の主音は（②　　　　　　　）音である。
ヘ長調では，調号♭が1つ付き，（③　　　　　　　）音が常に半音下がる。
ト長調では，調号♯が1つ付き，（④　　　　　　　）音が常に半音上がる。

ヘ長調
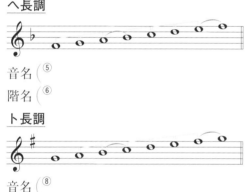
音名（⑤　　　　　　　）
階名（⑥　　　　　　　）

ニ短調

音名　ニ　ホ　ヘ　ト　イ　変ロ　嬰ハ　ニ
階名（⑦　　　　　　　）

ト長調
音名（⑧　　　　　　　）
階名（⑨　　　　　　　）

ホ短調

音名　ホ　嬰ヘ　ト　イ　ロ　ハ　嬰ニ　ホ
階名（⑩　　　　　　　）

3　平行調と同主調

★調号に用いられる記号の種類と数が同じ長調と短調を（①　　　　　　　）という。
平行調の例　ハ長調とイ短調（調号なし），ヘ長調とニ短調（調号は♭が1つ），
　　　　　　ト長調とホ短調（調号は♯が1つ）など。

★同じ音を主音とする長調と短調を（②　　　　　　　）という。
同主調の例　ハ長調（調号なし）とハ短調（調号は♭が3つ），など。

  Ⓐ 4分休符だよ。4分音符と同じ長さだけ休む休符なんだ。

> **プラスワーク** 楽典　音の強弱記号

1 音の強弱記号

下の表の空欄を埋め，音の強弱記号をまとめよう。

記号	読み方	意味
pp	①	②
p	ピアノ	弱く
mp	③	④
mf	⑤	⑥
f	フォルテ	強く
ff	⑦	⑧
< *crescendo* *cresc.*	⑨	⑩
> *decrescendo* *decresc.* *diminuendo* *dim.*	⑪ ⑫	⑬

※*cresc. decresc. dim.* は，それぞれ，*crescendo*，*decrescendo*，*diminuendo*を省略したものである。

> 強弱記号はしっかりまとめておこう。

2 強弱記号の理解を深めよう！

(1) 次の強弱記号を強い順に書きなさい。

mf　　*pp*　　*mp*　　*f*　　（　　　　　　）

(2) 次の強弱記号を弱い順に書きなさい。

ff　　*p*　　*mf*　　*mp*　　（　　　　　　）

(3) 次の強弱記号のうちで，もっとも弱いものを書きなさい。

mf　　*p*　　*f*　　*mp*　　（　　　　　　）

(4) *crescendo*を記号で書きなさい。

（　　　　　　）

(5) *diminuendo*を記号で書きなさい。

（　　　　　　）

解答 p.2

プラスワーク　楽典　速度記号

1 **速度記号** 下の表の空欄を埋め，音楽の速度記号をまとめよう。

記号	読み方	意味
Largo	ラルゴ	幅広く緩やかに
Adagio	アダージョ	緩やかに
Lento	レント	緩やかに
Andante	①	②
Moderato	③	④
Allegretto	⑤	⑥
Allegro	⑦	⑧
Presto	プレスト	急速に
♩ = 96	1分間に♩を（⑨　　　）	打つ速さで
ritardando	⑩	⑪
rit.		
accelerando	⑫	⑬
accel.		
allargando	アッラルガンド	強くしながらだんだん遅く
a tempo	⑭	⑮
Tempo I	テンポ プリモ	最初の速さで
Più mosso	ピウ モッソ	今までより速く
Meno mosso	メーノ モッソ	今までより遅く

2 **速度記号の理解を深めよう！**

(1) 次の速度記号を速い順に書きなさい。

Moderato　　Allegro　　Adagio　　Andante

（　　　　　　　　　　　　　　　　　　　　　　　　）

(2) 次の速度記号を遅い順に書きなさい。

Andante　　Lento　　Presto　　Allegretto

（　　　　　　　　　　　　　　　　　　　　　　　　）

  Ⓐ 全音符だよ。4分音符4個分の長さをもつ音符なんだ。

解答 p.2

プラスワーク 楽典 演奏のしかた・その他の記号，反復の記号

1 **演奏のしかた・その他の記号** 下の表の空欄を埋め，演奏のしかたやその他の記号をまとめよう。

記号	読み方	意味
♩	①	その音を短く切って
♩	②	その音の長さをじゅうぶんに保って
♩	③	その音を目立たせて，強調して
⌢	④	その音符（休符）をほどよくのばす
	⑤	すぐ隣の同じ高さの2つの音符をつなげる
	⑥	高さの違う2つ以上の音符を滑らかに

★その他の記号：*legato*（レガート）→滑らかに　　*molto*（モルト）→非常に

poco（ポーコ）→少し　　*poco a poco*（ポーコ ア ポーコ）→少しずつ

2 **反復の記号** 反復記号どおりに演奏すると，それぞれ，何小節になるか答えなさい。

アルファベット順に演奏する

(1) リピート

（　　　）小節

(2) 1番かっこ・2番かっこ

（　　　）小節

(3) ^{ダカーポ} *D.C.* と ^{フィーネ} *Fine*

（　　　）小節

(4) ^{ダルセーニョ} *D.S.*

（　　　）小節

(5) ⊕ と コーダ **Coda**

（　　　）小節

※記号の意味　*D.C.*：最初に戻る　　*D.S.*：𝄋に戻る　　*Fine*：終わり

⊕：次の⊕へとぶ　　**Coda**：「結び」の意味

Q 4分音符は，16分音符何個分の長さかな？　　答えは次のページ

解答 p.2

プラスワーク　楽典　楽曲形式とオーケストラの楽器

1　**楽曲形式①**　楽曲形式には一部形式，二部形式，三部形式などの種類がある。下の表で，Ａ，Ｂを大楽節，ａ，ａ′，ｂなどを小楽節と呼ぶ。

楽曲形式についてまとめよう。

●**一部形式**　Ａの形式。ａとａ′は似ている。

例　赤とんぼ

●**二部形式**　Ａ－Ｂの形式。ａとａ′は似ているが，ｂは似ていない。

例　浜辺の歌

●**三部形式**　Ａ－Ｂ－Ａの形式。ＡとＢは似ていない。

例　きらきら星（作詞：武鹿悦子）

musiQuiz　Ａ　４個分の長さだよ。４分音符は８分音符２個分の長さでもあるんだ。

2 **楽曲形式②** 楽曲形式には，さまざまな形式が存在するが，ここではソナタ形式とフーガについてまとめる。

ソナタ形式：交響曲やソナタはこの形式の楽章が多い。

例 ベートーヴェン「交響曲第5番 ハ短調」

提示部	性格の対照的な第1主題と第2主題が示される。
①	提示部の2つの主題を中心に，曲がさまざまな形で変形され，展開される。
再現部	提示部の2つの主題が再現される。提示部と似た形を取ることが多い。
コーダ	曲の最後を締めくくる部分。

フーガ：バロック時代に盛んに作曲された楽曲形式である。例 バッハ「フーガ ト短調」

始めに提示される主題に対し，他の（ ② ）が追いかけるように進んでいく。

「フーガ ト短調」の例　　ソプラノ　　アルト　　テノール　　バス

主題　→　応答　→　主題　→　応答

3 **オーケストラの楽器** オーケストラの楽器についてまとめよう。

グループ名	楽器名	特　徴
木管楽器	ピッコロ	フルートより1オクターブ高い音を出す。
	フルート	元々は木製であったが，現在は金属製の物が多い。
	①	オーケストラの音合わせはこの楽器で。イングリッシュホルンやファゴット同様，2枚のリードで音を出す。
	イングリッシュホルン	オーボエより管が長く，より低い音が出る。
	クラリネット	1枚のリードで音を出す。
	ファゴット	2枚のリードで音を出す。低音を担当する。
②	ホルン	角笛のような形の楽器。管が丸く巻かれている。
	トランペット	唇とピストンバルブを使って音の高さを調節する。
	トロンボーン	唇とスライドを使って音の高さを調節する。
	チューバ	金管楽器の低音を担当する。
打楽器	③	皮の表面の張力を加減して，音の高さを変化させる。2個以上の楽器を組み合わせて使うのが普通。
	大太鼓	太鼓の直径は80cm〜90cmほど。
	小太鼓	太鼓の直径は35cmほど。
	シンバル	金属製の2枚の円盤状の楽器。マレットで叩くことも。
弦楽器	④	弦楽器の中では最も高い音を出す。オーケストラでは第1・第2の2つのパートに分かれることが多い。
	ヴィオラ	ヴァイオリンよりひとまわり大きい。
	チェロ	低音を担当。いすに座って演奏する。
	コントラバス	オーケストラの低音を担当。立って演奏することも。

プラスワーク

Q 付点8分音符は，8分音符と何音符をたした長さ？　　答えは次のページ　　musiQuiz

解答 p.3

確認のワーク ステージ 1

1 We'll Find The Way 〜 はるかな道へ
ウィール ファインド ザ ウェイ

教科書の要点 次の各問いに答えよう。

1 基本データ 曲について，表にまとめなさい。

作詞・作曲		速度記号	♩= 〜
拍子	分の 拍子	調	調

2 歌詞 （　）にあてはまる歌詞を書きなさい。

一　今わたしたちは　はるかな道を　（①　　　　　）　歩みはじめた

　　それぞれの夢を　（②　　　　　）　まだ見ぬ場所に　想いをはせる

　　※Wo, oh, oh, oh　ぼくたちの時代は　Wo, oh, oh, oh　（③　　　　　）

　　We'll find the way　（④　　　　　）　Wo, oh, oh, oh　駆けぬけるだろう

二　今わたしたちは　風の中にいて　（⑤　　　　　）　翔ぼうとしている

　　それぞれの願い　（⑥　　　　　）　未来を見つめ　夜明けを越える

　　　　　　　　　　（以下※のくり返し）

3 楽典 「We'll Find The Way」で使われている記号について答えなさい。

●次の休符の名前を書きなさい。

▬ ＝は全休符

━ （①　　　　　）休符

> 音符だけでなく，休符についても，しっかりまとめておこう。

●次の記号の読み方と意味を書きなさい。

mp 読み方（②　　　　　）　意味 少し弱く

〜 読み方 タイ　←この記号　意味 すぐ隣の（③　　　　　）の2つの音符をつなげる

＜ 読み方 クレシェンド　意味（④　　　　　）

一問一答で要点チェック 次の各問いに答えよう。　/2問中

①何分の何拍子か答えなさい。　□①

②この曲の調を答えなさい。　□②

musiQuiz　🅰 16分音符だよ。8分音符の1.5倍の長さだね。

ステージ2 定着のワーク　**1　We'll Find The Way**
〜 はるかな道へ

解答 p.3　/100

① 次の楽譜について，あとの問いに答えなさい。　8点×6（48点）

(1) Aの休符の読み方を答えなさい。　（　　　　）

(2) Bの記号の意味を答えなさい。　（　　　　）

(3) Cの記号の読み方を答えなさい。　（　　　　）

(4) Dにあてはまる1番の歌詞を書きなさい。　（　　　　）

(5) △で囲んだアルファベットのことを何というか答えなさい。　（　　　　）

(6) 合唱するときの呼吸法として正しいものを，ア，イから選びなさい。　（　　　）

ア　ゆっくりと吸って素早く吐く　　イ　素早く吸ってゆっくりとむらなく吐く

② 次の楽譜について，あとの問いに答えなさい。　8点×4（32点）

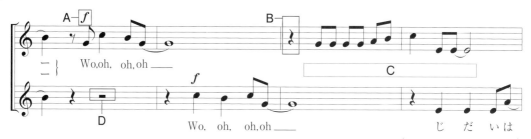

(1) Aの記号の意味を答えなさい。　（　　　　）

(2) Bの休符は何拍休みますか。　（　　　　）

(3) Cにあてはまる歌詞を書きなさい。　（　　　　）

(4) Dの休符は何拍休みますか。　（　　　　）

③ 2番の歌詞の前半を，歌う順に正しく並べかえなさい。　（10点）

A　それぞれの願い　星にたくして　　B　未来を見つめ　夜明けを越える

C　今わたしたちは　風の中にいて　　D　自由な空へと　翔ぼうとしている

（C→　　→　　→　　）

④ 次の楽譜の演奏する順番を答えなさい。　（10点）

（A→　　→　　→　　→　　）

Q *f* の読み方と意味を答えよう。　答えは次のページ

解答 p.3

確認のワーク ステージ**1** 2 青空へのぼろう

教科書の要点 次の各問いに答えよう。

1 基本データ 曲について，表にまとめなさい。

作詞			作曲		
形式	二部形式	拍子（ひょうし）	分の　拍子	調	調

2 歌詞 （　）にあてはまる歌詞を書きなさい。

一　みんなで行こう　どこまでも行こう（①　　　　　　　）　この道

　　みんなで行こう（②　　　　　　　）行こう　青空へ　のぼろうよ

　　誰（だれ）かが呼んでいる　どこかで（③　　　　　　　）　はるか遠い　空の向こうから

　　みんなで行こう　どこまでも行こう（④　　　　　　　）　のぼろうよ

二　みんなで歌おう　声合わせ歌おう（⑤　　　　　　　）歌う　この歌

　　（⑥　　　　　　　）歌おう　声合わせ歌おう　青空で　歌おうよ

　　どこまでも（⑦　　　　　　　）　夢のせて響（ひび）けよ　はるか遠い　空の向こうまで

　　みんなで歌おう　声合わせ歌おう　青空で　歌おうよ

はつらつとした感じで歌おう。

3 楽典 「青空へのぼろう」で使われている記号について答えなさい。
●次の休符（きゅうふ）の名前を書きなさい。

4分休符の2倍の長さ

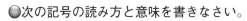 （①　　　　　　　）休符

●次の記号の読み方と意味を書きなさい。

　読み方 テヌート　　　意味 音の長さを（②　　　　　）に保って
←この記号

　読み方（③　　　　　）　　意味 音を短く切って
←この記号

一問一答で要点チェック 次の各問いに答えよう。

/3問中

①拍子を答えなさい。　　　　　　　　　　　□①

②次のAにあてはまる休符を
　書きなさい。　　　　□②

③ ♩ の読み方を答えなさい。　　　　　　　□③
←この記号

  A フォルテといって，強くという意味だよ。

定着のワーク ステージ2

2 青空へのぼろう

解答 p.3

/100

1 次の楽譜について，あとの問いに答えなさい。 8点×7（56点）

みんな　で　いこう　　a

(1) 作詞者・作曲者の正しい組み合わせをア〜ウから選びなさい。 （　）

　ア　江間章子・中田喜直　　イ　中野郁子・平吉毅州　　ウ　山上路夫・村井邦彦

(2) 拍子を○の形で答えなさい。 （　）

(3) 調を答えなさい。 （　）

(4) Aに入る「少し強く」という意味の記号を書いて，読み方を答えなさい。
　　　　　　記号（　）　　　読み方（　）

(5) Bの休符の読み方を答えなさい。 （　）

(6) aにあてはまる1番の歌詞を書きなさい。 （　）

2 次の楽譜について，あとの問いに答えなさい。 4点×6（24点）

(1) Aに入る休符を書きなさい。 （　）

(2) Bの記号の読み方を答えなさい。 （　）

(3) C，Dの記号の読み方と意味を答えなさい。
　　C　読み方（　）　　意味（　）
　　D　読み方（　）　　意味（　）

3 次の楽譜について，あとの問いに答えなさい。 4点×5（20点）

a

(1) Aの記号の読み方と意味を答えなさい。 読み方（　）
　　意味：すぐ隣の同じ高さの2つの音符を（　）

(2) Bの休符は何拍休むか答えなさい。 （　）

(3) この曲に合う歌い方をア〜ウから選びなさい。 （　）

　ア　ゆったりと歌う　　イ　マーチのように歌う　　ウ　重々しく歌う

(4) aにあてはまる1番の歌詞を書きなさい。 （　）

解答 p.4

確 ステージ **1**
認 のワーク

3 主人（あるじ）は冷たい土の中に

教科書の要点 次の各問いに答えよう。

1 基本データ 曲について，表にまとめなさい。

作曲	「おおスザンナ」などを作曲したアメリカの作曲家	速度記号	アンダンテ ゆっくり歩くような速さで
形式	二部形式	拍子（ひょうし） 分の 拍子	調 調

2 歌詞 （ ）にあてはまる歌詞を書きなさい。

一 （①　　　　　　　　） 空　白い雲　そよ風優しく　昔を語る
　 （②　　　　　　　　）　　あの笑顔（えがお）　眠れよ静かに　静かに眠れ
二 （③　　　　　　　　）　　遠い日よ　春夏秋冬　月日は巡る
　 思い出す　あの笑顔　眠れよ静かに （④　　　　　　　）

「主人」と書いて「あるじ」と読むよ。

3 楽典 「主人は冷たい土の中に」で使われている記号や音階について答えなさい。

●次の記号の読み方と意味を書きなさい。

Andante　読み方 （①　　　　　　　　）　意味 ゆっくり歩くような速さで

mp　　読み方 メッゾ ピアノ　　　意味 （②　　　　　　　　）

⌒•　　読み方 （③　　　　　　）　意味 その音符（休符）をほどよく （④　　　　　　　）

●次の五線にハ長調の音階を全音符で書き，階名（おんぶ）も答えなさい。

階名 （⑤ ド　　　　　　　　　　　　　　　　　　　　）

A B

4 アルトリコーダーの運指 アルトリコーダーについて，次の楽譜（がくふ）の
AとBの音符の運指を塗（ぬ）りなさい。

A B

一問一答で要点チェック 次の各問いに答えよう。

/2問中

①この曲の作曲者を答えなさい。　　　　　　　　　　☐①
②この曲の形式を答えなさい。　　　　　　　　　　　☐②

 musiQuiz

Ａ 息つぎ（ブレス）をする場所を示す記号だよ。

定 ステージ **2**
着 のワーク ▶ **3 主人は冷たい土の中に**

1 次の楽譜について，あとの問いに答えなさい。 8点×5（40点）

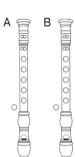

(1) AとBの音符をアルトリコーダーで吹くときの運指を塗りなさい。

(2) Bの音符の名前を答えなさい。 （ ）

(3) Bの音符の階名を書き，このフレーズが終わる感じか，続く感じか答えなさい。 階名（ ） フレーズ（ ）

2 次の楽譜について，あとの問いに答えなさい。 6点×10（60点）

(1) 何分の何拍子か答えなさい。 （ ）

(2) この曲に合う速度を**ア**〜**ウ**から選びなさい。 （ ）

> **ア Allegro イ Andante ウ ♩=100**

(3) Aの記号の意味を答えなさい。 （ ）

(4) Bと同じリズムの音符を**ア**〜**ウ**から選びなさい。 （ ）

>

(5) Cの記号の意味を答えなさい。 （ ）

(6) Dの音符と同じ長さの休符を書きなさい。

（ ）

(7) Eの音符の階名を書き，このフレーズが終わる感じか，続く感じか答えなさい。
階名（ ） フレーズ（ ）

(8) Fの線の名前として正しいものを**ア**〜**ウ**から選びなさい。 （ ）

> **ア 縦線 イ 複縦線 ウ 終止線**

(9) aにあてはまる歌詞を書きなさい。 （ ）

解答 p.4

4 アニー・ローリー

教科書の要点 次の各問いに答えよう。

1 基本データ 曲について，表にまとめなさい。

作詞	ダグラス	作曲	
速度記号		拍子	分の 拍子

2 歌詞 （ ）にあてはまる歌詞を書きなさい。

一 なつかし（①　　　　　）に 露はあれど
　（②　　　　　）のアニー・ローリー　いまやいずこ
　君にあいし（③　　　　　）はゆけど
　いとしのアニー・ローリー　（④　　　　　）忘れじ
二 （⑤　　　　　）のひたいよ　やさしうなじ
　輝く（⑥　　　　　）は　清く澄みし
　くらぶもなき（⑦　　　　　）よ
　いとしのアニー・ローリー　夢忘れじ

スコットランドの民謡としても知られているよ。
転調に注意して歌おう。

3 楽典 「アニー・ローリー」で使われている記号や音階について答えなさい。

●次の記号の読み方と意味を書きなさい。

Moderato　読み方（①　　　　　）　意味（②　　　　　）の速さで

●イ短調の音階に，階名を書きなさい。

イ短調

階名（③ラ　　　　　）

4 アルトリコーダーの運指 アルトリコーダーについて，次の楽譜のAとBの音符の運指を塗りなさい。

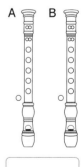

A　B

一問一答で要点チェック 次の各問いに答えよう。

/2問中

①この曲の速度を答えなさい。　　　　　　　　　　　　　①
②この曲の拍子を答えなさい。　　　　　　　　　　　　　②

🅰 クレシェンドといって，だんだん強くという意味だよ。

定着のワーク　ステージ**2**

4　アニー・ローリー

解答　p.4

/100

1 次の楽譜について，あとの問いに答えなさい。　　　5点×6（30点）

1　なつ　か　しか　わ　べ　に　　　　　　a

(1)　作曲者を**ア**〜**ウ**から選びなさい。　　　　　　（　　　　　　）

> **ア** フォスター　　**イ** ロジャーズ　　**ウ** スコット夫人

(2)　拍子を♩の形で答えなさい。　　　　　　　　（　　　　　　）

(3)　この部分の調を答えなさい。　　　　　　　　（　　　　　　）

(4)　**A**の記号の読み方と意味を答えなさい。

　　　　　　　読み方（　　　　　　）意味（　　　　　　）

(5)　**a**にあてはまる歌詞を書きなさい。　　　　　（　　　　　　）

2 次の楽譜について，あとの問いに答えなさい。　　　6点×4（24点）

(1)　**A**，**B**の音符の階名を答えなさい。

　　　　　　　　　　　　　A（　　　　）　**B**（　　　　）

(2)　a，bの音符の名前を答えなさい。

　　　　　　　　a（　　　　　　）　b（　　　　　　）

3 下の楽譜にイ短調の音階を全音符で書きなさい。　　（10点）

4 次の問いに答えなさい。　　　6点×6（36点）

(1)　**A**〜**C**の音符をアルトリコーダーで吹くときに，閉じる穴を
塗りなさい。

(2)　(1)の楽譜のa〜cの階名を答えなさい。

　　　　a（　　　　）　b（　　　　）　c（　　　　）

Ｑ **p** の読み方と意味を答えよう。　　　答えは次のページ

解答 p.5

確 ステージ **1**
認 のワーク

5　浜辺の歌

教科書の要点　次の各問いに答えよう。

1 **基本データ**　曲について，表にまとめなさい。

作詞			作曲				
			代表作に「かなりや」「赤い鳥小鳥」など				
速度記号	♪=104〜112	拍子	分の　　拍子		調		調
形式	二部形式		合唱形態		斉唱		

2 **歌詞**　（　　）にあてはまる歌詞を書きなさい。

一　あした（①　　　　　）を　さまよえば
　　朝
　　（②　　　　　）のことぞ　しのばるる
　　　　　　　　　　　　思い出される
　　風の音よ　雲の（③　　　　　）
　　寄する波も　（④　　　　　）の色も
二　（⑤　　　　　）浜辺を　もとおれば
　　　　　　　　　　　　歩きまわれば
　　昔の人ぞ　（⑥　　　　　）
　　（⑦　　　　　）よ　かえす波よ
　　（⑧　　　　　）も　星のかげも

辻堂海岸（神奈川県）

3 **楽典**　「浜辺の歌」で使われている記号について答えなさい。

●次の音符の名前を書きなさい。

♪　（①　　　　　）分音符

4分音符と，4分音符の半分を
合わせた長さ

♩.　（②　　　　　）分音符

●次の記号の読み方と意味を書きなさい。

mp　読み方 メッゾ ピアノ　　意味（③　　　　　）

＜　読み方（④　　　　　）　意味 だんだん強く

Ⅴ　読み方 ブレス　　意味（⑤　　　　　）

rit.　読み方（⑥　　　　　）　意味 だんだん遅く

 A ピアノといって，弱くという意味だよ。

4 **この曲について** （　　）にあてはまる言葉を□□□から選んで書きなさい。

作詞者は国文学者，漢文学者でもあった（①　　　　　　　）で，詩のアイデアは
（②　　　　　　　）の辻堂海岸をイメージしたといわれている。作曲者は数多くの童謡を残
した（③　　　　　　　）である。この曲はほとんどの（④　　　　　　　）に強弱記号が付け
られていて，曲に対する作曲者の思いが感じられる。

> 成田為三（なりたためぞう）　　フレーズ　　林古溪（はやしこけい）　　神奈川県（かながわ）

5 **曲の形式について** 「浜辺の歌」の楽譜について，次の問いに答えなさい。

◆上の**ア〜エ**を正しい順に並べなさい。

（①　　　　　→　　　　　→　　　　　→　エ　）

◆この曲の形式を答えなさい。

（②　　　　　　　　　　　）

〔一問一答で要点チェック〕　次の各問いに答えよう。　　　　　/6問中

①作詞者を答えなさい。　　　　　　　　　　　　　　　　　①
②速さとして適切なものを次から選びなさい。
　　ア　♪=104~112　　イ　♩=88　　ウ　♪=88　　　②
③何分の何拍子か答えなさい。　　　　　　　　　　　　　③
④何調か答えなさい。　　　　　　　　　　　　　　　　　④
⑤合唱形態を答えなさい。　　　　　　　　　　　　　　　⑤
⑥次の**A**にあてはまる
　音符を書きなさい。　　　♩. ＝（　**A**　）＋ ♪　　⑥

解答　p.5

/100

ステージ**2**

定着のワーク

5　浜辺の歌

① （　）にあてはまる歌詞を書きなさい。　　　　　　3点×8（24点）

一

（　A　）浜辺を　さまよえば

昔のことぞ　（　B　）

（　C　）の音よ　雲のさまよ

寄する（　D　）　かいの色も

二

ゆうべ浜辺を　（　E　）

（　F　）　しのばるる

寄する波よ　（　G　）波よ

月の色も　（　H　）も

A（　　　　　　）

B（　　　　　　）

C（　　　　　　）

D（　　　　　　）

E（　　　　　　）

F（　　　　　　）

G（　　　　　　）

H（　　　　　　）

② （　）にあてはまる言葉をア～エから選びなさい。　　　　3点×4（12点）

⑴　1番の歌い出しの部分の「あした」とは，（　）のことである。　　（　　　）

⑵　2番の歌い出しの部分の「ゆうべ」とは，（　）のことである。　　（　　　）

⑶　1番，2番の「しのばるる」とは，（　）の意味である。　　（　　　）

⑷　2番の「もとおれば」とは，（　）の意味である。　　（　　　）

> ア　歩きまわる　　イ　朝　　ウ　夕方　　エ　思い出される

③ 次の問いに答えなさい。　　　　　　3点×6（18点）

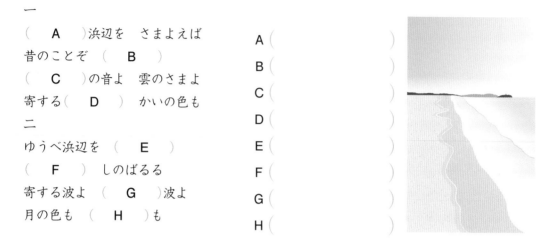

⑴　次のa～dにあてはまる言葉や数字を書きなさい。

$\frac{6}{8}$は「（　a　）分の（　b　）拍子」と読み，（　c　）音符を1拍として1小節に（　d　）拍数える拍子という意味です。

a（　　　）　b（　　　）　c（　　　）　d（　　　）

⑵　Aの記号の意味を答えなさい。　　　　　　（　　　　　　　）

⑶　この曲を指揮するときの正しい仕方を，ア～ウから選びなさい。　（　　　）

ア　　　　　　　イ　　　　　　　ウ

3 2 1 4 5 6

2 1 3 4

1 2 3

 　Ⓐ 2個分の長さだよ。8分休符も，16分休符2個分の長さなんだ。

4 次の問いに答えなさい。

3点×7〔21点〕

(1) **A**のピアノ伴奏の音型は，何を表現しているか。**ア**〜**ウ**から選びなさい。（　　　）

　　ア 鳥の鳴き声　　**イ** さざ波の音　　**ウ** 雨の音

(2) **B**にあてはまる休符を書きなさい。（　　　）

(3) **C**と同じ長さを表す音符を**ア**〜**ウ**から選びなさい。（　　　）

　　ア ♪　　**イ** ♪　　**ウ** ♩

(4) **D**の記号の読み方と意味を答えなさい。

　　　　　　読み方（　　　　　　）意味（　　　　　　）

(5) **E**に入る「弱く」という意味の記号を書きなさい。（　　　）

(6) ヘ長調の音階では，ある音が必ず半音下がる。この音は何か。（　　　）音

5 次の問いに答えなさい。

5点×5〔25点〕

(1) この曲の形式は，右の図のようになっている。この形式
　　の名称を答えなさい。

　　　　　　　　　　　　　（　　　　　　）

(2) この曲の作曲者を**ア**〜**エ**から選びなさい。（　　　）

　　ア 山田耕筰　　**イ** 滝　廉太郎　　**ウ** 中田　章　　**エ** 成田為三

(3) この曲の作詞者を**ア**〜**エ**から選びなさい。（　　　）

　　ア 林　古溪　　**イ** 武島羽衣　　**ウ** 吉丸一昌　　**エ** 三木露風

(4) 作詞者がこの詩の着想を得た辻堂海岸がある県を**ア**〜**エ**から選びなさい。（　　　）

　　ア 山口県　　**イ** 千葉県　　**ウ** 秋田県　　**エ** 神奈川県

(5) この曲はどのような表情で歌うとよいかを**ア**〜**エ**から選びなさい。（　　　）

　　ア 情熱的に　　**イ** 力強く　　**ウ** 優美に　　**エ** さびしく

Q 「同じ」高さの2つの音をつなぐのは，タイ？スラー？　　答えは次のページ

解答 p.6

確 ステージ **1**
認 のワーク

6 赤とんぼ

教科書の要点　次の各問いに答えよう。

1 基本データ　曲について，表にまとめなさい。

作詞		作曲	代表作は「この道」「ペチカ」など	速度記号	♪=58~63
拍子 （ひょうし）	分の　　拍子	調	変ホ長調	形式	一部形式

2 歌詞　（　　）にあてはまる歌詞を書きなさい。

一　夕やけ小やけの （①　　　　　　　）

　　負われて見たのは （②　　　　　　　）か
　　背負われて

二　山の畑の （③　　　　　　　）を

　　小籠に摘んだは （④　　　　　　　）か
　　こかご

三　十五で姐やは （⑤　　　　　　　）
　　　　　ねえ
　　　　　子守娘

　　お里のたよりも （⑥　　　　　　　）
　　故郷からの手紙も

四　夕やけ（⑦　　　　　　　）赤とんぼ

　　（⑧　　　　　　　）竿の先
　　　　　　　　　　　さお

> 1番の後半から3番までは過去のことを思い出して歌っているよ。

> この曲は，2つの旋律のまとまりでできているね。

3 楽典　「赤とんぼ」で使われている記号について答えなさい。

● 次の記号の読み方と意味を書きなさい。

p　　読み方 （①　　　　　　　）　　意味 弱く

mf　　読み方 （②　　　　　　　）　　意味 少し（③　　　　　　　）

＜　　読み方 クレシェンド　　意味 だんだん（④　　　　　　　）

＞　　読み方 （⑤　　　　　　　）　　意味 だんだん（⑥　　　　　　　）

一問一答で要点チェック　次の各問いに答えよう。

/2問中

①作曲者を答えなさい。　　　　　　　　　　　□①
②拍子を答えなさい。　　　　　　　　　　　　□②

 musiQuiz

Ⓐ タイだよ。隣り合った同じ高さの音符をつないで1つの音にするんだ。

定 ステージ **2**
着 のワーク

6　赤とんぼ

解答 p.6

/100

1 次の楽譜について，あとの問いに答えなさい。　　　　7点×10（70点）

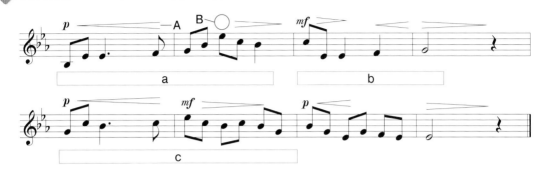

(1) 作詞者と作曲者を◯◯から選んで書きなさい。

成田為三　　山田耕筰　　江間章子　　三木露風

作詞者（　　　　　　　）
作曲者（　　　　　　　）

(2) 拍子を $\frac{\bigcirc}{\bigcirc}$ の形で答えなさい。　　　　　　　　（　　　　　）

(3) Aの記号の読み方と意味を答えなさい。

読み方（　　　　　）　意味（　　　　　）

(4) Bに入る強弱記号を書きなさい。　　　　　　　　　　　（　　　　　）

(5) この曲に合う速度を**ア**～**ウ**から選びなさい。　　　　　（　　　　　）

ア ♩=72~84　　**イ** ♪=60　　**ウ** ♩=58~63

(6) aにあてはまる1番の歌詞を書きなさい。　　（　　　　　　　）

(7) bにあてはまる2番の歌詞を書きなさい。　　（　　　　　　　）

(8) cにあてはまる3番の歌詞を書きなさい。　　（　　　　　　　）

2 次の問いに答えなさい。　　　　6点×5（30点）

(1) 「負われて」の意味を**ア**～**ウ**から選びなさい。　　（　　　　　）

ア 終わって　　**イ** 背負われて　　**ウ** おおわれて

(2) 「お里のたより」の意味を**ア**～**ウ**から選びなさい。　（　　　　　）

ア 故郷のみやげ　　**イ** 故郷からたずねて来る人　　**ウ** 故郷からの手紙

(3) 「姐や」とはだれのことか。**ア**～**ウ**から選びなさい。　（　　　　　）

ア 姉　　**イ** 子守娘　　**ウ** いとこ

(4) 過去の回想を歌っているのは，何番から何番か答えなさい。　（　　　　　）

(5) この曲はA（a，b）の形式で構成されている。このような形式を何と呼ぶか。

（　　　　　）

ステージ **1** 確認のワーク

7 Edelweiss
エーデルワイス

教科書の要点 次の各問いに答えよう。

1 基本データ 曲について，表にまとめなさい。

作詞		作曲		
速度記号	**Moderato** （♩=116ぐらい）	拍子（ひょうし）	分の	拍子
形式	二部形式	調		調

2 歌詞 （　）にあてはまる英語の歌詞を書きなさい。

Edelweiss, Edelweiss, Ev'ry (① 　　　　) you greet me.

Small and white, Clean and bright, You look (② 　　　　) to meet me.

Blossom of (③ 　　　　), may you bloom and grow, Bloom and grow forever.

Edelweiss, Edelweiss, Bless my (④ 　　　　) forever.

3 楽典 「エーデルワイス」で使われている記号について答えなさい。

●次の休符（きゅうふ）の名前を書きなさい。

1拍分休む

𝄽 （① 　　　　）休符

●次の記号の読み方と意味を書きなさい。

エーデルワイスの花

∨　読み方 ブレス　　意味 （② 　　　）をする

mp　読み方 （③ 　　　）　意味 少し（④ 　　　）

mf　読み方 メッゾ フォルテ　意味 少し（⑤ 　　　）

＞　読み方 （⑥ 　　　）　意味 だんだん（⑦ 　　　）

一問一答で要点チェック 次の各問いに答えよう。

/3問中

①拍子を答えなさい。　　　　　　　　　　　　　　□ ①
②この曲の調を答えなさい。　　　　　　　　　　　□ ②
③＞の意味を答えなさい。　　　　　　　　　　　　□ ③

musiQuiz　Ⓐ 斉唱だよ。英語では「ユニゾン」というんだ。

解答 p.6

/100

定着のワーク ステージ**2**

7　Edelweiss

よく出る ① 次の楽譜について，あとの問いに答えなさい。　　　　7点×6（42点）

(1)　作詞者と作曲者を書きなさい。

作詞者（　　　　　　　　　　　　　）　作曲者（　　　　　　　　　　）

(2)　拍子を $\frac{○}{○}$ の形で答えなさい。　　　　　　　　　（　　　　　　　　）

(3)　**A**の記号の意味を答えなさい。　　　　　　　　　（　　　　　　　　）

(4)　エーデルワイスはどの地方の高山植物か答えなさい。（　　　　　　　　）

(5)　エーデルワイスの花の色を**ア**〜**ウ**から選びなさい。　（　　　　　　　　）

ア　赤　　**イ**　白　　**ウ**　オレンジ色

左ページの写真で
確認しよう。

**② ** 次の楽譜について，あとの問いに答えなさい。　　　　7点×4（28点）

し　　ろ　　い　　　　　a　　　　ぬ　れ　て　　　　b　　　　A

(1)　a，bにあてはまる歌詞を書きなさい。

a（　　　　　　　）　b（　　　　　　　）

(2)　**A**の音符の名前と何拍分の長さかを答えなさい。

読み方（　　　　　　　）　長さ（　　　　　　　）

**③ ** 次の楽譜について，あとの問いに答えなさい。　　　　6点×5（30点）

(1)　**A**の記号の意味を答えなさい。　　　　　　　　　（　　　　　　　　）

(2)　**B**の記号の読み方を答えなさい。　　　　　　　　（　　　　　　　　）

(3)　この曲が歌われているミュージカルの名前を答えなさい。（　　　　　　　　）

(4)　この曲の**a−a′**　**b−a′**のような形式を何形式と呼ぶか答えなさい。

（　　　　　　　　）

(5)　上の楽譜は**a**，**a′**，**b**のどの部分か答えなさい。　（　　　　　　　　）

Q 𝄞 この記号を何という？　　　　　　　答えは次のページ　musiQuiz

解答 p.7

確認のワーク ステージ **1**

8 夢の世界を

教科書の要点　次の各問いに答えよう。

1 **基本データ**　曲について，表にまとめなさい。

作詞		作曲			
速度記号	♩= ～	拍子	分の　拍子	調	調
形式	二部形式	合唱形態	唱 → 声 部合唱		

2 **歌詞**　（　）にあてはまる歌詞を書きなさい。

一　微笑み交わして　語り合い （①　　　　　　　　　）を踏んで　歩いたね

　　並木の銀杏を （②　　　　　　　　　）に　いつかも夕日が　映し出したね

　　※さあ　でかけよう （③　　　　　　　　　）のあふれる　道を駆け抜け

　　さあ （④　　　　　　　　　）素晴らしいぼくらの　夢の世界を

二　小鳥のさえずり　聞きながら （⑤　　　　　　　　）を　眺めたね

　　（⑥　　　　　　　　　）も　すみわたり　いつかもぼくらを　映し出したね

※くり返し

前半と後半の違いを感じ取って歌おう。

3 **楽典**　「夢の世界を」で使われている記号について答えなさい。

● 次の記号の読み方と意味を書きなさい。

rit.　　読み方 （①　　　　　　　　）　　意味 だんだん（②　　　　　　　　）

a tempo　読み方 ア テンポ　　意味 もとの（③　　　　　　　）で

♩　　読み方 （④　　　　　　　）　　意味 音の長さをじゅうぶんに保って

←この記号

一問一答で要点チェック　次の各問いに答えよう。

/4問中

① この曲は何分の何拍子か答えなさい。	□①
② *a tempo*の読み方と意味を書きなさい。	□② 読み方
	意味
③ この曲の調を答えなさい。	□③

定 ステージ **2**
着 のワーク

8　夢の世界を

解答 p.7
/100

1 次の楽譜について，あとの問いに答えなさい。　6点×5（30点）

（1）作詞者と作曲者を　から選びなさい。

山上路夫　芙龍明子　村井邦彦　橋本祥路

作詞者（　　　）
作曲者（　　　）

（2）Aにあてはまる1番の冒頭の歌詞を書きなさい。（　　　）

（3）拍子を○/○の形で答えなさい。（　　　）

（4）この曲を指揮するときの振り方で，適切なものを答えなさい。（　　　）

 ア　 イ　 ウ　

123456　1 2 3　2 1 3 4

2 次の楽譜について，あとの問いに答えなさい。　7点×6（42点）

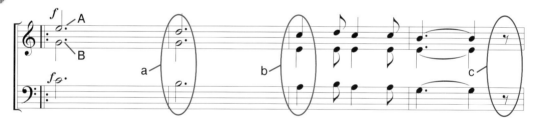

（1）この部分の合唱形態を答えなさい。（　　　）

（2）A，Bのパートをそれぞれ何と呼ぶか。A（　　　）B（　　　）

（3）a〜cの音符や休符の長さは何拍分にあたるか答えなさい。
a（　　　）b（　　　）c（　　　）

3 次の楽譜について，あとの問いに答えなさい。　7点×4（28点）

（1）A，Cの記号の読み方を答えなさい。　A（　　　）C（　　　）

（2）Bに入る強弱記号を書きなさい。（　　　）

（3）A，Dの記号によって，2小節目から3小節目の速度はどのように変わるか。
ア　だんだん遅くなり，*a tempo*から速くなる。（　　　）
イ　だんだん速くなり，*a tempo*から遅くなる。

Q ♯の読み方と意味を答えよう。　答えは次のページ

解答 p.7

確認のワーク　ステージ1

9　生命が羽ばたくとき

教科書の要点　次の各問いに答えよう。

1 基本データ　曲について，表にまとめなさい。

作詞		作曲	
速度記号　♩=　　ぐらい	拍子　　分の　　拍子	調	調

2 歌詞　（　）にあてはまる歌詞を書きなさい。

一　夢見ることは（①　　　　　）　未来の日々を　信じること
　　明日から　吹く風に（②　　　　　）　羽ばたこう　今
　　夕日追いかけて（③　　　　　）　本当の自分さがす
　　（④　　　　　）　夢見るために　生まれてきた
二　（⑤　　　　　）　生きる光　確かな生命　感じること
　　心へと（⑥　　　　　）　やさしさの意味を　分けあおう　今
　　（⑦　　　　　）　心つくし　この時をともに歩む
　　愛するために　愛するために（⑧　　　　　）

歌詞をしっかりイメージして歌おう。

3 楽典　「生命が羽ばたくとき」で使われている記号について答えなさい。

●次の音符や休符の名前を書きなさい。

2つつなげるときは♫のように書く。

（①　　　　　）分音符　　　　■（②　　　　　）休符

●次の記号の読み方と意味を書きなさい。

読み方（③　　　　　）　意味　音の長さをじゅうぶんに（④　　　　　）
←この記号

●次の楽譜の演奏する順番を答えなさい。

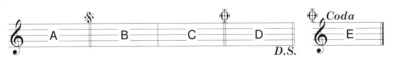

（⑤　　　）→　　→　　→　　→　　→　　→

一問一答で要点チェック　次の各問いに答えよう。　　/2問中

①この曲の調を書きなさい。　　　　　□①
②何分の何拍子か答えなさい。　　　　□②

musiQuiz　A　シャープといって，半音上げるという意味だよ。

9　生命が羽ばたくとき

1 次の楽譜について，あとの問いに答えなさい。　　8点×6（48点）

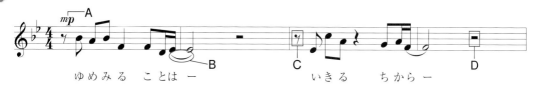

(1) この曲に合う速度をア〜エから選びなさい。　　　　　　（　　　）

　ア ♩=56ぐらい　　イ ♩=136ぐらい　　ウ ♩=86ぐらい　　エ ♩=186ぐらい

(2) Aの記号の意味を答えなさい。　　　　　　　　　　　（　　　）

(3) Bの記号について，次の①，②にあてはまる言葉を書きなさい。
　この記号は（　①　）と読み，同じ高さの２音を（　②　）という意味である。
　　　　　　　　　　　　　①（　　　　　　）②（　　　　　　）

(4) Cの休符と同じ長さの音符を書きなさい。　　　　　（　　　）

(5) Dの記号の名前を答えなさい。　　　　　　　　　　（　　　）

2 次の楽譜について，あとの問いに答えなさい。　　8点×5（40点）

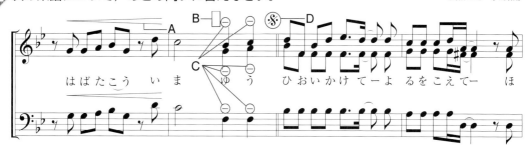

(1) Aと同じ意味の記号をア〜ウから選びなさい。　　　（　　　）

　ア *decresc.*　　イ *cresc.*　　ウ *dim.*

(2) Bに入る強弱記号を答えなさい。　　　　　　　　　（　　　）

(3) Cの記号の読み方と意味を書きなさい。
　　　　　読み方（　　　　　　）意味（　　　　　　）

(4) Dの記号に戻るための指示をする記号を答えなさい。（　　　）

3 次の楽譜の演奏する順番を答えなさい。　　（12点）

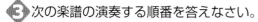
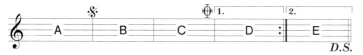

（A→　→　→　→　→　→　→　→　→　→　）

Q *mp* の読み方と意味を答えよう。　　　答えは次のページ

解答　p.8

確認のワーク　ステージ **1**

10　翼をください

教科書の要点　次の各問いに答えよう。

1 基本データ　曲について，表にまとめなさい。

作詞		作曲		
速度記号	中ぐらいの速さで	拍子	分の	拍子
調	調	合唱形態	声	部合唱

2 歌詞　(　)にあてはまる歌詞を書きなさい。

一　今　私の(①　　　　　)が　かなうならば　(②　　　　　)がほしい
　　この背中に(③　　　　　)のように　白い翼つけてください
　　この(④　　　　　)に翼を広げ　(⑤　　　　　)行きたいよ
　　(⑥　　　　　)のない自由な空へ　翼はためかせ行きたい
二　今　富とか(⑦　　　　　)ならば　いらないけど　翼がほしい
　　(⑧　　　　　)の時夢見たこと　今も同じ夢に見ている
　　この大空に(⑨　　　　　)を広げ　飛んで行きたいよ
　　悲しみのない(⑩　　　　　)な空へ　翼はためかせ行きたい

> フォークグループ「赤い鳥」によって歌われた曲だね。

3 楽典　「翼をください」で使われている音符や記号について答えなさい。

●次の音符の名前を書きなさい。　　♩を3等分する長さ
(①　　　　　)

●次の記号の意味を書きなさい。

mf　　読み方 メッゾ フォルテ　　意味 少し(②　　　　　)

＜　　読み方 クレシェンド　　意味 だんだん(③　　　　　)

一問一答で要点チェック　次の各問いに答えよう。　　/4問中

①作詞者を答えなさい。　　　　　　　　　　　①
②次のA～Cにあてはまる言葉を答えなさい。　　②A
　は(　A　)と呼び，(　B　)分音符を　　　　B
　(　C　)等分した音符である。　　　　　　　C

musiQuiz　A メッゾ ピアノといって，少し弱くという意味だよ。

定 ステージ **2**
着 のワーク

10　翼をください

解答 p.8

/100

1（　）にあてはまる歌詞を書きなさい。

4点×7（28点）

一　今　私の願いごとが（　**A**　）翼がほしい

（　**B**　）鳥のように　白い翼つけてください

この大空に（　**C**　）飛んで行きたいよ

悲しみのない自由な空へ（　**D**　）行きたい

二　今　富とか名誉ならば　いらないけど　翼がほしい

子どもの時夢見たこと（　**E**　）夢に見ている

（　**F**　）翼を広げ　飛んで行きたいよ

（　**G**　）自由な空へ　翼はためかせ行きたい

A（　　　　　　）

B（　　　　　　）

C（　　　　　　）

D（　　　　　　）

E（　　　　　　）

F（　　　　　　）

G（　　　　　　）

よく出る **2** 次の楽譜について，あとの問いに答えなさい。

6点×12（72点）

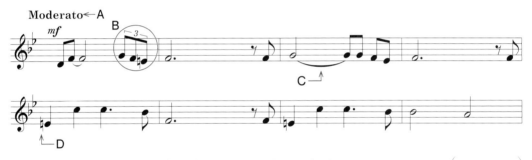

（1）　作詞者と作曲者の正しい組み合わせをア〜ウから選びなさい。　　　（　　　　）

> ア　田崎はるか・橋本祥路　　イ　江間章子・中田喜直　　ウ　山上路夫・村井邦彦

（2）　この曲の合唱形態を答えなさい。　　　　　　　　　　　　　　　（　　　　）

（3）　拍子を $\frac{○}{○}$ の形で答えなさい。　　　　　　　　　　　　　　　（　　　　）

（4）　調を答えなさい。　　　　　　　　　　　　　　　　　　　　　　（　　　　）

（5）　**A**の記号の読み方と意味を答えなさい。

読み方（　　　　　　）意味（　　　　　　）

（6）　**B**の音符の名前を答えなさい。　　　　　　　　　　　　　　　　（　　　　）

（7）　**B**の音符と同じ長さの音符をア〜エから選びなさい。　　　　　　（　　　　）

> ア ♩　イ ♩.　ウ ♪.　エ ♪

（8）　**C**，**D**の記号の読み方と意味を答えなさい。

C　読み方（　　　　　　）意味（　　　　　　）

D　読み方（　　　　　　）意味（　　　　　　）

Ⓠ 𝄢 この記号を何という？　　　　　　　　　　　答えは次のページ　musiQuiz

解答 p.8

確認のワーク ステージ **1**

11　夏の思い出

教科書の要点　次の各問いに答えよう。

1 基本データ　曲について，表にまとめなさい。

作詞	代表作に「花の街」など	作曲	童謡，歌曲，合唱曲，ピアノ曲などを数多く残した
速度記号	♩＝　　ぐらい	拍子	分の　　拍子
調	調	形式	部形式

2 歌詞　（　　）にあてはまる歌詞を書きなさい。

一　夏がくれば　（①　　　　　　）　はるかな尾瀬　遠い空

　　霧_{きり}のなかに　（②　　　　　　）　やさしい影_{かげ}　野の小径_{こみち}

　　水芭蕉_{みずばしょう}の花が　咲_さいている　夢みて（③　　　　　　）　水_{ほと}の辺り

　　石楠花_{しゃくなげ}色に　（④　　　　　　）　はるかな尾瀬　遠い空
　　薄い紅色

二　夏がくれば　思い出す　はるかな尾瀬　野の旅よ

　　花のなかに　そよそよと　（⑤　　　　　　）　浮_うき島よ
　　　　　　　　　　　　　　　　湿原や沼に浮いて，島のように見えるもの

　　水芭蕉の花が　においている　夢みて（⑥　　　　　　）　水の辺り

　　まなこつぶれば　（⑦　　　　　　）　はるかな尾瀬　遠い空

水芭蕉の花

> どんな風景が，浮かんできたかな？

3 楽典　「夏の思い出」で使われている音符_{おんぷ}や記号について答えなさい。

> 3連符は，この曲に1回出てくるね。

●次の音符の名前を書きなさい。

　（①　　　　　　　　）
♩を3等分する音符

●次の記号の読み方と意味を書きなさい。

⌢　　読み方（②　　　　）　意味　音符（または休符_{きゅうふ}）をほどよくのばす

♩　　読み方　テヌート　　意味　音の長さを（③　　　　）保って
ー←この記号

dim.　読み方　ディミヌエンド　意味　だんだん（④　　　　）

pp　　読み方（⑤　　　　）　意味　とても弱く

 　ヘ音記号だよ。ヘ音の場所を示すのに使うんだ。

④ 曲の背景 （　　）にあてはまる言葉を┄┄┄┄から選びなさい。

　この曲で歌われる「尾瀬」とは，群馬県，（① 　　　　　　　　），新潟県にまたがる（② 　　　　　　　　）という湿原地帯をさす。

　作詞者は，そこの一面に咲いていた（③ 　　　　　　　　）の花を，懐しく思い出して，この詩を書いた。

　作曲者はこの曲を，美しい自然に（④ 　　　　　　　　）ような気持ちで歌ってほしい，と願っている。

> 水芭蕉　　　尾瀬ヶ原　　　話しかける　　　福島県

水芭蕉の咲く尾瀬ヶ原

⑤ リズムの違い　　この曲は，1番，2番でリズムが異なる部分があります。これについて，次の問いに答えなさい。

◆AとBにあてはまるリズムをアとイから選びなさい。　A（① 　　　　）　B（② 　　　　）

◆イのような音符の名前を答えなさい。　　　　　　　　　　　（③ 　　　　　　　　）

―問―答で要点チェック　　次の各問いに答えよう。　　/6問中

①作詞者と代表作を答えなさい。

②速さとして適切なものをア〜ウから選びなさい。

　ア　Allegro　　イ　♩=40　　ウ　♩=63ぐらい

③何分の何拍子か答えなさい。

④歌詞の中に出てくる「尾瀬」はどのような場所か。ア〜ウから選びなさい。

　ア　海岸　　イ　山岳地帯　　ウ　湿原地帯

⑤歌詞の中に出てくる「水芭蕉の花」をア〜ウから選びなさい。

ア 　　イ 　　ウ

①作詞者

　代表作

②

③

④

⑤

Q：の読み方と意味を答えよう。　　　　　　　　　　答えは次のページ

musiQuiz

定 ステージ **2**
着 のワーク

11 夏の思い出

解答 p.9

/100

① （　）にあてはまる歌詞を書きなさい。　　　2点×6（12点）

一

夏がくれば　思い出す　はるかな尾瀬（　**A**　）
霧のなかに　うかびくる　やさしい（　**B**　）野の小径
水芭蕉の花が（　**C**　）夢みて（C）水の辺り
石楠花色に　たそがれる　はるかな尾瀬　遠い空

二

夏がくれば　思い出す　はるかな尾瀬（　**D**　）
（　**E**　）のなかに　そよそよと　ゆれゆれる　浮き島よ
水芭蕉の花が（　**F**　）夢みて（F）水の辺り
まなこつぶれば　懐かしい　はるかな尾瀬　遠い空

A（　　　　　　　　　）
B（　　　　　　　　　）
C（　　　　　　　　　）
D（　　　　　　　　　）
E（　　　　　　　　　）
F（　　　　　　　　　）

② （　）にあてはまる言葉を　　から選びなさい。　　　4点×3（12点）

(1) 「石楠花色」とは，薄い（　　　　　　　　　）色のことです。

(2) 「浮き島」とは，（　　　　　　　）や沼に浮いて，（　　　　　　　）のように見えるものです。

湿原　紅　島

③ 次の問いに答えなさい。　　　3点×8（24点）

［A］
なつがく　れば　おもいだす　　はるかなおぜ　　とおいそら
［C］
きりのな　かに　うかびくる　　やさしいかげ　　ののこみち

(1) 次の（　）にあてはまる言葉や数字を書きなさい。
$\frac{4}{4}$は「（　a　）分の（　b　）拍子」と読み，（　c　）音符を1拍として，1小節に（　d　）拍数える拍子という意味です。
　　　　a（　　　　　）　b（　　　　　）
　　　　c（　　　　　）　d（　　　　　）

(2) Aに入る「少し弱く」という意味の記号と，Cに入る「弱く」という意味の記号を書きなさい。
　　　　A（　　　　　　　　）　C（　　　　　　　　）

(3) Bの休符の名前を答えなさい。　　　（　　　　　　　　）

(4) この曲は何調か答えなさい。　　　（　　　　　　　　）

Ⓐナチュラルといって，もとの高さでという意味だよ。

4 次の問いに答えなさい。 5点×5 （25点）

みずばしょう　のは　なが　さいている　　ゆめみてさいている　み　ずのほとり

(1) Aにあてはまる休符を書きなさい。 （　　　　　）

(2) Bに入る「とても弱く」という意味の記号を書きなさい。 （　　　　　）

(3) Cと同じ長さを表す音符をア～ウから選びなさい。

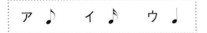

（　　　　　）

(4) Dの記号の読み方を答えなさい。 （　　　　　）

(5) Eに入る「音の長さをじゅうぶんに保って」という意味の記号をア～ウから選びなさい。

（　　　　　）

5 次の問いに答えなさい。 3点×9 （27点）

しゃくなげいーろに　たそがれる　　はるかなおぜ　　とおいそら

(1) 作詞者と作曲者の正しい組み合わせをア～ウから選びなさい。 （　　　　　）

ア　江間章子・中田　章　　イ　土井晩翠・滝　廉太郎　　ウ　江間章子・中田喜直

(2) 作曲者の代表作をア～エから選びなさい。 （　　　　　）

ア　荒城の月　　イ　花の街　　ウ　めだかのがっこう　　エ　早春賦

(3) Aに入る，旋律の頂点へ向かって「だんだん強く」歌うという意味の記号を書きなさい。

（　　　　　）

(4) Bの記号の読み方を答えなさい。 （　　　　　）

(5) Cに入る「音符（休符）をほどよくのばす」という意味の記号を書きなさい。

（　　　　　）

(6) この曲は何分の何拍子か。□の形で書きなさい。 （　　　　　）

(7) この曲の歌詞にある2つの花の名前を，出てくる順番に書きなさい。

（　　　　　）（　　　　　）

(8) この曲の歌詞にある「尾瀬」とは，三県にまたがる湿原地帯のことです。群馬県，福島県
と何県の境にあるか答えなさい。

（　　　　　）

Q 4分音符は，8分音符何個分の長さかな？ 　　　答えは次のページ　　　musiQuiz

解答 p.9

確認のワーク　ステージ**1**　**12　明日を信じて**

教科書の要点　次の各問いに答えよう。

1　基本データ　曲について，表にまとめなさい。

作詞・作曲		速度記号	♩＝　　　　ぐらい	
拍子	分の　　　拍子	合唱形態	声　　部合唱	

2　歌詞　（　）にあてはまる歌詞を書きなさい。

一　さわやかな風が　吹いてきた　（①　　　　　　　）の窓から
　　（②　　　　　　　）を見上げ　両手をかざしてみた
　　あの雲は　どこから来たのかな　あの風は（③　　　　　　）　ゆくのかな
　　みんなみんな　つながっている　私が（④　　　　　　）きたことも
　　みんなみんな　つながっている　（⑤　　　　　　）生まれてきたことも
　　今を大切に（⑥　　　　　　）　明日を信じて

3　楽典　「明日を信じて」で使われている記号について答えなさい。

●次の音符や休符の名前を書きなさい。

♩.　（①　　　　　　　）分音符　　　ヲ　（②　　　　　　）分休符

●次の記号の読み方と意味を書きなさい。

mf　　読み方（③　　　　　）　　意味 少し強く

＜　　読み方 クレシェンド　　意味 だんだん（④　　　　　）

D.S.　　読み方（⑤　　　　　）　　意味 𝄋へ戻る

Coda　読み方 コーダ　　意味（⑥　　　　　　　）

一問一答で要点チェック　次の各問いに答えよう。

/4問中

①***mf*** の意味を答えなさい。　　　　　　　　　　　　□①
②この曲の速さとして適切なものを次から選びなさい。
　　ア　♩=72ぐらい　イ　♪=104ぐらい　ウ　♩=104ぐらい　□②
③合唱形態を答えなさい。　　　　　　　　　　　　　　□③
④***D.S.*** の読み方を答えなさい。　　　　　　　　　　□④

musiQuiz　Ａ ２個分の長さだよ。４分休符も，８分休符２個分の長さなんだ。

定 ステージ **2**
着 のワーク

12　明日を信じて

1 次の楽譜について，あとの問いに答えなさい。　　8点×5（40点）

(1)　作詞・作曲者を答えなさい。　　　　　　　　　　（　　　　　　　）

(2)　拍子を ○/○ の形で書きなさい。　　　　　　　　（　　　　　　　）

(3)　この曲の合唱形態を答えなさい。　　　　　　　　（　　　　　　　）

(4)　Aのパートの名前を答えなさい。　　　　　　　　（　　　　　　　）

(5)　aにあてはまる歌詞を書きなさい。　　　　　　　（　　　　　　　）

2 次の楽譜について，あとの問いに答えなさい。　　8点×5（40点）

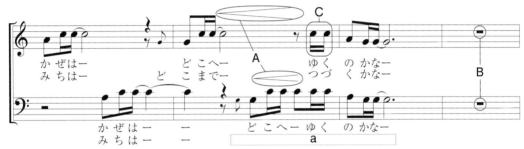

(1)　Aと同じ意味の記号を，**ア〜ウ**から選びなさい。　（　　　　　　　）

　ア *dim*　　**イ** *cresc.*　　**ウ** ＞

(2)　Bの休符の名前を答えなさい。　　　　　　　（　　　　　）休符

(3)　aにあてはまる歌詞を書きなさい。　　　　　（　　　　　　　）

(4)　Cの音符の名前を答えなさい。　　　　　　　（　　　　　）音符

(5)　この曲を指揮するときの振り方で，適切なものを答えなさい。（　　　　　）

ア　　　イ　　　ウ　　

3 次の問いに答えなさい。　　10点×2（20点）

(1)　*f* の意味を答えなさい。　　　　　　　　　　（　　　　　　　）

(2)　次の楽譜の演奏する順番を答えなさい。

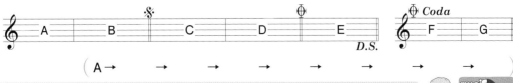

（A→　　→　　→　　→　　→　　→　　→　　）

解答 p.10

確認のワーク　ステージ❶　13　荒城の月（こうじょう）

教科書の要点　次の各問いに答えよう。

❶ 基本データ　曲について，表にまとめなさい。

作詞				作曲		
速度記号		拍子（ひょうし）	分の　　　拍子	調		調
曲の形式	二部形式		詩の形式	七五調		

❷ 歌詞　（　）にあてはまる歌詞を書きなさい。

一　春高楼の花の宴　めぐる盃（①　　　　　）さして
　　_{高く造られた建物　花見の宴　手から手へと渡る}
　　千代の松が枝 わけ出でし　昔の（②　　　　　）今いずこ
　　_{古い松の枝　　　かきわけるように差し込んでいた}

二　秋陣営の（③　　　　　　）の色　鳴き行く雁の数見せて
　　_{兵士が陣取っている所}
　　植うるつるぎに照りそいし　昔の光（④　　　　）いずこ
　　_{植えたように立ち並ぶ剣　照り映えた}

三　今（⑤　　　　　　）の夜半の月　変わらぬ光たがためぞ
　　　　　　　　　　　　　　　　　　_{誰のためなのか}
　　垣に残るはただかずら　（⑥　　　　　　）に歌うはただあらし
　　_{つる草}

四　天上影は変わらねど　栄枯は移る（⑦　　　　）の姿
　　_{空の月の光　　　　栄えたり衰えたりすること}
　　写さんとてか今もなお　ああ荒城の（⑧　　　　　）の月

岡城の城跡に咲く桜
（大分県）

> 「春高楼の花の宴」は，は**るこうろうの**（7音），はな**のえん**（5音）のようになっているね。これを七五調と呼ぶよ。

❸ 楽典　「荒城の月」で使われている記号について答えなさい。

●次の記号の読み方と意味を書きなさい。

Andante　**読み方**（①　　　　　）　　**意味** ゆっくり歩くような速さで

mf　**読み方** メッゾ フォルテ　　**意味** 少し（②　　　　　）

＜　　**読み方** クレシェンド　　**意味** だんだん（③　　　　　）

一問一答で要点チェック　次の各問いに答えよう。

/3問中

①「花の宴」の意味を答えなさい。　　　　　　　　　①
②「千代の松が枝」の意味を答えなさい。　　　　　　②
③この曲の詩の形式を答えなさい。　　　　　　　　　③

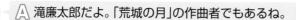　A 滝廉太郎だよ。「荒城の月」の作曲者でもあるね。

解答 p.10

/100

定ステージ**2**
着のワーク

13　荒城の月

1 この曲の１番の歌詞の意味について，あてはまるものを線で結びなさい。　5点×4（20点）

(1)　春高楼の花の宴　　　・　・手から手へと渡る盃に月の光が差している

(2)　めぐる盃影さして　　　・　・春の高いやぐらでは花見の宴会が行われている

(3)　千代の松が枝わけ出でし・　・その栄光は今どこへ行ってしまったのか

(4)　昔の光今いずこ　　　・　・月の光が古い松の枝をかきわけるように差し込んでいる

2 作者などについて，（　）にあてはまるものをア〜カから選びなさい。　5点×6（30点）

(1)　この曲の作詞者は宮城県出身の英文学者，詩人の（　**A**　）で，故　　A（　　）
郷仙台の（　**B**　）や，福島県会津若松の鶴ヶ城を念頭におきながら　　B（　　）
作詞した。　　　　　　　　　　　　　　　　　　　　　　　　　　　　　C（　　）

(2)　この曲の作曲者は（　**C**　）であり，「花」などの代表作を残した。　　D（　　）
彼は（　**D**　）に留学したが，病気になり帰国した後亡くなった。　　E（　　）

(3)　この曲を補作編曲したのは（　**E**　）で，作曲家，指揮者として日　　F（　　）
本の西洋音楽の発展に尽力した。「（　**F**　）」など，多くの作品がある。

> ア　赤とんぼ　　イ　滝 廉太郎　　ウ　山田耕筰
> エ　ドイツ　　オ　土井晩翠　　カ　青葉城

3 次の楽譜１（原曲）と楽譜２（山田耕筰補作編曲）について，あとの問いに答えなさい。

5点×10（50点）

(1)　何調，何拍子か答えなさい。　　　調（　　　　）拍子（　　　　）

(2)　Aの記号の読み方を答えなさい。　　　　　　　　　　（　　　　）

(3)　Bの記号の読み方と意味を答えなさい。
　　　　　　　　　　読み方（　　　　）意味（　　　　）

(4)　Cの記号の読み方と意味を答えなさい。
　　　　　　　　　　読み方（　　　　）意味（　　　　）

(5)　Dの２つの音符の音の高さについて，正しいものをア〜ウから選びなさい。（　　　　）

> ア　両方同じ高さ　　イ　楽譜１が半音高い　　ウ　楽譜２が半音高い

(6)　Eの音符の長さを，それぞれ何拍か数字で答えなさい。
　　　　　　　　　　楽譜１（　　　　）拍　楽譜２（　　　　）拍

Q ♭の読み方と意味を答えよう。　　　　答えは次のページ

解答 p.10

確 ステージ **1**
認 のワーク

14 サンタ ルチア

教科書の要点 次の各問いに答えよう。

1 基本データ 曲について，表にまとめなさい。

原曲			民謡	速度		♪=	~
拍子 （ひょうし）	分の	拍子	調		調	曲の種類	カンツォーネ イタリア語で「歌」という意味

2 歌詞 （　　）にあてはまる歌詞を書きなさい。

一　空に白き（① 　　　　　　）　波を吹く　そよ風よ

　　　　（② 　　　　　　）　友よ　行かん　サンタ ルチア　サンタ ルチア

二　（③ 　　　　　　）　波にゆられ　舟は軽く（かろ）　海を行く

　　かなた島へ（④ 　　　　　　）　また　サンタ ルチア　サンタ ルチア

3拍子のリズムを感じながら歌おう。

3 楽典　「サンタ ルチア」で使われている記号について答えなさい。

●次の音符の読み方を書きなさい。

　2つつなげるときは♫のように書く。
（① 　　　　　　）分音符

　8分音符と16分音符を合わせた長さ
（② 　　　　　　）分音符

●次の記号の読み方と意味を書きなさい。

mp　読み方（③ 　　　　　）　意味 少し弱く

この記号　読み方（④ 　　　　　）　意味 その音を目立たせて，強調して

この記号　読み方 スラー　意味 高さの違う（ちが）２つ以上の音符を
（⑤ 　　　　　　）

⌢　読み方 フェルマータ　意味 その音符（休符）をほどよく（⑥ 　　　　　）

一 **問** 一 **答** で要点チェック　次の各問いに答えよう。　/4問中

①この曲はどこの民謡か。　　　　　　　　　　□①
②この曲の種類を答えなさい。　　　　　　　　□②
③この曲の拍子を答えなさい。　　　　　　　　□③
④この曲の調を答えなさい。　　　　　　　　　□④

 　Ⓐ フラットといって，半音下げるという意味だよ。

定着のワーク ステージ2　14　サンタ ルチア

解答 p.10

/100

1 次の問いに答えなさい。　　　　　　　　　　　　　　8点×5（40点）

(1)　（　）にあてはまる言葉を**ア〜ウ**から選びなさい。

「サンタ ルチア」はイタリア語で「聖ルチア」という意味で，イタリア南部の都市
（　①　）の海の守護神のことである。このような曲のことを「（　②　）」と呼ぶが，
これはイタリア語で「（　③　）」という意味である。

> **ア** 歌　　**イ** ナポリ　　**ウ** カンツォーネ

①（　　　　　）②（　　　　　）
③（　　　　　）

(2)　歌い出しのイタリア語としてあてはまるものを，**ア〜ウ**から選びなさい。（　　　　　）

> **ア**　Venite all'agile Barchetta mia!　　**イ**　Santa Lucia! Santa Lucia!
> ヴェニーテ　アッラジレ　バルケッタ　ミーア　　　　　サンタ　ルチア　サンタ　ルチア
> **ウ**　Sul mare luccica L'astro d'argento
> スル　マーレ　ルッチカ　ラストロ　ダルジェント

(3)　「サンタ ルチア」の他に，代表的なカンツォーネを**ア〜ウ**から選びなさい。（　　　　　）

> **ア** オーラリー　　**イ** エーデルワイス　　**ウ** オ ソーレ ミオ

2 次の楽譜について，あとの問いに答えなさい。　　　　　6点×10（60点）

1 か　な　た　しまへ　　　　a　　　　　　　b　　　　サンタ　ル チ ア

(1)　この曲に合う速度を**ア〜ウ**から選びなさい。　　　　　　　　（　　　　　）

> **ア** ♪=96〜104　　**イ** ♪=56〜64　　**ウ** ♪=112〜120

(2)　この曲の拍子を答えなさい。　　　　　　　　　　　　　　（　　　　　）

(3)　a，bに入る歌詞を書きなさい。　a（　　　　　）　b（　　　　　）

(4)　Aの記号の読み方を答えなさい。　　　　　　　　　　　（　　　　　）

(5)　Bと同じ意味の記号を**ア〜ウ**から選びなさい。　　　　　（　　　　　）

> **ア** *dim.*　　**イ** *cresc.*　　**ウ** *a tempo*

(6)　Cの記号の意味にあてはまるものを，**ア**，**イ**から選びなさい。　（　　　　　）

> **ア** 高さの違う2つ以上の音符を滑らかに　　**イ** 同じ高さの2つの音符をつなげる

(7)　Dの記号の読み方と意味を答えなさい。

読み方（　　　　　）意味（　　　　　）

(8)　Eの音符の名前を答えなさい。　　　　　　　　　　　　（　　　　　）

Q *rit.*の意味を答えよう。　　　　　　　　　答えは次のページ　　musi**Q**uiz

解答 p.11

確 ステージ **1**
認 のワーク

15 花

教科書の要点 次の各問いに答えよう。

1 基本データ 曲について，表にまとめなさい。

作詞	明治から昭和時代の詩人，国文学者	作曲	代表作に「荒城の月」など

速度記号	♩=60~66 (Allegro Moderato)	拍子	分の　拍子	調	調

全体の構成	組歌「四季」の第1曲	形式	二部形式

2 歌詞 （　　　）にあてはまる歌詞を書きなさい。

一　春のうららの（①　　　　　　　）　のぼりくだりの船人が
　　　　おだやかな日ざしを受けている　　　　　　　　　　　　ふなびと
　　櫂のしずくも花と散る　（②　　　　　　　　　）を何にたとうべき
　　かい　水をかいて船を進める道具　　　　　　たとえたらよいのだろうか
二　見ずやあけぼの（③　　　　　　　）　われにもの言う桜木を
　　にしき　見てごらん 明け方，夜明け
　　見ずや（④　　　　　　　）手をのべて　われさしまねく青柳を
　　　　　　　　　　　　　　　　　　　伸ばして　　　　　　　　あおやぎ
三　錦おりなす長堤に　くるればのぼるおぼろ月
　　にしき　ちょうてい　　　　　日が暮れると　　ぼんやりとかすんだ光の薄い月
　　美しい織物のような　長い土手
　　げに一刻も千金の　ながめを何に（⑤　　　　　　　）
　　いっこく　せんきん
　　本当に ひとときさえもとても価値のある

> 春の情景が歌われているね。言葉を大切に歌おう。

3 楽典 「花」で使われている記号について答えなさい。

●次の音符の名前を書きなさい。
　おんぷ

　♬ 16分音符の半分の長さ　（①　　　　　　　）分音符

　♪. 16分音符と16分音符の半分を合わせた長さ　（②　　　　　　　）分音符

●次の記号の読み方と意味を書きなさい。

　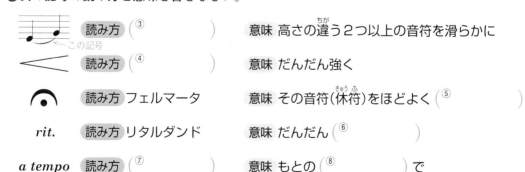この記号　読み方（③　　　　　）　意味 高さの違う2つ以上の音符を滑らかに　ちが

　◁　読み方（④　　　　　）　意味 だんだん強く

　⌢　読み方 フェルマータ　意味 その音符(休符)をほどよく（⑤　　　　　）　きゅうふ

　rit.　読み方 リタルダンド　意味 だんだん（⑥　　　　　）

　a tempo　読み方（⑦　　　　　）　意味 もとの（⑧　　　　　）で

❹ **曲の背景** （　　）にあてはまる言葉を書きなさい。

　この曲は組歌「（①　　　　　　　　）」の第1曲として発表され，第2曲以下は「納涼（のうりょう）」「月」「雪」という構成である。

　「花」は春夏秋冬のうち，（②　　　　　　　）の季節を歌った曲で，花の種類は（③　　　　　　　）の花である。

　歌われている川は，東京都の東部を流れる（④　　　　　　　）である。

現在の隅田川と桜

❺ **リズムの比較（ひかく）**　この曲は，同じフレーズでも1番・2番・3番でリズムが異なる部分がある。これについて，次の問いに答えなさい。

1番

の　　ぽり　く　　だ－り－の　　　ふ　な　び－と－　が

3番

く　　るれ　ば　　の－ぽ－る　　　お　ほ　ろ－づ－　き

◆Aの休符の名前を答えなさい。　　　　　（①　　　　　　　　）

□中のリズムの違いに注意しよう。

◆1番と3番でなぜ異なるのか。（　　）にあてはまる言葉を書きなさい。

　1番は「のぽり／くだりの」のように（②　　　　　　）の部分で歌詞が区切れるが，3番は「くるれ／ばのぽる」のようには区切ることができないため。

―問―答で要点チェック　次の各問いに答えよう。

/8問中

①作曲者を答えなさい。　　　　　　　　　　　　　　　　　①

②この曲は何という川の情景を歌ったものか。　　　　　　　②

③速さとして適切なものを次から選びなさい。　　　　　　　③

　ア　Adagio　　イ　♩=120　　ウ　♩=60~66

④次のA，Bにあてはまる歌詞とその意味を答えなさい。　　④A歌詞

　　（　　A　　）のしずくも花と散る　　　　　　　　　　　　意味

　　ながめを何に（　　B　　）　　　　　　　　　　　　　B歌詞

　　　　　　　　　　　　　　　　　　　　　　　　　　　　　意味

⑤次のCにあてはまる　　　　♪　=　（　C　）　+　♪

　音符を書きなさい。　　　　　　　　　　　　　　　　　　⑤

Ⓠ♪と同じ長さだけ休む休符は何かな？　　　　　答えは次のページ

定 ステージ **2**
着のワーク

15 花

/100

1 「花」について, 正しいものに○, 正しくないものに×を書きなさい。　3点×5 （15点）

(1) 作曲者の滝廉太郎は, 大分県で生まれた。　（　　　）

(2) この曲は組歌「四季」の中の1曲である。　（　　　）

(3) 3番の歌詞「げに」は「本当に」の意味である。　（　　　）

(4) 「花」で歌われているのは, 梅の花である。　（　　　）

(5) この曲の歌詞は, 全部で3番までである。　（　　　）

2 「花」の歌詞の意味を, ア～クから選びなさい。　3点×8 （24点）

(1) 見ずや　（　　　）　　(2) あけぼの　（　　　）

(3) 櫂（かい）　（　　　）　　(4) うらら　（　　　）

(5) たとうべき　（　　　）　　(6) 錦（にしき）おりなす　（　　　）

(7) くるれば　（　　　）　　(8) 一刻（いっこく）も千金（せんきん）の　（　　　）

> ア おだやかな日ざしを受けている　　イ 水をかいて船を進める道具
> ウ たとえたらよいのだろうか　　エ 見てごらん　　オ 明け方, 夜明け
> カ 美しい織物のように見える　　キ 日が暮れると
> ク ひとときさえもとても価値のある

3 次の楽譜（がくふ）について, あとの問いに答えなさい。　4点×4 （16点）

の ぼ り く　だ―り―　の　　　く る れ ば　の―ぼ―　る

(1) この曲にはAとBの異なるリズムが使われているが, その理由をア～ウから選びなさい。

> ア 音の強弱が異なるため　　イ 言葉の区切りが異なるため
> ウ 言葉の意味が異なるため

（　　　）

(2) Aの中の♫を音符（おんぷ）に置きかえたとき, その音符を書きなさい。

(3) 作曲者の滝廉太郎の他の代表作をア～ウから選びなさい。

> ア 浜辺の歌　　イ 夏の思い出　　ウ 荒城の月

（　　　）

(4) 滝廉太郎の活躍した時代をア～ウから選びなさい。

> ア 江戸時代　　イ 明治時代　　ウ 大正時代

（　　　）

 A ♫だよ。16分休符というんだ。

4 次の「花」の楽譜について，あとの問いに答えなさい。　　　3点×7（21点）

(1) ア～エを正しい順に並べなさい。　　　（　　　→　　　→　　　→　　　）

(2) 「かいのしずくもはなとちる」の部分の楽譜はア～エのどれか。　　（　　　）

(3) Aにあてはまる強弱記号を書きなさい。　　　　　　　　　　　　（　　　）

(4) Bの休符の名前を答えなさい。　　　　　　　　　　　　　　　　（　　　）

(5) Cの音符の名前を答えなさい。　　　　　　　　　　　　　　　　（　　　）

(6) この曲の調を答えなさい。　　　　　　　　　　　　　　　　　　（　　　）

(7) この曲の形式を答えなさい。　　　　　　　　　　　　　　　　　（　　　）

5 「花」の最後の部分の楽譜について，あとの問いに答えなさい。　　4点×6（24点）

(1) この曲の作詞者を答えなさい。　　　　　　　　　　　　　　　　（　　　）

(2) 拍子を $\frac{\bigcirc}{\bigcirc}$ の形で答えなさい。　　　　　　　　　　　　　　　（　　　）

(3) この曲の速度をア～エから選びなさい。　　　　　　　　　　　　（　　　）

> ア　Adagio　　イ　♩=120~124　　ウ　♩=60~66　　エ　Presto

(4) Aの記号の読み方を答えなさい。　　　　　　　　　　　　　　　（　　　）

(5) BとCに入る記号をア～エから選びなさい。　　　　　　　　　　（　　　）

> ア　Bが*accel.*，Cが*a tempo*　　　イ　Bが*rit.*，Cが*a tempo*
> ウ　Bが*a tempo*，Cが*cresc.*　　　エ　Bが*a tempo*，Cが*decresc.*

(6) 第3小節～第4小節の速度の変化は，どのようになるか。ア，イから選びなさい。

　　Bでだんだん①（ア　速く　　イ　遅く）なり，Cから

　　②（ア　⌒　　イ　＜　　）の記号の付いた音の前の速さに戻る。

　　　　　　　　　　　　　　　　　　　　　　　　（①　　　　②　　　）

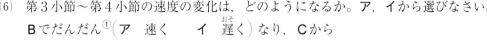

解答 p.12

確 ステージ **1**
認 のワーク

16 花の街

教科書の **要点** 次の各問いに答えよう。

1 基本データ 曲について，表にまとめなさい。

作詞	代表作に「夏の思い出」などがある詩人	作曲		代表作にオペラ「夕鶴」などがある	
速度記号	♩=72~84 Moderato	拍子	分の　拍子	調	調

2 歌詞 （　）にあてはまる歌詞を書きなさい。

一 七色の谷を越えて（①　　　　　　）　風のリボン

　輪になって　輪になって（②　　　　　　）

　春よ春よと（③　　　　　　）

二 美しい海を見たよ（④　　　　　　）　花の街よ

　輪になって　輪になって（⑤　　　　　　）

　春よ春よと（⑥　　　　　　）

三 すみれ色してた窓で（⑦　　　　　　）　街の角で

　輪になって　輪になって（⑧　　　　　　）

（⑨　　　　　　）　泣いていたよ

> この曲は，フレーズのはじめに必ず♩があるね。

> 戦争が終わって，国土が荒廃していた時代の歌だね。

3 楽典 「花の街」で使われている記号について答えなさい。

● 次の記号の読み方と意味を書きなさい。

mp　　読み方 メッゾ ピアノ　　意味 少し（①　　　　　　）

f　　読み方（②　　　　　　）　　意味 強く

＞　　読み方（③　　　　　　）　　意味 だんだん弱く

一問一答で要点チェック 次の各問いに答えよう。　　/3問中

①作詞者を答えなさい。　　　　　　　　　　□①_____

②何分の何拍子か答えなさい。　　　　　　　□②_____

③*mp*の読み方を答えなさい。　　　　　　　□③_____

　Ａ メッゾ フォルテといって，少し強くという意味だよ。

解答 p.12

/100

定着のワーク ステージ**2**

16　花の街

1 次の楽譜について，あとの問いに答えなさい。　　　　　5点×6（30点）

(1)　作詞者と作曲者を答えなさい。

　　　　　　　　　　　　　作詞者（　　　　　　　　）　作曲者（　　　　　　　）

(2)　拍子を$\frac{○}{○}$の形で答えなさい。　　　　　　　　　　　　　（　　　　　　　）

(3)　調を答えなさい。　　　　　　　　　　　　　　　　　　　　（　　　　　　　）

(4)　**A**に入る強弱記号を書きなさい。　　　　　　　　　　　　（　　　　　　　）

(5)　**B**に入る休符を書きなさい。　　　　　　　　　　　　　　（　　　　　　　）

2 よく出る　次の楽譜について，あとの問いに答えなさい。　　　　　7点×5（35点）

わ　に　な　ー　って　　　わ　に　な　ー　って　　　　　　　a

(1)　**A**の記号の意味を答えなさい。　　　　　　　　　　（　　　　　　　）

(2)　**B**の読み方を答えなさい。　　　　　　　　　　　　（　　　　　　　）

(3)　**a**にあてはまる1番の歌詞を書きなさい。　　（　　　　　　　　　　）

(4)　**C**，**D**に入る強弱記号を**ア**〜**ウ**から選びなさい。　　**C**（　　　）　　**D**（　　　）

　　　　ア　＞　　　　イ　＜　　　　ウ　*f*

3 次の問いに答えなさい。　　　　　　　　　　　　　　　　　5点×7（35点）

(1)　この曲に込められた作詞者の気持ちを**ア**〜**ウ**から選びなさい。　　　（　　　）

　　　ア　平和を願う気持ち　　**イ**　故郷を懐かしむ気持ち　　**ウ**　大自然に憧れる気持ち

(2)　次の①〜⑤の歌詞は，1番〜3番の何番の歌詞か答えなさい。

　　①　ひとり寂しく　泣いていたよ　　　　　　　　　（　　　　　　　）

　　②　あふれていた　花の街よ　　　　　　　　　　　（　　　　　　　）

　　③　輪になって　踊っていたよ　　　　　　　　　　（　　　　　　　）

　　④　流れて行く　風のリボン　　　　　　　　　　　（　　　　　　　）

　　⑤　すみれ色してた窓で　　　　　　　　　　　　　（　　　　　　　）

(3)　作詞者の他の代表作を**ア**〜**ウ**から選びなさい。　　　　　　　（　　　）

　　　ア　荒城の月　　**イ**　夏の思い出　　**ウ**　故郷

Q　＞　の読み方と意味を答えよう。　　　　　　　答えは次のページ　　musiQuiz

確認のワーク ステージ **1**

17 早春賦（そうしゅんふ）

解答 p.12

教科書の要点 次の各問いに答えよう。

1 基本データ 曲について，表にまとめなさい。

作詞		作曲	
速度記号	♪=116　拍子（ひょうし）　分の　　拍子	形式	二部形式

2 歌詞 （　　）にあてはまる歌詞を書きなさい。

一　春は名のみの（①　　　　　　）　谷の鶯（うぐいす）　歌は思えど

　　時にあらずと　声も立てず（②　　　　　　）　声も立てず
　　　まだその時ではないと

二　氷解け去り（③　　　　　）角（つの）ぐむ　さては時ぞと　思うあやにく
　　　　　　　　　　　　　　　芽が出始める　もう春が来たのだなと　あいにく

　　（④　　　　　　）　雪の空　今日もきのうも　雪の空

三　春と聞かねば　知らでありしを（⑤　　　　　）急（せ）かるる　胸の思いを
　　　　　　　　　　　知らないでいたものを　　　　　　　　　せかされる

　　いかにせよとの（⑥　　　　　　）　いかにせよとの　この頃（ごろ）か

鶯

> 6拍子の特徴（とくちょう）を感じながら歌おう。

3 楽典 「早春賦」で使われている記号について答えなさい。

●次の記号の読み方と意味を書きなさい。

mf　読み方（①　　　　　　）　意味 少し強く

pp　読み方（②　　　　　　）　意味 とても弱く

<　読み方 クレシェンド　意味 だんだん（③　　　　　）

rit.　読み方（④　　　　　）　意味 だんだん遅く

一問一答で要点チェック 次の各問いに答えよう。

　　　　　　　　　　　　　　　　　　　　　　　　/3問中

①作曲者を答えなさい。　　　　　　　　　　　　　①

②何分の何拍子か答えなさい。　　　　　　　　　　②

③*rit.*の意味を答えなさい。　　　　　　　　　　③

  Ａ デクレシェンドといって，だんだん弱くという意味だよ。

ステージ**2** 定着のワーク 17 早春賦

解答 p.12 /100

1 次の楽譜について，あとの問いに答えなさい。　8点×5（40点）

(1) 作詞者と作曲者を**ア〜エ**から選びなさい。　作詞者（　　　）作曲者（　　　）

　ア 高野辰之　**イ** 中田章　**ウ** 江間章子　**エ** 吉丸一昌

(2) 拍子と速度の正しい組み合わせを**ア〜エ**から選びなさい。　（　　　）

　ア $\frac{3}{8}$・♪=116　**イ** $\frac{6}{8}$・♩=116　**ウ** $\frac{6}{8}$・♪=116　**エ** $\frac{3}{4}$・♩=116

(3) **A**の記号の意味を答えなさい。　（　　　）

(4) 作曲者の息子の代表作である，尾瀬ヶ原を歌った歌曲の題名を答えなさい。

　（　　　）

2 次の楽譜について，あとの問いに答えなさい。　5点×12（60点）

 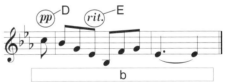

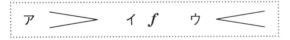

(1) **A〜C**に入る記号を**ア〜ウ**から選びなさい。

　ア >　**イ** *f*　**ウ** <

A（　　）
B（　　）
C（　　）

(2) **D**の記号の読み方を答えなさい。　（　　　）

(3) **E**の意味を答えなさい。　（　　　）

(4) **a**にあてはまる1番と2番の歌詞，**b**にあてはまる1番の歌詞を書きなさい。

　a 1番（　　　）2番（　　　）
　b （　　　）

(5) 次の①〜④の意味を**ア〜エ**から選びなさい。

　① 知らでありしを　（　）　② 時にあらずと　（　）
　③ 急かるる　（　）　④ 角ぐむ　（　）

　ア せかされる　**イ** 芽が出始める　**ウ** 知らないでいたものを
　エ まだその時ではないと

Q の＞の部分の読み方と意味を答えよう。　答えは次のページ

解答 p.13

確認のワーク ステージ**1**　18　帰れソレントへ

教科書の要点　次の各問いに答えよう。

1 **基本データ**　曲について，表にまとめなさい。

作詞	G. B. デクルティス	作曲					イタリアのナポリ出身。作詞者の弟	
速度記号	中ぐらいの速さで	拍子	分の　拍子	調	短調・ 長調			

2 **楽典①**　「帰れソレントへ」の調について，（　）を埋めなさい。

●ハ長調とハ短調は，主音の（①　　　　　）

が共通である。このような調の関係を

（②　　　　　　　）と呼ぶ。

「帰れソレント」では，調が（③　　　　）

とハ長調の間を行き来している。

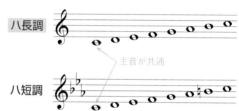

ハ長調

主音が共通

ハ短調

> 調が変わる
> ことを転調
> というよ。

3 **楽典②**　「帰れソレントへ」で使われている記号について答えなさい。

●次の記号の読み方と意味を書きなさい。

rit.　　読み方 リタルダンド　　　意味 だんだん（①　　　）

a tempo　読み方（②　　　　　）　　意味 もとの速さで

＜　　読み方（③　　　　　）　　意味 だんだん（④　　　）

　読み方 フェルマータ　　意味 その音符(休符)を
ほどよく（⑤　　　）

♩　読み方（⑥　　　　　）　　意味 その音を目立たせて，強調して
＞←この記号

一問一答で要点チェック　次の各問いに答えよう。

/4問中

①作詞者と作曲者を答えなさい。

②速度を答えなさい。

③この曲はハ短調と何調で構成されていますか。

□①作詞者

　作曲者

□②

□③

A アクセントといって，目立たせて・強調してという意味だよ。

定着のワーク ステージ **2**

18 帰れソレントへ

解答 p.13

/100

1 この曲について，（　　　）にあてはまる言葉を から選びなさい。　7点×6（42点）

・「帰れソレントへ」は（　A　）語で書かれた歌である。イタリアのこのような歌のことを

　（　B　）という。

・（　C　）唱法という，イタリアの代表的な発声法で歌われる。これは「美しい歌唱」とい

　う意味である。

・（　D　）湾に面した町ソレントを舞台に，ソレントを去って行った（　E　）へ「ソレ

　ントへ（　F　）」という気持ちを込めて歌われる。

> ベルカント　　恋人　　ナポリ　　帰って来てほしい　　イタリア　　カンツォーネ

A（　　　　　　　　　）　B（　　　　　　　　　）

C（　　　　　　　　　）　D（　　　　　　　　　）

E（　　　　　　　　　）　F（　　　　　　　　　）

レベルUP! 2 次の楽譜について，あとの問いに答えなさい。　6点×5（30点）

(1)　出だしの調を答えなさい。　　　　　　　　　　（　　　　　　　　　）

(2)　Aの記号 ♮ の意味を答えなさい。　　　　　　（　　　　　　　　　）

(3)　Aからは何調に変わりますか。　　　　　　　　（　　　　　　　　　）

(4)　(3)のように調が変わることを何といいますか。（　　　　　　　　　）

(5)　この曲のように，同じ音（この場合はハ音）を主音とする長調と短調の関係を何といいま

　すか。　　　　　　　　　　　　　　　　　　　（　　　　　　　　　）

よく出る 3 次の楽譜について，あとの問いに答えなさい。　7点×4（28点）

(1)　Aの記号の意味を答えなさい。　　　　　　　　（　　　　　　　　　）

(2)　Bの記号の意味を答えなさい。　　　　　　　　（　　　　　　　　　）

(3)　Cの記号の読み方を答えなさい。　　　　　　　（　　　　　　　　　）

(4)　Dの記号の意味を答えなさい。　　　　　　　　（　　　　　　　　　）

Q p, pp, mp を，弱い順に並べかえよう。　　　答えは次のページ　　musiQuiz

解答 p.13

確認のワーク ステージ**1**

19 ふるさと

教科書の要点 次の各問いに答えよう。

1 基本データ 曲について，表にまとめなさい。

作詞		作曲		
速度記号	♩=80~88	拍子	分の	拍子

2 歌詞 （　　）にあてはまる歌詞を書きなさい。

一　（①　　　　　　　　）　かの山　小ぶなつりし　かの川
　　　　　　　　　　　　　　　あの

　　夢は今も　（②　　　　　　　）　忘れがたき　ふるさと
　　　　　　　　　　　　　　　　　　忘れられない

二　いかにいます　（③　　　　）　つつがなしや　友がき
　　　どうしているだろう　　　　　　無事でいるだろうか　友達

　　（④　　　　　　　）　つけても　思いいずる　ふるさと
　　　　　　　　　　　　　　　　　　思い出す

三　志を　果たして　いつの日にか　（⑤　　　　　　　）
　　心に決めた目的　成し遂げて

　　（⑥　　　　　　）　ふるさと　水は清き　ふるさと

ふな

「うさぎおいし」は「うさぎを追いかけた」という意味だよ。食べちゃったわけではないんだ。

3 楽典 「ふるさと」で使われている記号について答えなさい。

●次の記号の読み方と意味を書きなさい。

mf　　読み方（①　　　　　　　）　　意味 少し強く

p　　読み方 ピアノ　　　　　　　　意味（②　　　　　　　）

<　　読み方 クレシェンド　　　　意味 だんだん（③　　　　）

>　　読み方（④　　　　　　　）　意味 だんだん弱く

一問一答で要点チェック 次の各問いに答えよう。

/4問中

①作詞者と作曲者を答えなさい。

☐①作詞者
　　作曲者

②次のAにあてはまる歌詞と，その意味を答えなさい。

　夢は今もめぐりて　（　A　）ふるさと

☐②歌詞
　　意味

musiQuiz

A *pp*, *p*, *mp*だよ。*pp*は「とても弱く」，*mp*は「少し弱く」だ。

定着のワーク ステージ**2**　　19　ふるさと

1 次の楽譜について，あとの問いに答えなさい。　　　　　8点×5（40点）

1	A
2	い　　か　　に　　い　　　ます　　ち　ち　　は　　は
3	B

(1) 作詞者と作曲者の正しい組み合わせを，**ア〜ウ**から選びなさい。　　（　　　）

> **ア** 武島羽衣・滝 廉太郎　　**イ** 高野辰之・岡野貞一　　**ウ** 吉丸一昌・中田 章

(2) 出だしの適切な速度を**ア〜ウ**から選びなさい。　　（　　　）

> **ア** ♪=66　　**イ** ♩=120　　**ウ** ♩=80~88

(3) 拍子を $\frac{○}{○}$ の形で答えなさい。

（　　　　　　）

(4) **A**と**B**にあてはまる歌詞を書きなさい。

A（　　　　　　　　）　B（　　　　　　　）

2 次の楽譜について，あとの問いに答えなさい。　　　　　5点×4（20点）

1	こ　ぶ　な　　つ　　　りし　　か　　の　　か　　わ
2	C　　　　　と　　も　が　き
3	い　つ　の　　ひ　　にか　　D

(1) **A**の音符の名前を答えなさい。　　（　　　　）

(2) **B**の休符の名前を答えなさい。　　（　　　　）

(3) **C**，**D**にあてはまる歌詞を書きなさい。　　C（　　　　）
　　　　　　　　　　　　　　　　　　　　　　D（　　　　）

3 次の問いに答えなさい。　　　　　8点×5（40点）

(1) 次の歌詞の意味を表す言葉を**ア〜ウ**から選びなさい。

① 忘れがたき　　　　　　　　　　　（　　　）

② つつがなしや　　　　　　　　　　（　　　）

③ 思いいずる　　　　　　　　　　　（　　　）

言葉の意味を
よく考えよう。

> **ア** 無事でいるだろうか　　**イ** 忘れられない　　**ウ** 思い出す

(2) 1番の歌詞の最後を，平仮名10文字で書きなさい。　　（　　　　）

(3) 2番の「雨に風につけても」に続く歌詞を，平仮名10文字で書きなさい。

（　　　　　　）

Q 付点2分音符は，2分音符と何音符をたした長さ？　　　答えは次のページ　　 musiQuiz

確 ステージ **1**
認 のワーク

20 フォーエヴァー
Forever

解答 p.14

教科書の要点　次の各問いに答えよう。

1 **基本データ**　曲について，表にまとめなさい。

作詞・作曲		速度記号	♩= 　～	拍子 ひょうし	分の　　拍子

2 **歌詞**　（　　）にあてはまる歌詞を書きなさい。

一　この森と大地が（①　　　　　　　）にあふれる時

　　生きる力と（②　　　　　　）　与えてくれる

　　春になれば（③　　　　　）が　一面に咲き誇る

　　一人一人の思いを　（④　　　　　　　）につつんで

　　僕らの（⑤　　　　　　）が　遠くに見えるよ
　　ぼく

　　（⑥　　　　　　）へ続くこの道　いま歩き始めた

　　季節をいくつもかさねて　（⑦　　　　　　）その時

　　全て輝いてること　（⑧　　　　　　）　信じて

リズムの動きを感じながら歌おう。

3 **楽典**　「Forever」で使われている音符や記号について答えなさい。
　　　　　おんぷ

●次の音符の名前を書きなさい。

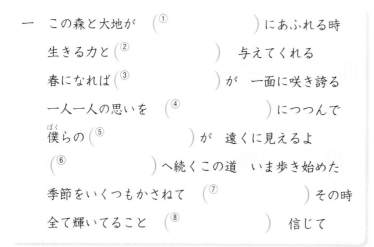

（①　　　　　　　　　　）

2分音符を3等分した音符だね。

●次の記号の読み方を書きなさい。

　　D.S.　読み方（②　　　　　　）　　意味 𝄋 に戻る
　　　　　　　　　　　　　　　　　　　　　　　　　もど

　　Fine　読み方（③　　　　　　）　　意味 終わり

●下の楽譜の演奏する順番を答えなさい。
　　　　がくふ

（④ A→　　　→　　　→　　　→　　　→　　　→　　　→　　　）

で要点チェック　次の各問いに答えよう。

/2問中

①作詞・作曲者を答えなさい。　　　　　　　　　　□①

② と同じ長さの音符の名前を答えなさい。　　　□②

Ａ 4分音符だよ。2分音符の1.5倍の長さだね。

「中学教科書ワーク」をお買い上げいただき、ありがとうございました。今後のよりよい本づくりのため、裏にありますアンケートにお答えください。アンケートにご協力くださった方の中から、抽選で（年2回）、**図書カード1000円分**をさしあげます。（当選者は、ご住所の都道府県名とお名前を文理ホームページ上で発表させていただきます。）なお、このアンケートで得た情報は、ほかのことには使用いたしません。

《はがきで送られる方》
① 左のはがきの下のらんに、お名前など必要事項をお書きください。
② 裏にあるアンケートの回答を、右にある回答記入らんにお書きください。
③ 点線にそってはがきを切り離し、お手数ですが、左上に切手をはって、ポストに投函してください。

《インターネットで送られる方》
① 文理のホームページにアクセスしてください。アドレスは、

https://portal.bunri.jp

右上のメニューから「おすすめCONTENTS」の「中学教科書ワーク」を選び、クリックすると読者アンケートのページが表示されます。回答を記入して送信してください。上のQRコードからもアクセスできます。

✂はがきで送られる方はここを切り取ってください。---------------

郵 便 は が き

1 6 2 0 8 1 4

おそれいりますが、切手をおはりください。

東京都新宿区新小川町4−1

（株）文理

「中学教科書ワーク」
アンケート係

ご住所	〒		都道府県		市区郡		ー ー
					電話		ー ー
お名前	フリガナ				男・女		学年 年
お買上げ日	年 月	学習塾に	□通っている □通っていない				

*ご住所は町名・番地までお書きください。

解答 p.14

/100

定ステージ❷ 着のワーク

20 Forever

① 次の楽譜について，あとの問いに答えなさい。 6点×10（60点）

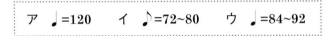

この　も一りと一　だいちが　ー　みどり　に　　a

⑴　何分の何拍子か答えなさい。 （　　　　　　　）

⑵　この曲に合う速度をア～ウから選びなさい。 （　　　）

ア　♩=120　　イ　♪=72~80　　ウ　♩=84~92

⑶　Aの記号の意味を答えなさい。 （　　　　　　　）

⑷　B，D，Fと同じリズムの音符をア～ウから選びなさい。

B（　　　　　）　D（　　　　　）　F（　　　　　）

ア　♪♪　　イ　♪♪♪♪　　ウ　♪♪♪

⑸　C，E，Gの音符や休符の名前を答えなさい。

C（　　　　　　　）　E（　　　　　　　）　G（　　　　　）

⑹　aにあてはまる歌詞を書きなさい。 （　　　　　　　）

② 次の楽譜について，あとの問いに答えなさい。 5点×8（40点）

みえるよあした　へ　　つづく　この　みち　いまあるきはじめ　た

⑴　Aの記号の読み方と意味を答えなさい。

読み方（　　　　　　　）　意味（　　　　　　　）

⑵　Bの記号の読み方を答えなさい。 （　　　　　　　）

⑶　Cに入る強弱記号と意味を書きなさい。

記号（　　　　　　　）　意味（　　　　　　　）

⑷　Dの□に入る数字と，この音符の名前を答えなさい。

数字（　　　　　　　）　名前（　　　　　　　）

⑸　次の楽譜を演奏するときの順番を答えなさい。

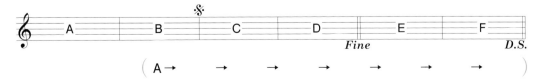

Fine　　　　　D.S.

（A→　　　→　　　→　　　→　　　→　　　→　　　）

Q　♯と♮，半音「上げる」のはどれ？　　　　　　答えは次のページ

確認のワーク ステージ **1**

解答 p.14

21 unlimited（アンリミテッド）

教科書の要点 次の各問いに答えよう。

1 基本データ 曲について，表にまとめなさい。

作詞		作曲		
速度記号	♩= ぐらい	拍子	分の	拍子

2 歌詞 （　）にあてはまる歌詞を書きなさい。

一　翼よりも （①　　　　　　） よりも　心は速いよ

瞳閉じて　思うだけで （②　　　　　　） に飛べるよ

（③　　　　　　） の空ではもう　足りない　未来の地図広げて

僕は（④　　　　　　） を　君は君を　越えてゆく

unlimited　どんな（⑤　　　　　） も　かなうだろう

命という（⑥　　　　　） を　がむしゃらに　輝かせながら

振り向かずにゆこう

unlimited　無限遠の （⑦　　　　　） へ

unlimited
とは，「限り
ない」とい
う意味だよ。

3 楽典 「unlimited」で使われている用語や記号について答えなさい。

●次の記号の意味を書きなさい。

cresc. 　読み方 クレシェンド　　意味 だんだん（①　　　　　　）

●下の楽譜の演奏する順番を答えなさい。

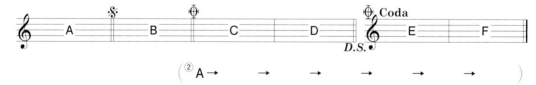

（② A→　　→　　→　　→　　→　　→　　）

一問一答で要点チェック 次の各問いに答えよう。

/2問中

①速さとして適切なものを次から選びなさい。

ア ♩=60　イ ♪=82ぐらい　ウ ♩=88ぐらい　　□①

②「𝄋 に戻る」ための記号を次から選びなさい。

ア Coda　イ D.C.　ウ D.S.　　□②

  A ♯だよ。シャープと読むんだ。

解答 p.14
/100

定着のワーク ステージ**2**

21　unlimited（アンリミテッド）

よく出る 1 次の楽譜について，あとの問いに答えなさい。　6点×6（36点）

(1)　何分の何拍子か答えなさい。　（　　　　　　　）

(2)　Aの記号の読み方と意味を答えなさい。

読み方（　　　　　　　）　意味（　　　　　　　）

(3)　Bの音符の名前を答えなさい。　（　　　　　　　）

(4)　2番のa，bにあてはまる歌詞を書きなさい。

a（　　　　　　　）　b（　　　　　　　）

2 次の楽譜について，あとの問いに答えなさい。　6点×4（24点）

(1)　Aの記号の読み方と意味を答えなさい。

読み方（　　　　　　　）　意味（　　　　　　　）

(2)　Bの記号の読み方を答えなさい。　（　　　　　　　）

(3)　2番のaにあてはまる歌詞を書きなさい。　（　　　　　　　）

3 次の楽譜について，あとの問いに答えなさい。　8点×5（40点）

(1)　Aの記号と同じ意味の記号を，ア〜ウから選びなさい。　（　　　　　　　）

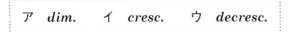
ア　*dim.*　イ　*cresc.*　ウ　*decresc.*

(2)　Bに入る記号を書きなさい。　（　　　　　　　）

(3)　2番のa，bにあてはまる歌詞を書きなさい。

a（　　　　　　　）　b（　　　　　　　）

(4)　次の楽譜の演奏する順番を答えなさい。

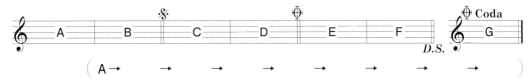

（A→　　→　　→　　→　　→　　→　　→　　）

Ｑ　2分音符は，4分音符何個分の長さかな？　　　答えは次のページ

解答 p.15

確認のワーク　ステージ**1**

22　マイ バラード

教科書の要点　次の各問いに答えよう。

1 基本データ　曲について，表にまとめなさい。

作詞・作曲		速度記号	♩＝　　　ぐらい
拍子 （ひょうし）	分の　　　拍子	合唱形態	声　　　部合唱

2 歌詞　（　　）にあてはまる歌詞を書きなさい。

一　みんなで歌おう　（①　　　　　　　　　）を一つにして

　　悲しい時も　（②　　　　　　　　）時も

　　みんなで歌おう　大きな（③　　　　　　　　）を出して

　　はずかしがらず　歌おうよ

　　心燃える歌が　（④　　　　　　　　）が　きっと君のもとへ

　　きらめけ（⑤　　　　　　）に　僕（ぼく）の歌をのせて

　　きらめけ世界中に　届け愛のメッセージ

> 曲想の変化を感じ取りながら歌おう。

3 楽典　「マイ バラード」で使われている音符（おんぷ）や記号について答えなさい。

●次の音符の名前を書きなさい。

（①　　　　　　　　　）
♩と同じ長さ

> Lentoは速度を表す記号だね。

●次の記号の読み方を書きなさい。

Lento　　読み方（②　　　　　　）　意味　緩（ゆる）やかに

●下の楽譜（がくふ）の演奏する順番を答えなさい。

（③ A→　　　→　　　→　　　→　　　→　　　→　　　）

一問一答で要点チェック　次の各問いに答えよう。　　　　/3問中

①次の**A**にあてはまる
　音符を書きなさい。＝（　A　）

②**D.S.**の意味を答えなさい。

③**Fine**の意味を答えなさい。

①
②
③

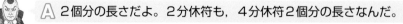

A 2個分の長さだよ。2分休符も，4分休符2個分の長さなんだ。

22 マイ バラード

マイ バラード

1 次の楽譜について，あとの問いに答えなさい。 6点×6（36点）

(1) 何分の何拍子か答えなさい。 （ ）

(2) A，Bの記号の読み方を答えなさい。 A（ ） B（ ）

(3) Cに入る，この部分の歌い方を表す言葉をア，イから選びなさい。 （ ）

> ア リズムにのって イ 語りかけるように

(4) この曲の速度をア～ウから選びなさい。

> ア ♩=120ぐらい イ ♪=80ぐらい ウ ♩=88ぐらい

(5) aにあてはまる歌詞を書きなさい。 （ ）

2 次の楽譜について，あとの問いに答えなさい。 8点×8（64点）

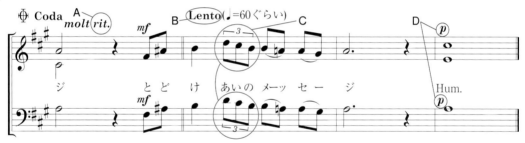

(1) Aの記号の読み方と意味を答えなさい。

読み方（ ） 意味（ ）

(2) 「とどけあいのメッセージ」の部分の歌い方を下から選びなさい。 （ ）

> ア 意志をもって歌う イ 流れるように歌う ウ ささやくように歌う

(3) Bの記号の読み方と意味を答えなさい。

読み方（ ） 意味（ ）

(4) Cの音符の名前を答えなさい。 （ ）

(5) Dの記号の読み方を答えなさい。 （ ）

(6) 次の楽譜の演奏する順番を答えなさい。

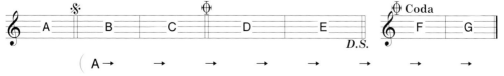

（ A→ → → → → → → → ）

Ｑクレシェンドとデクレシェンド，だんだん「弱く」するのは？ 答えは次のページ

解答 p.15

確 ステージ **1**
認 のワーク

23 大切なもの

教科書の 要点 　次の各問いに答えよう。

① **基本データ** 　曲について，表にまとめなさい。

作詞・作曲		速度記号	♩＝　　　ぐらい	
拍子	分の　　　拍子	合唱形態	声	部合唱

② **歌詞** 　（　　）にあてはまる歌詞を書きなさい。

一　空にひかる星を　君と（①　　　　　　　）夜

　　あの日も　今日のような風が（②　　　　　　　）

　　あれから　いくつもの（③　　　　　　　）こえて　時を過ごし

　　それでも　あの（④　　　　　　　）　ずっと忘れることはない

　　（⑤　　　　　　　）なものに　気づかないぼくがいた

　　今　（⑥　　　　　　　）にある　あたたかい　この気持ち

この曲は変ニ長調だね。フラットが5つもあるよ。

③ **楽典** 　「大切なもの」で使われている記号について答えなさい。

●次の記号の読み方と意味を書きなさい。

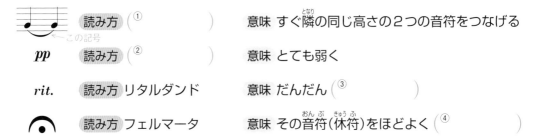

　　この記号　　読み方（①　　　　　　）　　意味 すぐ隣の同じ高さの２つの音符をつなげる

pp　　読み方（②　　　　　　）　　意味 とても弱く

rit.　　読み方 リタルダンド　　意味 だんだん（③　　　　　　）

⌢　　読み方 フェルマータ　　意味 その音符（休符）をほどよく（④　　　　　　）

一問一答で要点チェック　次の各問いに答えよう。　　　　　/3問中

①**pp**の意味を答えなさい。　　　　　　　　　　　　　　　　①

②この曲の速さとして適切なものを次から選びなさい。

　　ア ♩=72ぐらい　　イ ♪=82　　ウ ♩=88ぐらい　　　②

③⌢の読み方を答えなさい。　　　　　　　　　　　　　　　　③

musiQuiz　　A デクレシェンドだよ。間違いやすいので気を付けよう。

定着のワーク ステージ2

23 大切なもの

/100

よく出る 1 次の楽譜について，あとの問いに答えなさい。 8点×5（40点）

(1) 作詞・作曲者を答えなさい。 （　　　　）

(2) 拍子を $\frac{○}{○}$ の形で書きなさい。 （　　　　）

(3) この曲の合唱形態を答えなさい。 （　　　　）

(4) **A**のパートの名前を答えなさい。 （　　　　）

(5) **a**にあてはまる歌詞を書きなさい。 （　　　　）

2 次の楽譜について，あとの問いに答えなさい。 8点×5（40点）

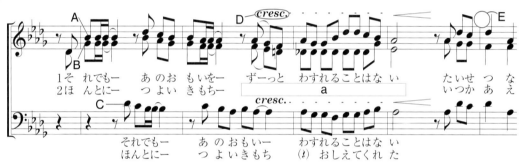

(1) **A**〜**C**のうち主旋律を歌うパートを記号で答えなさい。 （　　　　）

(2) **D**と同じ意味の記号を，**ア**〜**ウ**から選びなさい。 （　　　　）

ア *dim*　　イ ＜　　　ウ ＞

(3) **B**のパートを何と呼ぶか答えなさい。 （　　　　）

(4) **E**に入る記号を**ア**〜**ウ**から選びなさい。 （　　　　）

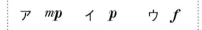

ア *mp*　イ *p*　ウ *f*

(5) **a**にあてはまる歌詞を書きなさい。 （　　　　）

3 次の問いに答えなさい。 10点×2（20点）

(1) *mp* の意味を答えなさい。 （　　　　）

(2) 次の楽譜の演奏する順番を答えなさい。

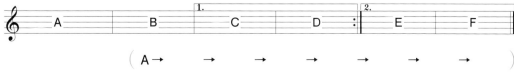

（ A→　　→　　→　　→　　→　　→　　→　　）

解答 p.16

確認のワーク ステージ❶ 24 時の旅人

教科書の要点 次の各問いに答えよう。

1 基本データ 曲について，表にまとめなさい。

作詞		作曲		
拍子	分の　　拍子	合唱形態	声	部合唱

2 歌詞 （　　）にあてはまる歌詞を書きなさい。

めぐる風　めぐる想いにのって（①　　　　　）あの日に　会いにゆこう

ぼくらは（②　　　　　　　　　）

忘れかけていた日々　すべてのものが（③　　　　　　）だった頃

汗をぬぐってあるいた道（④　　　　　）見つけた小さな花

幼い日の手のぬくもりが　帰ってくる

やさしい雨にうたれ　緑が（⑤　　　　　）ように

涙のあとには　いつも君がそばにいて（⑥　　　　　　　）おしえてくれた

今，君といっしょに　未来への（⑦　　　　　　）開こう　あふれる希望をうたおう

（略）

> 調の移り変わりに注意しながら歌おう。

3 楽典 「時の旅人」で使われている記号について答えなさい。

⚫次の記号の読み方と意味を書きなさい。

rit. 　読み方（①　　　　　）　意味 だんだん（②　　　　）

accel. 　読み方 アッチェレランド　意味 だんだん（③　　　　）

Meno mosso 　読み方 メーノ モッソ　意味 今までより（④　　　　）

一問一答で要点チェック 次の各問いに答えよう。　　　　/4問中

①作詞者，作曲者をそれぞれ記号で選びなさい。
　　ア　山崎朋子　　イ　深田じゅんこ　　ウ　橋本祥路

②拍子を答えなさい。

③*accel.*の読み方を答えなさい。

□①作詞者
作曲者
□②
□③

 musiQuiz

Ⓐ ♩を1分間に60打つ速さ，という意味だよ。

定着のワーク ステージ**2**

24 時の旅人

解答 p.16

/100

① 次の楽譜(がくふ)について，あとの問いに答えなさい。　5点×8（40点）

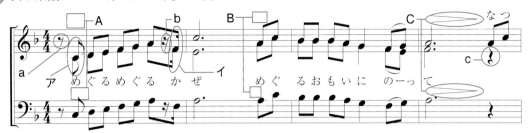

あ　めぐるめぐる　かぜ　　　めぐ　るおもいに　のーって

⑴　合唱形態を答えなさい。　　　　　　　　　　　　（　　　　　　　　　）

⑵　A，Bに入る記号をア〜エから選びなさい。　　　A（　　　）　B（　　　）

```
ア p　　イ mf　　ウ ff　　エ f
```

⑶　Cの記号の読み方と意味を答えなさい。

読み方（　　　　　　　）　意味（　　　　　　　　　）

⑷　a〜cの休符(きゅうふ)を短い順に記号で答えなさい。　（　　　→　　　→　　　）

⑸　ア，イの音符(おんぷ)の名前を答えなさい。

ア（　　　　　　　）　イ（　　　　　　　）

② 次の問いに答えなさい。　6点×3（18点）

⑴　①〜④の歌詞で，最もテンポの速い部分を選びなさい。　（　　　）

①　めぐるかぜ　めぐるおもいにのって（♩=**92**ぐらい）

②　あせをぬぐってあるいたみち（♩=**72**ぐらい）

③　やさしいあめにうたれ（*accel.*~♩=**88**ぐらい）

④　Uh−　ぼくらはたびびと　ゆめのたびびと（**Meno Mosso**）

⑵　①〜④の中で，アルトパートのみで始まる部分の番号を答えなさい。　（　　　）

⑶　①〜④の中で，*mp*で歌われる部分の番号を答えなさい。　（　　　）

③ 次の楽譜は，「時の旅人」の最後の部分である。あとの問いに答えなさい。　6点×7（42点）

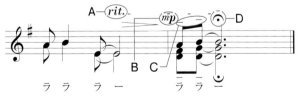

ラ　ラ　ラー　　　ラ　ラ

⑴　A，Cの読み方を答えなさい。　　A（　　　　　　　）　C（　　　　　　　）

⑵　B，Dの意味を答えなさい。　　　B（　　　　　　　）　D（　　　　　　　）

⑶　**Meno mosso**の読み方と意味を答えなさい。

読み方（　　　　　　　）　意味（　　　　　　　　　）

⑷　この曲はどんな調で終わっているか。　　　　　　（　　　　　　　）

解答 p.16

確認のワーク ステージ❶ 25 蛍の光

教科書の要点　次の各問いに答えよう。

❶ 基本データ　曲について，表にまとめなさい。

原曲			民謡	日本語詞		稲垣千頴
速度記号	♩=80~88 Moderato	拍子	分の　　拍子	調		調

❷ 歌詞　（　）にあてはまる歌詞を書きなさい。

一　蛍の光　（①　　　　　）　ふみよむ（②　　　　　）　かさねつつ

　　いつしか年も　すぎの戸を　あけてぞ　けさは　（③　　　　　）
　　　　　　　　　　　　「杉の戸」と「過ぎた年月」を重ね合わせた表現

二　とまるも行くも　限りとて　かたみに思う　ちよろずの
　　とどまる人も去る人も　今日限りとして　互いに　　　たくさんの

　　心のはしを　（④　　　　　）　さきくとばかり　歌うなり
　　思いの中のわずかなこと　　　　　　　幸せであるようにと　うたう

言葉が難しいので，意味をしっかり確認しておこう。

❸ 楽典　「蛍の光」で使われている記号について答えなさい。

●次の記号の読み方と意味を書きなさい。

mf　　読み方（①　　　　　）　意味 少し（②　　　　　）

𝖵　　読み方（③　　　　　）　意味 息つぎをする

♯　　読み方（④　　　　　）　意味 半音上げる

　　　読み方（⑤　　　　　）　意味 高さの違う２つ以上の音符を滑らかに
←この記号

一問一答で要点チェック　次の各問いに答えよう。

/3問中

①速さとして適切なものを次から選びなさい。
　　ア　Allegro　　イ　♩=80~88　　ウ　♩=120　　　　　①□

②下は１番の歌詞の一部である。A，Bにあてはまる言葉を
　書きなさい。
　　　いつしか年も　（　A　）を　　　　　　　　　②A
　　　あけてぞ　けさは　（　B　）　　　　　　　　　B

定着のワーク ステージ**2**

25　蛍の光

解答 p.16

/100

1 次の楽譜について，あとの問いに答えなさい。　　　　　　8点×5（40点）

a

(1)　この曲について，あてはまるものをア〜ウから選びなさい。　　（　　　　　）

> ア　アメリカ民謡　　イ　スコットランド民謡　　ウ　文部省唱歌

(2)　拍子を$\frac{○}{○}$の形で答えなさい。　　　　　　　　　　　（　　　　　）

(3)　調を答えなさい。　　　　　　　　　　　　　（　　　　　　　調）

(4)　調号の♭のつく音を，音名で答えなさい。　　（　　　　　　　音）

(5)　1番のaにあてはまる歌詞を書きなさい。

　　　　　　　　　　　　　　　　　　　　　　（　　　　　　　　　　　　）

2 次の歌詞の意味を表す言葉を，ア〜エから選びなさい。　　5点×4（20点）

よく出る

(1)　とまるも行くも　　　　　　　　　　　　　　　（　　　　　）

(2)　さきくとばかり　　　　　　　　　　　　　　　（　　　　　）

(3)　ちよろずの心のはし　　　　　　　　　　　　　（　　　　　）

(4)　かたみに　　　　　　　　　　　　　　　　　　（　　　　　）

> ア　たくさんの思いの中のわずかなこと　　イ　とどまる人も去る人も
> ウ　互いに　　エ　幸せであるように

3 次の問いに答えなさい。　　　　　　　　　　　　　　　　8点×5（40点）

(1)　1番の「いつしか年も　すぎの戸を」に続く歌詞を，平仮名12文字で書きなさい。

　　　　　　　　　　　　　　　　（　　　　　　　　　　　　　　　　）

(2)　2番の出だしの歌詞を，平仮名12文字で書きなさい。

　　　　　　　　　　　　　　　　（　　　　　　　　　　　　　　　　）

(3)　2番の「心のはしを　ひとことに」に続く歌詞を，平仮名12文字で書きなさい。

　　　　　　　　　　　　　　　　（　　　　　　　　　　　　　　　　）

レベルUP! (4)　A，Bにあてはまる言葉を書きなさい。

　　「すぎの戸を」とは，（　　A　　）と過ぎ去った（　　B　　）を重ね合わせて表現した歌詞である。

　　　　　　　　　　　　A（　　　　　　　　）　B（　　　　　　　　）

Q. *f*, *ff*, *mf* を，強い順に並べかえよう。　　　　　答えは次のページ　　musiQuiz

確 ステージ **1**
認 のワーク

解答 p.17

26 HEIWAの鐘

教科書の要点 次の各問いに答えよう。

1 **基本データ** 曲について，表にまとめなさい。

作詞・作曲			編曲	
速度記号	♩= ぐらい	拍子(ひょうし)	分の 拍子	調 調

2 **歌詞** （ ）にあてはまる歌詞を書きなさい。

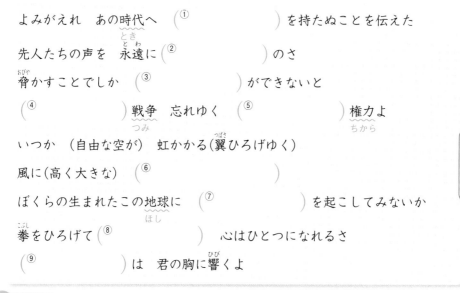

よみがえれ　あの時代(とき)へ（①　　　　　　　　）を持たぬことを伝えた

先人たちの声を　永遠(とわ)に（②　　　　　　　）のさ

脅(おびや)かすことでしか　（③　　　　　　）ができないと

（④　　　　　）戦争(つみ)　忘れゆく（⑤　　　　　）権力(ちから)よ

いつか　（自由な空が）　虹かかる（翼(つばさ)ひろげゆく）

風に(高く大きな)　（⑥　　　　　　　）

ぼくらの生まれたこの地球(ほし)に　（⑦　　　　　）を起こしてみないか

拳(こぶし)をひろげて（⑧　　　　　）　心はひとつになれるさ

（⑨　　　　　）は　君の胸(ひび)に響くよ

平和への強い願いがこめられているね！

3 **楽典** 「HEIWAの鐘」で使われている記号について答えなさい。

●次の記号の読み方と意味を書きなさい。

cresc.　読み方（①　　　　　　　）　意味 だんだん（②　　　　　）

●次の楽譜(がくふ)の演奏する順番を答えなさい。

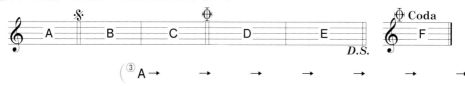

（③ A→　　→　　→　　→　　→　　→　　　）

一問一答で要点チェック 次の各問いに答えよう。

/2問中

①速さとして適切なものを次から選びなさい。

　ア　♩=80ぐらい　　イ　♩=120ぐらい　　ウ　♪=92　　　①

②*cresc.*の意味を答えなさい。　　　②

A *ff*, *f*, *mf*だよ。*ff*は「とても強く」，*mf*は「少し強く」だ。

定着のワーク ステージ**2**

26　HEIWAの鐘

解答 p.17

/100

1 次の楽譜について，あとの問いに答えなさい。　　8点×4（32点）

1　よ みがえーれあの　とき へ　　ぶ き をもたぬこと を　つ た えた
2　　　　　　a　　　　　　　ふ り むかーずわら い　つづ けた

(1)　作詞・作曲者と編曲者をア～エから選びなさい。

ア　松井孝夫　　イ　白石哲也　　ウ　橋本祥路　　エ　仲里幸広

作詞・作曲者（　　　　　　）　編曲者（　　　　　　）

(2)　拍子を $\frac{\bigcirc}{\bigcirc}$ の形で答えなさい。　　　　　　（　　　　　　）

(3)　aにあてはまる歌詞を書きなさい。　　　（　　　　　　）

2 「HEIWAの鐘」の歌詞について，a～dの読みがなを書きなさい。　7点×4（28点）

よみがえれ　あのa時代へ

武器を持たぬことを伝えた

先人たちの声を　b永遠に語り継ぐのさ

脅かすことでしか　守ることができないと

くり返すc戦争　忘れゆく　愚かなd権力よ…

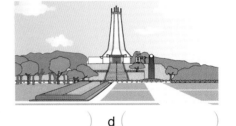

a（　　　　）　b（　　　　）　c（　　　　）　d（　　　　）

3 次の楽譜について，あとの問いに答えなさい。　　8点×5（40点）

1　　　a　　　こ ー と　で ー しか　　まもることがで きないとー
2　じゅうせい　が　　　b　　　　　　う みや だいちが　くだけちる

(1)　Aの音は何拍分にあたるか答えなさい。　　　　（　　　　）拍

(2)　Bの記号の読み方を答えなさい。　　　　　　　（　　　　）

(3)　a，bにあてはまる歌詞を書きなさい。

a（　　　　　　）　b（　　　　　　）

(4)　次の楽譜の演奏する順番を答えなさい。

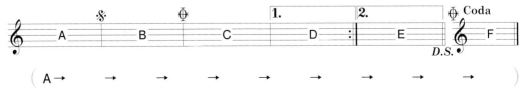

（A→　　→　　→　　→　　→　　→　　→　　→　　→　　）

Q *D.C.*と*D.S.*，「始めに」戻るのはどっち？　　　答えは次のページ

musiQuiz

確 ステージ **1**
認 のワーク

27　旅立ちの日に

教科書の要点　次の各問いに答えよう。

1 基本データ　曲について，表にまとめなさい。

作詞		作曲			編曲	松井孝夫	
速度記号	**Moderato** 中ぐらいの速さで	拍子	分の　　拍子		合唱形態	声　　部合唱	

2 歌詞　（　　）にあてはまる歌詞を書きなさい。

一　（①　　　　　　）の中に　山なみは萌えて

　　（②　　　　　　）の果てまでも　君は（③　　　　　　　）

　限り無く青い空に　（④　　　　　　）

　自由を駆ける（⑤　　　　　）　ふり返ることもせず

　（⑥　　　　　　）にこめて希望の風にのり

　このひろい（⑦　　　　　）に夢をたくして

　　（２番歌詞省略）

　いま（⑧　　　　　　）のとき

　飛び立とう（⑨　　　　　）信じて

　弾む若い力信じて　このひろい　このひろい大空に

２番の歌詞も
確認しよう！

3 楽典　「旅立ちの日に」で使われている記号について答えなさい。

●次の用語や記号の読み方と意味を書きなさい。

　Moderato　読み方（①　　　　　　）　意味 中ぐらいの速さで

　Più mosso　読み方（②　　　　　　）　意味 今までより速く

　cresc.　読み方 クレシェンド　意味（③　　　　　　）

一問一答で要点チェック　次の各問いに答えよう。　　/3問中

①作詞者を答えなさい。
②Più mossoの意味を答えなさい。
③*cresc.*の読み方を答えなさい。

*cresc.*は
*crescendo*の
省略形だね。

① 　　　　　
② 　　　　　
③ 　　　　　

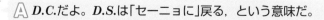

A *D.C.*だよ。*D.S.*は「セーニョに」戻る，という意味だ。

定着のワーク ステージ2

27　旅立ちの日に

解答 p.17

/100

1 次の楽譜について，あとの問いに答えなさい。　　7点×4（28点）

1 しろい ひかりの　な　　かに　　やまなみは もえ　て
2 なつかしい　　　a　　　　　　（ｲ）ふと よみがえ　る

(1)　何分の何拍子か答えなさい。　　　　　　　　　　（　　　　　）

(2)　Aに入る，「少し弱く」という意味の強弱記号を書きなさい。（　　　　　）

(3)　aにあてはまる歌詞を書きなさい。　　　　　　　（　　　　　）

(4)　Moderatoの意味を答えなさい。　　　　　　　　（　　　　　）

2 次の楽譜について，あとの問いに答えなさい。　　8点×5（40点）

(1)　Aにあてはまる記号を，ア～ウから選びなさい。　　（　　　　　）

　　ア accelerando　　イ Più mosso　　ウ rit.

(2)　Bのパートのことを何と呼ぶか答えなさい。　　　（　　　　　）

(3)　a～cにあてはまる歌詞を書きなさい。

　　　　a（　　　　　）　b（　　　　　）　c（　　　　　）

3 次の楽譜について，あとの問いに答えなさい。　　8点×4（32点）

(1)　Aに入る記号をア～ウから選びなさい。　　　　　（　　　　　）

　　ア dim.　　イ cresc.　　ウ decresc.

(2)　aにあてはまる歌詞を書きなさい。　　　　　　　（　　　　　）

(3)　この曲の合唱形態を答えなさい。　　　　　　　　（　　　　　）

(4)　タイのついたBの音符は，何拍分のばすか答えなさい。（　　　　　）

Ｑ 付点4分音符は，4分音符と何音符をたした長さ？　　　答えは次のページ

解答 p.18

確認のワーク ステージ**1**

28 大地讃頌（さんしょう）

教科書の要点　次の各問いに答えよう。

1 基本データ　曲について，表にまとめなさい。

作詞			作曲	
速度記号	♩=	拍子（ひょうし）	分の　拍子	合唱形態　声　部合唱

2 歌詞　（　）にあてはまる歌詞を書きなさい。

母なる大地の（① 　　　　　　　）に

われら人の子の（② 　　　　　　　）はある

大地を愛せよ　大地に生きる（③ 　　　　　　　）ら

その立つ土に（④ 　　　　　　　）せよ

（⑤ 　　　　　　　）大地を　（⑥ 　　　　　　　）大地を

大地をほめよ　（⑦ 　　　　　　　）土を　恩寵（おんちょう）のゆたかな大地
　　　　　　　　　　　　　　　　　　　　恵み

われら人の子の　大地をほめよ

たたえよ　土を（⑧ 　　　　　　　）大地を

たたえよ　ほめよ　たたえよ　土を

母なる大地を　ああ　（⑨ 　　　　　　　）大地を　ああ

> 讃頌とは，「ほめたたえる」という意味なんだね。

> 混声四部合唱の重厚なハーモニーを感じ取って歌おう。

3 楽典　「大地讃頌」で使われている記号について答えなさい。

● 次の記号の読み方と意味を書きなさい。

Grandioso　読み方（① 　　　　　　　）　意味 壮大（そうだい）に

poco a poco　読み方 ポーコ ア ポーコ　意味（② 　　　　　　　）

cresc.　読み方 クレシェンド　意味（③ 　　　　　　　）

一問一答で要点チェック　次の各問いに答えよう。

/3問中

①作曲者を答えなさい。　　　　　　　　　　　☐ ①

②Grandiosoの意味を答えなさい。　　　　　☐ ②

③*poco a poco*の意味を答えなさい。　　　　☐ ③

 　A 8分音符だよ。4分音符の1.5倍の長さだね。

定着のワーク ステージ**2**　　**28　大地讃頌**

1 次の楽譜（がくふ）について，あとの問いに答えなさい。　　　　8点×5（40点）

(1)　**A**に入る記号を**ア**〜**ウ**から選びなさい。　　　　　（　　　　　）

> **ア** Moderato　　**イ** Grandioso　　**ウ** Allegretto

(2)　何分の何拍子か答えなさい。　　　　　　　　　　（　　　　　）

(3)　合唱形態を答えなさい。　　　　　　　　　　　　（　　　　　）

(4)　**B**のパートを何と呼ぶか答えなさい。　　　　　　（　　　　　）

(5)　**a**にあてはまる歌詞を書きなさい。　　　　　　　（　　　　　）

2 次の楽譜について，あとの問いに答えなさい。　　　　8点×4（32点）

(1)　**A**の記号の意味を答えなさい。　　　　　　　（　　　　　　　）

(2)　**B**の記号の意味を答えなさい。　　　　　　　（　　　　　　　）

(3)　**C**に入る記号を答えなさい。　　　　　　　　（　　　　　　　）

Cは「荘厳（そうごん）に」という意味の記号が入るよ。

(4)　「恩寵」の意味を**ア**〜**ウ**から選びなさい。　　（　　　　　　　）

> **ア** 恩人　　**イ** 恵み　　**ウ** 恩を返す

3 「大地讃頌」について，次の問いに答えなさい。　　　　7点×4（28点）

(1)　作詞者を答えなさい。　　　　　　　　　　　　（　　　　　　　）

(2)　速度を**ア**〜**ウ**から選びなさい。　　　　　　　（　　　　　　　）

> **ア** ♩=92　　**イ** ♪=60　　**ウ** ♩=76

(3)　臨時記号の1つである✗の意味を答えなさい。　（　　　　　）2個分を上げる

(4)　***fff***の意味を答えなさい。　　　　　　　　　（　　　　　）よりさらに強く

Ｑ ♯と♮と♭，「もとの高さで」を意味するのはどれ？　　　答えは次のページ

解答 p.18

確認のワーク ステージ **1**

29 仰（あお）げば尊し

教科書の要点 次の各問いに答えよう。

1 基本データ 曲について，表にまとめなさい。

作詞・作曲	不明	拍子（ひょうし）	分の　　拍子	合唱形態	声　　部合唱

2 歌詞 （　　）にあてはまる歌詞を書きなさい。

一　仰げば尊し（①　　　　　）の恩（②　　　　　）にも　早いくとせ
　　　　　　　　　　　　　　　　　　　　　　　　早くも何年もたってしまった

　　思えばいと疾（と）し（③　　　　　）　今こそ別れめ　いざさらば
　　　　　とてもはやい　　　　　　　　　　　別れましょう

二　互にむつみし（④　　　　　）の恩　別るる後にも　やよ忘るな
　　　　　仲よくした　　　　　　　　　　　　　　　　　呼びかけの言葉

　　身を立て（⑤　　　　　）　やよはげめよ　今こそ別れめ　いざさらば

三　朝夕なれにし（⑥　　　　　）の窓　蛍（ほたる）の灯火（ともしび）（⑦　　　　　）
　　　　　慣れ親しんだ　　　　　　　　　　　　一生懸命勉強すること

　　忘るる間（ま）ぞなき（⑧　　　　　）　今こそ別れめ　いざさらば
　　　　忘れるときもない

3 楽典 「仰げば尊し」で使われている記号について答えなさい。

歌詞の意味を
しっかり確認
しよう。

●次の記号の読み方と意味を書きなさい。

mp　読み方（①　　　　　）　意味 少し弱く

mf　読み方 メッゾ フォルテ　意味（②　　　　　）

　読み方（③　　　　　）　意味 その音符（おんぷ）（休符（きゅうふ））をほどよくのばす

一問一答で要点チェック 次の各問いに答えよう。

/4問中

①拍子を答えなさい。　　　　　　　　　　　　　①

②*mp* の意味を答えなさい。　　　　　　　　　②

③フェルマータの記号を書きなさい。　　　　　③

④「いと疾し」の意味を答えなさい。　　　　　④

  A ♮だよ。ナチュラルと読むんだ。

解答 p.18

/100

定着のワーク ステージ**2**

29 仰げば尊し

1 次の楽譜について，あとの問いに答えなさい。 6点×5 (30点)

(1) 拍子を ○ の形で答えなさい。 ( )

(2) この曲の合唱形態を答えなさい。 ( )

(3) Aの記号の読み方と意味を答えなさい。

読み方 ( ) 意味 ( )

(4) a にあてはまる歌詞を書きなさい。

( )

2 次の楽譜について，あとの問いに答えなさい。 8点×5 (40点)

(1) Aの記号の読み方と意味を答えなさい。

読み方 ( ) 意味 ( )

(2) Bの記号の読み方と意味を答えなさい。

読み方 ( ) 意味 ( )

(3) a にあてはまる歌詞を書きなさい。

( )

3 次の歌詞の意味をア～オから選びなさい。 6点×5 (30点)

(1) なれにし (2) 行く年月

( ) ( )

(3) むつみし (4) 今こそ別れめ

( ) ( )

(5) 忘るる間ぞなき

( )

ア 仲よくした イ 今こそ別れましょう ウ 慣れ親しんだ
エ 忘れるときもない オ 去っていった年月

Q スタッカートはどんな意味だったかな？ 答えは次のページ

解答 p.19

プラスワーク 指揮のしかた・歌いかた（1）

1 **指揮と拍子** 次のような指揮をするときの拍子を，ア〜ウから選びなさい。

(1) 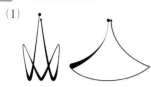 (2) 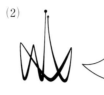 (3)

( )　　　　( )　　　　( )

ア 6拍子　　イ 3拍子　　ウ 4拍子

	2拍子系	3拍子系	4拍子系
単純拍子	$\frac{2}{4}$ ♩ ♩	$\frac{3}{4}$ ♩ ♩ ♩	$\frac{4}{4}$ ♩ ♩ ♩ ♩
複合拍子	$\frac{6}{8}$	$\frac{9}{8}$	$\frac{12}{8}$

拍子には，単純拍子と複合拍子があるよ。

2 **歌いかた** 次の①〜⑨にあてはまる言葉を， から選びなさい。

視線はやや（① ）向き。

息は花の香りをかぐような感じで（② ）吸う。

吸った息は（③ ），一定のペースでむらなく吐く。

胸を（④ ），やや高く保つ。

重心は少し（⑤ ）に。

肩の力を（⑥ ）。

背すじをまっすぐに伸ばし，上半身を（⑦ ）させる。

おなかだけでなく，（⑧ ）にも空気を入れる感じで吸う。

両足を軽く（⑨ ）立ち，下半身を安定させる。

リラックス　広げ　抜く　開いて　素早く　上　ゆっくりと　背中　前

 musiQuiz A 「短く切って」だよ。

3 声の種類と声域　①〜⑥にあてはまるパートの名前をかきなさい。

<男声>

高い ①（　　　　　）

②（　　　　　）

低い ③（　　　　　）

<女声>

高い ④（　　　　　）

⑤（　　　　　）

低い ⑥（　　　　　）

4 合唱形態と配置　次の(1)〜(4)のような構成で合唱をするときの合唱形態を，□□□から選んで答えなさい。

(1)

メッゾソプラノ

ソプラノ　　アルト

指揮者

（　　　　　）

(2)

バリトン

テノール　　バス

指揮者

（　　　　　）

(3)

アルト

ソプラノ　　男声

指揮者

（　　　　　）

(4)

アルト　テノール

ソプラノ　　バス

指揮者

（　　　　　）

> 混声四部合唱　　女声三部合唱　　混声三部合唱　　男声三部合唱

5 声楽の演奏形態　次の(1)〜(5)にあてはまる演奏形態を，□□□から選んで答えなさい。

(1)　1人で歌う。ソロともいう。　　　　　　　　　　　　　　　（　　　　　）

(2)　2人以上で，同じ旋律をいっせいに歌う。ユニゾンともいう。　（　　　　　）

(3)　同じ旋律を，一定の間をおいて追いかけるように歌う。カノンともいう。

（　　　　　）

(4)　2つ以上の声部を，それぞれ1人ずつで歌い合わせる。アンサンブルともいう。2つの声部によるものをデュエット，4つの声部によるものをカルテットのように呼ぶ。

（　　　　　）

(5)　2つ以上の声部を，それぞれ2人以上で歌い合わせる。コーラスともいう。

（　　　　　）

> 独唱　　輪唱　　重唱　　斉唱　　合唱

プラスワーク

解答 p.19

プラスワーク 指揮のしかた・歌いかた（2）

1 **指揮者の役割** 演奏中の指揮者の役割について，正しいものに〇，誤っているものに×をかきなさい。

(1) 拍子や速度を示す。 （　　　）

(2) 伴奏者を指名する。 （　　　）

(3) 合唱の練習のスケジュールを決める。 （　　　）

(4) 強弱を示す。 （　　　）

(5) 出だしや終わりのタイミングを合わせる。 （　　　）

(6) メンバーのパートを決める。 （　　　）

(7) 曲の雰囲気や表情を演奏者に伝える。 （　　　）

体の動きや表情などで伝えるよ。

2 **指揮と強弱** 次の(1)，(2)は，「強く」と「弱く」のどちらを表していますか。

(1)

（　　　）

(2)

（　　　）

3 **指揮と拍子** 次の拍子の曲の指揮のふりかたとして適切なものを，ア〜エから選びなさい。

(1) 4分の2拍子 （　　　）　　(2) 4分の3拍子 （　　　）　　(3) 4分の4拍子 （　　　）

ア　　　　イ　　　　ウ　　　　エ

4 **歌いかた** 歌いかたについて，正しいものに〇，誤っているものに×をかきなさい。

(1) 視線は少し下に向ける。 （　　　）

(2) 息は素早く吸い，ゆっくりと吐く。 （　　　）

(3) 肩の力を抜く。 （　　　）

(4) 背すじは少し丸めるとよい。 （　　　）

(5) 上半身には力を入れ，緊張させておく。 （　　　）

(6) 息はおなかだけでなく，背中にも入れるような感覚で息を吸う。 （　　　）

(7) 下半身を安定させるために，両足はぴったりくっつけておく。 （　　　）

(8) 重心は少し前にする。 （　　　）

A おなかだよ。腹式呼吸という呼吸法で歌うんだ。

5 **歌うときの姿勢** 歌うときの姿勢について，正しいものに〇，誤っているものに×をかきなさい。

(1)　　　　　　　　　　(2)　　　　　　　　　(3)

（　　　　　　）　　　　　（　　　　　　）　　　　　（　　　　　　）

6 **声の種類と声域** 次の問いに答えなさい。

(1)　女声の声の種類3つを，低い順に答えなさい。

（　　　　　　）（　　　　　　）（　　　　　　）

(2)　男声の声の種類3つを，高い順に答えなさい。

（　　　　　　）（　　　　　　）（　　　　　　）

プラスワーク

7 **合唱形態** 次のような編成で合唱をするときの合唱形態を答えなさい。

(1)　ソプラノ，アルト　　　　　　　　　(2)　ソプラノ，アルト，テノール，バス

（　　　　　　）　　　　　　　　　　（　　　　　　）

(3)　テノール，バリトン，バス　　　　　(4)　ソプラノ，アルト，男声

（　　　　　　）　　　　　　　　　　（　　　　　　）

8 **声楽の演奏形態** 次の①〜⑦にあてはまる言葉を，⋯⋯⋯から選んで答えなさい。

◆独唱とは，（①　　　　　　）人で歌うことをいう。（②　　　　　　）ともいう。

◆「蛙の合唱」や「静かな湖畔」は輪唱で，同じ旋律を一定の
（③　　　　　　）をおいて追いかけるように歌う。

◆重唱（アンサンブル）は2つ以上の声部を
（④　　　　　　）で歌い合わせることをいい，二重唱を
（⑤　　　　　　），三重唱をトリオ，四重唱をカルテット，五重奏をクインテットという。

◆2人以上で（⑥　　　　　　）旋律をいっせいに歌うことを斉唱という。ユニゾンともいう。

◆合唱（コーラス）とは，2つ以上の声部を（⑦　　　　　　）で歌い合わせることをいう。

> 1　　1人ずつ　　2人以上　　間　　デュエット　　ソロ　　同じ

確認のワーク ステージ**1** 1 春

解答 p.19

教科書の要点 次の各問いに答えよう。

1 基本データ 曲について，表にまとめなさい。

作曲		時代	バロック時代
曲の種類		演奏形態	独奏ヴァイオリンと弦楽合奏（通奏低音付）

2 作曲者について （　）にあてはまる言葉を　　から選びなさい。

作曲者のA.ヴィヴァルディは（① 　　　　　　）のベネツィアに生まれ，ヴァイオリン奏者の（② 　　　　　　）から音楽の手ほどきを受けた。

25歳で司祭となり，（③ 　　　　　　）として活躍(かつやく)した後，ピエタ養育院(よういくいん)で音楽指導を行いながら，生徒の演奏会用に数多くの（④ 　　　　　　）を作曲した。彼は協奏曲の発展に重要な役割を果たし，同時代の（⑤ 　　　　　　）やヘンデルをはじめとする多くの作曲家たちに大きな影響(えいきょう)を与(あた)えたことから，（⑥ 　　　　　　）と呼ばれている。

> ヴァイオリン奏者　協奏曲の父　イタリア　バッハ　父　協奏曲

3 この曲について （　）にあてはまる言葉を　　から選びなさい。

「春」は独奏（① 　　　　　），弦楽合奏，通奏低音のための協奏曲「（② 　　　　　　）」の第1曲で，3つの楽章でできている。（③ 　　　　　　）と呼ばれる短い詩と音楽が密接な関わりをもっていて，音楽は詩の内容を鮮やかに描写している。第1楽章は，リトルネッロ形式と呼ばれる（④ 　　　　　）と独奏が交互(こうご)に現れる形式で書かれていて，

（⑤ 　　　　　）部 → エピソード部 → リトルネッロ部 → （⑥ 　　　　　）部
〈合奏〉　　　　　　〈独奏〉　　　　　　〈合奏〉　　　　　　〈独奏〉

という順に曲が進んでいく。

演奏する楽器はヴァイオリン，（⑦ 　　　　　　），チェロ，（⑧ 　　　　　　）などの弦楽器と，鍵盤楽器(けんばん)の（⑨ 　　　　　　）などが，低音パートの上に和音を加えながら伴奏(ばんそう)する（⑩ 　　　　　）を担当する。

> ヴィオラ　チェンバロ　合奏　ソネット　エピソード　通奏低音
> リトルネッロ　ヴァイオリン　四季　コントラバス

A 曲の強弱だよ。他にも拍子やタイミング，曲の雰囲気なども表すよ。

④ 楽器について 「四季」の演奏に使われる楽器について，次の問いに答えなさい。

◆A〜Eの楽器の名前をア〜オから選びなさい。　　A（① 　　）　B（② 　　）
　　　　　　　　　　　　　　　　　　　　　　C（③ 　　）　D（④ 　　）　E（⑤ 　　）

> ア　コントラバス　　イ　ヴィオラ　　ウ　チェロ　　エ　チェンバロ
> オ　ヴァイオリン

◆Cの楽器の役割を，ア，イから選びなさい。　　　　　　　　（⑥ 　　）

> ア　独奏　　イ　通奏低音

⑤ ソネットについて　　次の問いに答えなさい。

◆（　）にあてはまる言葉を　　から選びなさい。
　ア　（① 　　　　　）が吹き，泉はやさしくささやきながら流れていく。
　イ　（② 　　　　　）がやむと，小鳥は再び楽しそうに歌い出す。
　ウ　黒雲が空を覆い，（③ 　　　　　）と雷鳴が春の訪れを告げる。
　エ　（④ 　　　　　）が陽気にやってきた。
　オ　（⑤ 　　　　　）は楽しい歌で，春にあいさつする。

> 嵐　　小鳥　　春　　稲妻　　そよ風

◆ア〜オを曲の順番に並べかえなさい。　（⑥エ　→　　　→　ア　→　　　→　イ）

一問一答で要点チェック　次の各問いに答えよう。　　　　/6問中

①ヴィヴァルディの生まれた国を答えなさい。　　　　　　　　□①
②ヴィヴァルディの活躍した時代をア〜ウから選びなさい。
　ア　古典派　　イ　バロック時代　　ウ　ロマン派　　　　□②
③楽譜の初めに書かれた短い詩のことを何と呼びますか。　　□③
④この曲の演奏によく使われる鍵盤楽器の名前を答えなさい。□④
⑤この曲のような，独奏楽器と合奏のための器楽曲のことを
　何と呼びますか。　　　　　　　　　　　　　　　　　　　□⑤
⑥この曲の独奏を受け持つ楽器を答えなさい。　　　　　　　□⑥

定着のワーク ステージ**2**

1 春

解答 p.20

/100

❶ ヴィヴァルディと「春」について，正しいものに○，正しくないものに×を書きなさい。

2点×7（14点）

(1) ヴィヴァルディはドイツで活躍した。 （　　　）

(2) ヴィヴァルディと同じ時代に，バッハとヘンデルが活躍した。 （　　　）

(3) ヴィヴァルディは生徒たちのために数多くの交響曲を書いた。 （　　　）

(4) 「春」は「四季」という曲の第2曲である。 （　　　）

(5) 「春」の演奏では，独奏ヴァイオリンが全体をリードする。 （　　　）

(6) 「春」は独奏の部分と合奏の部分が交互に現れる，リトルネッロ形式で書かれている。

（　　　）

(7) この曲は全部で3楽章からなっている。 （　　　）

❷ 次の楽譜1〜3について，あとの問いに答えなさい。 5点×4（20点）

楽譜1

楽譜2　Allegro

楽譜3　tr

(1) 楽譜1〜3にふさわしい詩をア〜ウから選びなさい。

楽譜1（　　　　）　楽譜2（　　　　）　楽譜3（　　　　）

> ア　そよ風が吹き，泉はやさしくささやきながら流れていく。
>
> イ　春が陽気にやってきた。　ウ　小鳥は楽しい歌で，春にあいさつする。

(2) 楽譜1〜3を曲の順番に並べかえなさい。 （　　　→　　　→　　　）

❸ 次の問いに答えなさい。 6点×3（18点）

(1) 「黒雲が空を覆い，稲妻と雷鳴は春の訪れを告げる。」という詩の内容を表す音楽は**楽譜1，2**のどちらですか。 （　　　）

楽譜1　A　B

楽譜2

(2) **A**と**B**が表す内容を**ア〜ウ**から選びなさい。 **A**（　　　　）　**B**（　　　　）

> ア　稲妻　　イ　小鳥の歌　　ウ　雷鳴

musiQuiz　A バロック時代だよ。ヴィヴァルディが活躍した時代でもあるね。

❹「春」の演奏に使う楽器について，次の問いに答えなさい。 3点×6（18点）

分類	弦楽器				鍵盤楽器
	①	②	③	④	
名前	（ A ）	コントラバス	（ B ）	ヴィオラ	（ C ）

(1) A〜Cに入る楽器の名前を答えなさい。

A（　　　　　）　B（　　　　　）　C（　　　　　）

(2) Cの楽器の役割を答えなさい。 （　　　　　）

(3) この曲で独奏楽器として演奏する楽器を，A〜Cから選びなさい。 （　　　　）

(4) ①〜④の弦楽器を音域の高い順に番号で答えなさい。

（　　→　　→　　→　　）

❺「春」について，次の問いに答えなさい。 3点×10（30点）

(1) 作曲者を答えなさい。 （　　　　　）

(2) 作曲者の活躍した時代を答えなさい。 （　　　　　）

(3) 作曲者の肖像画をア〜エから選びなさい。 （　　　）

ア　　　　　イ　　　　　ウ　　　　　エ

(4) 作曲者と同じ時代に活躍した作曲家を，(3)のア〜エから選びなさい。 （　　　）

(5) （　）にあてはまる言葉を答えなさい。

「春」は，「（　A　）と創意の試み」第1集「（　B　）」の第1曲である。

A（　　　　　）　B（　　　　　）

(6) 「嵐がやむと，小鳥は再び楽しそうに歌い出す。」という詩を表す音楽はア，イのどちら
ですか。 （　　　）

ア　　　　　　　　　　　　　イ

(7) （　）にあてはまる言葉を書きなさい。

・「春」は独奏と（　A　）が交互に現れる，リトルネッロ形式で書かれている。

・作曲者は（　B　）奏者としても活躍した。彼の作曲した数多くの協奏曲は，同世代の
作曲家たちに大きな影響を与えたことから，彼は（　C　）と呼ばれている。

A（　　　　　）　B（　　　　　）　C（　　　　　）

Qヴィオラとコントラバスの間の音域を受け持つ弦楽器は？　答えは次のページ

確認のワーク ステージ❶

解答 p.20

2 魔王 −Erlkönig−

教科書の要点 次の各問いに答えよう。

❶ 基本データ 曲について，表にまとめなさい。

作詞			作曲	代表作は「野ばら」，ピアノ五重奏曲「ます」，未完成交響曲など
時代	ロマン派	曲の種類	リート ドイツ語による歌曲	演奏形態	独唱とピアノ

❷ 作詞者・作曲者について （　）にあてはまる言葉を ⬚ から選びなさい。

　作曲者のF.P.シューベルトは（①　　　　　　　）のウィーン郊外^{こうがい}に生まれ，幼い頃から音楽教育を受けた。15歳頃から作曲を始め，（②　　　　　　　）年という短い生涯の中で，600曲以上の（③　　　　　　　）と呼ばれる**ドイツ語の歌曲**を残している。彼は歌曲の他にも管弦楽曲^{かんげんがっきょく}や交響曲など，数多くの名曲を残した。

　彼の歌曲は，詩の物語の内容を歌と（④　　　　　　　）が一体となって表現することが大きな特徴である。

　作詞者の**ゲーテ**は，（⑤　　　　　　　）のフランクフルトに生まれた。⑤の代表的な文学者だった彼は，詩や（⑥　　　　　　　），戯曲^{ぎきょく}などに優^{すぐ}れた作品を数多く残した。

> 小説　　オーストリア　　ピアノ　　リート　　ドイツ　　31

❸ この曲について （　）にあてはまる言葉を ⬚ から選びなさい。

　「魔王」はシューベルトが（①　　　　　　　）歳のとき，（②　　　　　　　）の詩に作曲した歌曲である。詩の中には**語り手と父**，（③　　　　　　　），**魔王**の4人の登場人物が現れて，物語風に展開する。（④　　　　　　　）人の歌手が，4人の人物の声を使い分けて演奏する。

　〈詩の内容〉　嵐^{あらし}の夜，子を連れた父が（⑤　　　　　　　）を走らせている。

　　　　　　　子は（⑥　　　　　　　）の姿におびえて父に恐怖^{きょうふ}を訴えるが，父には魔王の姿が見えない。子のただならぬ様子^{ようす}に，父は一心に馬を走らせるが，家にたどり着くと，子はすでに息絶えていた。

> 魔王　　18　　子　　馬　　1　　ゲーテ

1人の歌手が4人の登場人物を歌い分けるんだね。

🅐 チェロだよ。座って演奏することが普通だよ。

④ **伴奏について** この曲の前奏部分について，（　）にあてはまる言葉を から選びなさい。

前奏

◆演奏する楽器は（①　　　　　）である。

◆AとBの ♫♫ のような音符のことを（②　　　　　）と呼ぶ。

◆Aは嵐の中を馬が（③　　　　　）を表している。

◆Bは何かが始まりそうな（④　　　　　）を表している。

　不気味さ　　走る様子　　ピアノ　　３連符

どんなシーンを表しているのかな。

⑤ **登場人物の歌い方について** 次の歌い方をする登場人物を から選びなさい。

◆始めは優しく，最後は脅すような調子で歌う。（①　　　　　）

◆低い声でさとすように歌う。（②　　　　　）

◆曲の最初と最後に現れる。最初は淡々と，最後は激しく物語りの内容を説明する。（③　　　　　）

◆恐怖が高まるにつれ，声が高くなる。（④　　　　　）

　子　　魔王　　父　　語り手

子の歌い方は，どのように変わっていくのだろう。

一問一答で要点チェック 次の各問いに答えよう。　　/6問中

①シューベルトが生まれた国を答えなさい。　①

②この曲の作曲者をア～エから選びなさい。

ア　イ　ウ　エ

②

③この曲のようなドイツ語の歌曲を何と呼びますか。　③

④この曲の作詞者を答えなさい。　④

⑤４人の登場人物を，すべて答えなさい。　⑤

⑥語り手は，どこに現れますか。　⑥

定着のワーク ステージ2

2 魔王 －Erlkönig－

解答 p.21

/100

① 「魔王」について，正しいものに○，正しくないものに×を書きなさい。 5点×6（30点）

(1) 4人の歌手とピアノ伴奏で演奏する。 （　　　）

(2) 子の声の高さや大きさは，曲を通じて変化しない。 （　　　）

(3) ピアノ伴奏は，物語の内容や登場人物の様子を表す
ように，リズムや強弱が変化する。 （　　　）

(4) ゲーテの詩に作曲したのはシューベルトだけである。 （　　　）

(5) この曲の歌詞は，ドイツ語で書かれている。 （　　　）

(6) 魔王の声は，出てくるごとに優しくなる。 （　　　）

4人の歌い方の違いが分かったかな。

② 「魔王」のピアノ伴奏は，歌と一体となって物語の内容を表します。これについて，次の問いに答えなさい。 5点×4（20点）

(1) 次の楽譜1，2は物語のどの場面の伴奏か，ア，イから選びなさい。

楽譜1

（　　　）

ア 魔王が子を誘惑する場面
イ 語り手が，嵐の中で馬を疾走させる父の様子を説明する場面

楽譜2

（　　　）

ア 魔王が子に優しく語りかける場面　　イ 子が恐怖で絶叫する場面

(2) Aの記号の読み方と意味を答えなさい。

読み方（　　　　　　　　）　意味（　　　　　　　　）

この曲では，ピアノの役割もとても重要なんだね。

musiQuiz

Ａ ベートーヴェンだよ。スメタナはもう少し後に活躍した作曲家だね。

3 次の旋律を歌う登場人物と場面を，ア〜エから選びなさい。 5点×4（20点）

(1)
ち ち も こ ろ お の の き つ

(2)
ぼ う や ー いっしょに おいで よ ー ー

( )

(3)
おとうさんおとうさん きこえ ないの

(4)
ぼ や それ は さ ぎ りじゃ

( )

( )

ア　子が父に，恐怖を訴える。　　イ　魔王が子を誘惑する。
ウ　父が子をさとす。　　エ　語り手が悲劇的な結末を歌う。

4 子は，曲の中に4回出てきます。次の問いに答えなさい。 5点×2（10点）

楽譜1
おとうさんおとうさん まおうがいま

楽譜2
おとうさんそこに みえ ないの

楽譜3
おとうさんおとうさん それ そこに

楽譜4
おとうさんおとうさん きこえ ないの

(1) 楽譜1〜4の旋律を，曲に出てくる順番に並べかえなさい。

(　　　→　　　→　　　→　　　)

(2) 子の歌い方の説明として，正しいものをア〜ウから選びなさい。 ( )

ア　恐怖とともに低い声になる。　　イ　4回とも声の高さはほぼ変化しない。
ウ　恐怖とともに高い声になり，最後は叫ぶように歌う。

5 次の問いに答えなさい。 5点×4（20点）

(1) シューベルトがこの曲を作曲したのは，何歳のときですか。 ( )

(2) 作詞者ゲーテの生まれた国を答えなさい。 ( )

(3) この曲の演奏形態をア〜ウから選びなさい。 ( )

ア 　　イ 　　ウ

(4) シューベルトの代表曲をア〜エからすべて選びなさい。 ( )

ア　フーガト短調　　イ　ピアノ五重奏曲「ます」
ウ　アイーダ　　エ　野ばら

魔王 ―Erlkönig―

Q ♫ この記号を何と呼ぶ？　　　　答えは次のページ　　musiQuiz

解答 p.21

確 ステージ**1**
認 のワーク

3 雅楽「越天楽」(ががく えてんらく)

教科書の要点 次の各問いに答えよう。

1 雅楽について ( )にあてはまる言葉を □ から選びなさい。

雅楽は約1300年の歴史をもつ芸能であり，次のような種類がある。
「越天楽」は管絃(かんげん)の曲のひとつで(①) を伴(ともな)わずに演奏される。

◆(②)・**管絃(管弦)** 5～9世紀に(③)
各地から伝わった音楽を起源とするもの。

◆**国風歌舞(くにぶりのうたまい)・上代歌舞(じょうだいかぶ)** (④) 古来の儀式用の歌と舞。

◆**歌い物** (⑤) 時代に日本で新たにつくられた声楽
曲。

| アジア | 舞楽(ぶがく) | 舞 | 平安 | 日本 |

2 舞楽について ( )にあてはまる言葉を □ から選びなさい。

| 唐楽(とうがく) | 高麗楽(こまがく) |

舞楽は，舞とその音楽によって上演される。

◆**左舞(さまい)** 中国を起源とする(①) の楽曲を演奏する。赤色系統の装束(しょうぞく)を着用。

◆**右舞(うまい)** 朝鮮半島(ちょうせん)を起源とする(②) の楽曲を演奏する。緑色系統の装束を着用。

3 雅楽の楽器について ( )にあてはまる言葉を □ から選びなさい。

楽器の分類	楽器の名前	役割
吹物(ふきもの) （管楽器）	(①)	アシと竹でできている。主旋律(しゅせんりつ)を演奏。
	竜笛(りゅうてき)	竹でできている。主旋律や旋律を飾る音を演奏。
	(②)	吹(ふ)いても吸っても音が出る。和音を演奏。
打物(うちもの) （打楽器）	(③)	一定のリズムパターンを繰(く)り返し，全体のテンポをリードする。
	太鼓(たいこ)(釣太鼓(つりだいこ))	2本のばちを使って演奏する。リズムパターンの区切りを示す。
	(④)	
弾物(ひきもの) （弦楽器(げん)）	琵琶(びわ)(楽琵琶(がくびわ))	4本の弦をばちで弾く。
	箏(こと)(楽箏(がくそう))	13本の弦を指につけた爪(つめ)で弾く。

| 笙(しょう) | 鞨鼓(かっこ) | 篳篥(ひちりき) | 鉦鼓(しょうこ) |

一問一答で要点チェック 次の各問いに答えよう。

/2問中

① 篳篥とともに主旋律を演奏する楽器は何ですか。 □①

② 4本の弦がある，弾物に分類される楽器は何ですか。 □②

 musiQuiz **A** 3連符だよ。この3連符の場合，これ1つで4分音符1つ分の長さになるんだ。

解答 p.21
/100

定着のワーク ステージ**2**

3　雅楽「越天楽」

1 次の問いに答えなさい。　　　　　　　　　　　　　　　　　　　4点×5〔20点〕

(1)　次の①～③にあてはまる雅楽の種類を，ア～ウから選びなさい。

①　アジア各地から伝来した歌や舞を起源とするもの。　　　（　　　　　）

②　日本に古くからあった音楽に基づいたもの。　　　　　　（　　　　　）

③　①や②の影響を受けて，平安時代につくられたもの。　　（　　　　　）

> ア　舞楽・管絃(管弦)　　イ　国風歌舞・上代歌舞　　ウ　歌い物

(2)　「越天楽」について答えなさい。

①　どの種類の雅楽ですか。ア～ウから選びなさい。　　　　（　　　　　）

> ア　管絃(管弦)　　イ　歌い物　　ウ　国風歌舞

②　この楽曲に，舞はついていますか。　　　　　　　　（　　　　　　　）

よく出る 2 次の写真は，雅楽の演奏風景です。あとの問いに答えなさい。　　　4点×20〔80点〕

篳篥　　琵琶
太鼓　　鞨鼓
鉦鼓　　竜笛
箏　　　笙

(1)　A～Hの楽器の名前を，　　　から選んで答えなさい。

A（　　　　　　）　B（　　　　　　）　C（　　　　　　）
D（　　　　　　）　E（　　　　　　）　F（　　　　　　）
　　　　　　　　　　G（　　　　　　）　H（　　　　　　）

(2)　A～Hを吹物，打物，弾物に分けなさい。

吹物（　　　　　）（　　　　　）（　　　　　）　打物（　　　　　）（　　　　　）（　　　　　）

弾物（　　　　　）（　　　　　）

(3)　次の説明にあてはまるものをA～Hから選びなさい。

①　和音を演奏する楽器。　　　　　　　　　　　　　　　　（　　　　　）

②　全体のテンポをリードし，合奏の流れをつかさどる楽器。（　　　　　）

③　13本の弦を，指につけた爪で弾く楽器。　　　　　　　　（　　　　　）

④　アシと竹でできていて，主旋律を演奏する楽器。　　　　（　　　　　）

Q 雅楽は，ユネスコ無形文化遺産に登録されている？　　　答えは次のページ

確認のワーク ステージ❶

4 箏曲「六段の調」

教科書の要点 次の各問いに答えよう。

❶ 基本データ 曲について，表にまとめなさい。

使われている楽器		作曲（伝）	検校とは目の不自由な音楽家などによる組織の最高職位

❷ 箏と箏曲について （　　）にあてはまる言葉を┈┈から選びなさい。

　箏は通常，桐の木で作った胴に（①　　　　　　　　）の糸（弦）を張り，右手の指３本にはめた爪ではじいて音を出す弦楽器である。日本へは（②　　　　　　　）時代に唐（現在の中国）から伝えられ，最初は雅楽の合奏の楽器として用いられていた。（③　　　　　　　　）時代になり（④　　　　　　　）などの名人が登場し，新しい調弦による箏曲を確立したといわれている。この曲は６つの部分（段）からできている器楽曲で，このような曲は（⑤　　　　　　　）と呼ばれている。初段はゆっくりと始まり，段が進むに従って徐々に速度が増していき，最後は緩やかに終わる。このような構成を（⑥　　　　　　　　）といい，日本の伝統音楽の特徴の１つとなっている。

┈┈
序破急　　江戸　　13本　　奈良　　八橋検校　　段物
┈┈

箏全体を竜の姿にたとえているんだよ。

❸ 箏の各部の名称と爪について （　　）にあてはまる言葉を┈┈から選びなさい。

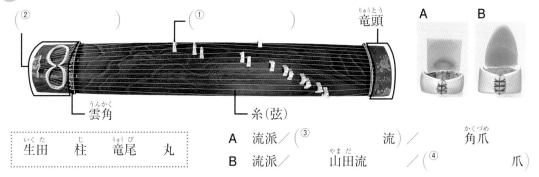

（②　　　　　　　）

（①　　　　　）

竜頭

A　　B

雲角

糸（弦）

┈┈┈┈┈┈┈┈┈┈┈┈┈┈┈┈┈
生田　　柱　　竜尾　　丸
┈┈┈┈┈┈┈┈┈┈┈┈┈┈┈┈┈

A　流派／（③　　　　　　　流）／角爪

B　流派／　山田流　　／（④　　　　　爪）

❹ 奏法・調弦について （　　）にあてはまる言葉を┈┈から選びなさい。

　箏を弾くときは姿勢を正し，右手の親指，人さし指，（①　　　　　　　）に爪をはめ，糸をはじいて演奏する。糸は奏者に対して（②　　　　　　）方から順に，一・二・三・四・五・六・七・八・九・十・斗・（③　　　　　　）・巾と名前をつけ呼んでいる。

　また，（④　　　　　　　）と呼ばれる駒を左右に動かして，音の高さを調節する。

　この曲では八橋検校が確立したとされる調弦の（⑤　　　　　　　）に糸を合わせる。

┈┈┈┈┈┈┈┈┈┈┈┈┈┈┈┈┈┈┈┈┈┈┈┈┈┈┈┈┈
中指　　平調子　　遠い　　為　　柱
┈┈┈┈┈┈┈┈┈┈┈┈┈┈┈┈┈┈┈┈┈┈┈┈┈┈┈┈┈

musiQuiz

Ⓐ 登録されているよ。歌舞伎や能楽なども登録されているんだ。

5 箏のいろいろな奏法について 次の①〜③にあてはまる奏法を，ア〜エから選びなさい。

◆左手で糸をつまんで，柱の方に引き寄せる奏法　①（　　　　）

◆左手で糸を押す奏法　②（　　　　）

◆右手で弾いたあと，左手で糸を押す奏法　③（　　　　）

> 箏にはいろいろな奏法があるね。

　ア　合わせ爪　　イ　引き色　　ウ　押し手　　エ　後押し

6 箏のいろいろな奏法と音色や余韻の変化について 次の①〜③の奏法では，どのような効果が得られるか。ア〜ウから選びなさい。

◆押し手　①（　　　　）　　◆後押し　②（　　　　）

◆引き色　③（　　　　）

　ア　音高を半音程度下げてから元に戻す　　イ　音高を半音，または全音上げる
　ウ　音の余韻の音高を上げる

7 曲について 次の問いに答えなさい。

◆「六段の調」が作曲された時代を答えなさい。　①（　　　　）

◆目の不自由な音楽家などで作られた組織の最高職位にある人を何と呼ぶか答えなさい。
②（　　　　）

◆この曲は，日本の伝統音楽に見られる序破急の特徴をもっている。序破急の音楽的な特徴を説明した文を，ア〜ウから選びなさい。　③（　　　　）

　ア　速いテンポで始まり，徐々に緩やかになって終わる
　イ　最初から最後まで，一定の速さで演奏する
　ウ　ゆっくりと始まって，しだいに速くなり，最後は緩やかになって終わる

◆この曲のように，1曲が数段に分かれている歌の入らない箏曲を何と呼ぶか。
④（　　　　）

一問一答で要点チェック 次の各問いに答えよう。　/7問中

①この曲を演奏する楽器を答えなさい。　①（　　　）
②この楽器はどのような楽器に分類できますか。　②（　　　）
③この楽器が日本に伝来した時代を答えなさい。　③（　　　）
④この楽器の弦の数を答えなさい。　④（　　　）
⑤この曲の調弦を答えなさい。　⑤（　　　）
⑥この曲の作曲者を答えなさい。　⑥（　　　）
⑦箏はどの国から伝えられた楽器ですか。　⑦（　　　）

Q 八橋検校は体のどの部分が不自由だった？　答えは次のページ　musiQuiz

定着のワーク ステージ2

4　箏曲「六段の調」

解答 p.22

/100

1 この曲と箏(こと)について，正しいものに○，正しくないものに×を書きなさい。3点×6 （18点）

(1) 箏は右手だけで演奏する。 （　　　）

(2) それぞれの段は，同じ拍数でできている。 （　　　）

(3) この曲のような器楽曲を段物と呼ぶ。 （　　　）

(4) 全部で6つの段から構成されている。 （　　　）

(5) 糸の音の高さを調節するものを柱(じ)と呼ぶ。 （　　　）

(6) 箏の胴体(どうたい)は杉の木から作られている。 （　　　）

> 箏の仲間は現在でも雅楽(ががく)で使われているよ。

2 箏と「六段の調」について，次の問いに答えなさい。 3点×8 （24点）

(1) 次の文の（　　）の中の言葉で正しいものをア，イから選びなさい。

①山田流(やまだ)で使う爪(つめ)は（ア　丸爪　　イ　角爪）である。 （　　　）

②生田流(いくた)で使う爪は（ア　丸爪　　イ　角爪）である。 （　　　）

③山田流では箏に対して（ア　正面　　イ　斜め左向き(なな)）に座(すわ)る。 （　　　）

④生田流では箏に対して（ア　正面　　イ　斜め左向き）に座る。 （　　　）

⑤糸の数は通常（ア　10本　　イ　13本）である。 （　　　）

⑥この曲の調子は（ア　平調子(ひらちょうし)　　イ　雲井調子(くもい)）である。 （　　　）

(2) 次の文の（A，B）にあてはまる言葉をア〜エから選びなさい。

> 「六段の調」は，初段は（　A　）始まり，徐々(じょじょ)に速度が増していき，六段目では再び緩(ゆる)やかに終わる。このような日本の伝統芸能に特徴的な概念(がいねん)を（　B　）という。

> ア　速く　　イ　三曲合奏　　ウ　ゆっくり　　エ　序破急(じょはきゅう)

A（　　　）

B（　　　）

3 次の問いに答えなさい。 4点×2 （8点）

(1) 引き色の奏法は，右のアとイのどちらにあてはまりますか。記号で答えなさい。

（　　　）

(2) 後押しの奏法は，右のアとイのどちらにあてはまりますか。記号で答えなさい。

（　　　）

ア　　　　　イ

4 次の曲名と人名の読み方を書きなさい。 4点×2 （8点）

(1) 六段の調 （　　　　　　　）

(2) 八橋検校 （　　　　　　　）

 **A** 目だよ。検校は，目の不自由な男性だけが就(つ)ける役職なんだ。

5 次の文について，あとの問いに答えなさい。　4点×6（24点）

> 箏は（　　A　　）時代に八橋ₐ検校などの名人が現れたことで盛んになり，その後も生田流と（　　B　　）が二大流派として名を成し，現在も継承されている。
>
> 「六段の調」は6つの部分からなる箏曲で，このような楽曲は（　　C　　）と呼ばれている。この曲の調弦は，一・二・三・四・五・六・七・八・九・十・斗・為・（　　D　　）の糸を平調子に合わせる。

(1) 文中のA～Cにあてはまる言葉を，それぞれ書きなさい。

A（　　　　　　　　）　B（　　　　　　　　）　C（　　　　　　　　）

(2) 下線部aの読み方をひらがな5字で書きなさい。

（　　　　　　　　）

(3) 下線部aの意味をア～ウから選びなさい。

　ア　音楽家の待遇を改善するために設けられた職位のこと
　イ　音楽の教習所での最高監督者の職位のこと
　ウ　目の不自由な音楽家などの組織の最高の職位のこと

（　　　　　　　　）

(4) Dにあてはまる糸の名前を答えなさい。　　（　　　　　　　　）

6 次の問いに答えなさい。　3点×6（18点）

(1) 箏の説明について，正しくないものをア～ウから1つ選びなさい。　（　　　　　）

　ア　通常，糸の数は13本である。
　イ　右手の親指と薬指に爪をはめて演奏する。
　ウ　胴体は桐の木で作られている。

(2) 箏を演奏するときの姿勢について，正しくないものをア～ウから1つ選びなさい。

　ア　日本の伝統ある芸能の1つなので，礼儀を大切にして演奏する。　（　　　　　）
　イ　左手はきちんと膝の上に置いておく。
　ウ　よい音を出すためにも，よい姿勢で演奏することを心がける。

(3) この曲が「六段の調」と呼ばれる理由を，ア～ウから選びなさい。　（　　　　　）

　ア　6本の糸のみを使って演奏するから
　イ　6つの部分でできているから
　ウ　6人の奏者で演奏するから

(4) 箏の楽器の分類で正しいものをア～ウから選びなさい。　（　　　　　）

　ア　弦楽器　　イ　管楽器　　ウ　打楽器

(5) 箏が日本に伝えられた時代を答えなさい。　（　　　　　）

(6) 箏を日本に伝えた国を現在の国名で書きなさい。

（　　　　　　　　）

箏は千年以上前から日本で演奏されているんだね。

箏曲「六段の調」

解答 p.23

確ステージ**1**
認のワーク

5　フーガ ト短調

教科書の要点　次の各問いに答えよう。

1 **基本データ**　曲について，表にまとめなさい。

作曲		時代	バロック時代 同時代の作曲家はヴィヴァルディとヘンデル
	「音楽の父」と呼ばれた。		
形式		演奏形態	による独奏

2 **作曲者について**　（　）にあてはまる言葉を[　]から選びなさい。

　作曲者のJ.S.バッハは1685年 ①（　　　　　　　　）のアイゼナ
ハに生まれ，音楽家一家の家系で育った。②（　　　　　　　　）
のヨハン・クリストフから ③（　　　　　　　　）の基礎を学び，
その後ドイツ各地の ④（　　　　　　　　）や宮廷の演奏家として
活躍した。

　彼はバロック時代の音楽をまとめ上げたばかりでなく，数多
くの ⑤（　　　　　　　　）音楽や管弦楽曲，器楽曲を作曲し，後
有名曲に「ブランデンブルク協奏曲第1～5番」など
世の音楽家に大きな影響を与えたことから，音楽の
⑥（　　　　　　　　）と呼ばれている。作曲家のヘンデルとは同
じ年の生まれである。

父　　宗教　　オルガン(鍵盤楽器)　　ドイツ　　教会　　兄

バッハはオルガン
演奏の名手でも
あったんだね。

3 **この曲について**　（　）にあてはまる言葉を[　]から選びなさい。

　この曲の形式を，①（　　　　　　　　）という。この形式はまず始めに
②（　　　　　　　　）が示され，これに続く他の声部が調を変えて追いかけ
るように加わり，③（　　　　　　　　）ながら展開していく。

　バッハは**パイプオルガン**のために数多くのフーガを作曲したが，同じト
短調の「幻想曲とフーガ」と区別する意味で，この曲は「④（　　　　　　　）」
と呼ばれている。

　パイプオルガンは，大小さまざまな長さのパイプに ⑤（　　　　　　　）
を送り込んで音を出す構造になっていて，パイプの数が5000本以上ある楽
器もある。

　また，音色を変化させるために使用する ⑥（　　　　　　　）と呼ばれる
装置や，複数の段からなる**手鍵盤**，足で操作する**足鍵盤**が備わっている。

このフーガは
4つの声部か
らなるんだよ。

ストップ　　空気　　重なり合い　　主題　　フーガ　　小フーガ

musiQuiz　Ⓐ 竜だよ。「竜頭」「竜尾」など，竜のつく名称が多いね。

④ パイプオルガンについて 次の問いに答えなさい。

◆この曲を演奏している独奏楽器の名称を書きなさい。 ① ( )

◆送り込まれた空気の圧力で，実際に音を出す部分の名称を書きなさい。

② ( )

◆この楽器の部分について，次の図の
A～Cの名称を書きなさい。

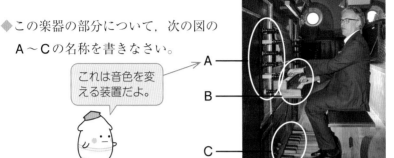

これは音色を変える装置だよ。

A ③ ( )
B ④ ( )
C ⑤ ( )

◆この楽器が主に設置されている場所を**ア～エ**から２つ選びなさい。

> ア 競技場 イ 能楽堂 ウ 教会 エ コンサートホール

⑥ ( )
⑦ ( )

フーガト短調

⑤ 主題と応答について 次の楽譜１，２を見て，あとの問いに答えなさい。

楽譜1
楽譜2

◆この曲で**楽譜１**は何と呼ばれているか，漢字２字で答えなさい。 ① ( )

◆楽譜１，２はそれぞれ何短調か答えなさい。

楽譜1 ② ( ) 短調 楽譜2 ③ ( ) 短調

一問一答で要点チェック 次の各問いに答えよう。 /7問中

①バッハが生まれた国を答えなさい。 ① 　

②この曲の作曲者を**ア～エ**から選びなさい。

ア イ ウ エ

② 　

③作曲者の活躍した時代を答えなさい。 ③ 　

④この曲の形式を答えなさい。 ④ 　

⑤この曲の演奏形態を答えなさい。 ⑤ 　

⑥この曲はいくつの声部からなっているか，答えなさい。 ⑥ 　

⑦パイプオルガンの音が出る部分の名称を答えなさい。 ⑦ 　

Q J.S.バッハと同時期に活躍したのはヘンデル？ ヴェルディ？ 答えは次のページ

定着のワーク ステージ**2** 　5　フーガ ト短調

解答 p.23

/100

① 次の文について，正しいものに○，正しくないものに×を書きなさい。　2点×7（14点）

(1) バッハは兄からヴァイオリンの基礎(きそ)を学んだ。　（　　　）

(2) バッハは多くの音楽家を出した家系に生まれた。　（　　　）

(3) バッハと同時代の作曲家はヴィヴァルディである。　（　　　）

(4) バッハは教会や宮廷(きゅうてい)に仕(つか)えて，そこで演奏するための音楽を数多く作曲した。　（　　　）

(5) パイプオルガンは1つのパイプから多数の音を出せる。　（　　　）

(6) パイプオルガンのストップは，音色の変化のために使う。　（　　　）

(7) パイプオルガンの音を出す構造はピアノと同じである。　（　　　）

バッハは1000曲以上もの曲を作っているよ。

② 次の図は，この曲の構成を示したものです。（　　）にあてはまる言葉をア～オから選びなさい。　4点×5（20点）

・この曲は第1部から第3部までで構成され，第1部は第1声部から第4声部までの声部からなっている。各声部は，合唱のパートと同じ名前で呼ばれている。

　第1部　（　　A　　）が示される。応答が追いかけるように加わる。

高い音　第1声部　ソプラノ　**主題**　ト短調

第2声部　アルト　（　B　）　（　C　）

第3声部　（　D　）　**主題**　ト短調

E　バス　**応答**　二短調

低い音

だんだん音が低くなっていくね。

　第2部　主題がさまざまな調で重なり合いながら展開する。

　第3部　主題が再び最初の調で演奏される。

ア　第4声部　　イ　二短調　　ウ　応答　　エ　テノール　　オ　主題

A（　　　）　B（　　　）　C（　　　）　D（　　　）　E（　　　）

③ 次の問いに答えなさい。　6点×3（18点）

(1) パイプオルガンの写真をア～ウから選びなさい。　（　　　）

ア　　　　　イ　　　　　ウ

(2) パイプオルガンの鍵盤の種類を2つ答えなさい。

（　　　　　　　　　　）

(3) パイプオルガンの音を出す部分の名称を答えなさい。　（　　　　　）

  Ⓐ ヘンデルだよ。ヴェルディは1世紀くらい後に活躍した作曲家だね。

レベルUP! ④ 次の楽譜について，あとの問いに答えなさい。　　2点×14〔28点〕

（1）楽譜1〜4について，第1声部から第4声部のどれにあてはまるか，数字で答えなさい。

楽譜1：第（　　）声部　楽譜2：第（　　）声部
楽譜3：第（　　）声部　楽譜4：第（　　）声部

（2）楽譜1〜4について，主題と応答に分類するとどうなりますか。数字で答えなさい。

主題：楽譜（　　）と楽譜（　　）　応答：楽譜（　　）と楽譜（　　）

（3）楽譜1〜4のうち，ト短調のものを2つ数字で答えなさい。

楽譜（　　）　楽譜（　　）

（4）この曲について，次の文の（　　）にあてはまる言葉をア〜エから選びなさい。

　この曲の形式を（　A　）という。この形式はまず始めに（　B　）が示され，これに
続く他の声部が（　C　）を変えて追いかけるように加わり，重なり合いながら
（　D　）していく。

ア　主題　イ　フーガ　ウ　展開　エ　調

A（　　）　B（　　）
C（　　）　D（　　）

⑤ 次の問いに答えなさい。　　4点×5〔20点〕

（1）バッハが生まれたドイツの都市を答えなさい。　（　　）

（2）バッハと同じ年に生まれた作曲家を，ア〜エから選びなさい。　（　　）

ア　ベートーヴェン　イ　ヴィヴァルディ　ウ　シューベルト　エ　ヘンデル

（3）バッハは下のア〜エのどの区分にあてはまるか選びなさい。　（　　）

ア　古典派　イ　ルネサンス時代　ウ　ロマン派　エ　バロック時代

（4）バッハの他のパイプオルガン独奏曲を，ア〜エから2曲選びなさい。　（　　）（　　）

ア　ブランデンブルク協奏曲　イ　幻想曲とフーガ ト短調
ウ　トッカータとフーガ ニ短調　エ　イタリア協奏曲

Q 長調と短調，明るい曲調になるのはどっち？　　答えは次のページ　

解答 p.24

確認のワーク ステージ 1

6 交響曲第5番 ハ短調

教科書の要点 次の各問いに答えよう。

1 基本データ 曲について，表にまとめなさい。

作曲	ドイツに生まれ，「楽聖」と呼ばれた。	時代	派～ロマン派
曲の種類		楽章	全　　楽章	演奏形態	

2 作曲者について （　）にあてはまる言葉を⋯⋯から選びなさい。

作曲者のルートヴィヒ・ヴァン・ベートーヴェンは，
（①　　　　　）のボンに生まれた。子供の頃から音楽家の
（②　　　　　）にピアノを学び21歳のときにオーストリア
の（③　　　　　）へと移り住んだ。ピアノ奏者として活躍
しながら作曲を学んだが，20代後半から（④　　　　　）に
異常が起こり始め，ついには聴力をほとんど失った。その悲し
みのため（⑤　　　　　）を書くものの，（⑥　　　　　）
歳で亡くなるまでに9曲の交響曲，32曲のピアノソナタなどの
名作を残した。

三大ピアノソナタ「悲愴」「月光」「熱情」

> ダダダダーンという
> リズムは，曲のいろ
> いろな場所に，何度
> も出てくるよ。

| 遺書 | 耳 | ドイツ | 56 | ウィーン | 父 |

3 この曲について （　）にあてはまる言葉を⋯⋯から選びなさい。

● 交響曲（シンフォニー）とは？
- （①　　　　　）のための大規模な楽曲
- 4つの（②　　　　　）からなるものが多い
- （③　　　　　）形式がよく用いられる

※「交響曲第5番 ハ短調」では，全4楽章中（④　　　　　）と第4楽章が
ソナタ形式になっている。

● ソナタ形式…下のようなA〜Dの4つのまとまりを持つ形式

A（⑤　　　　　）部…主題を示す　　　　B（⑥　　　　　）部…主題を展開する
C（⑦　　　　　）部…主題が再び現れる　　Dコーダ（終結部）…最後を締めくくる

● この曲の動機と「交響曲第5番 ハ短調」
- ◆（⑧　　　　　）とは，音楽を構成する単位として，最も小さなまとまり。
- ◆この曲の動機は第1楽章の冒頭にあり，ベートーヴェン自身が，「このように運命は扉
をたたく」と語ったといわれている。このことから日本では「（⑨　　　　　）」の名
で親しまれている。

| 運命 | 楽章 | 展開 | 再現 | 動機 | 提示 | 第1楽章 | ソナタ | オーケストラ（管弦楽） |

4 オーケストラについて オーケストラの主な楽器やその種類について，図を見て（　　）にあてはまる言葉を＿＿から選びなさい。

＜この曲のオーケストラの配置の例＞

右側縦書き：交響曲第5番 八短調

| フルート　　金管　　ヴァイオリン　　ホルン　　トロンボーン |
| チェロ　木管　弦　ティンパニ　　クラリネット |

ピッコロ，コントラファゴット，トロンボーンは，この交響曲で初めて使われたよ。

一問一答で要点チェック 次の各問いに答えよう。

/7問中

①この曲の作曲者を**ア～エ**から選びなさい。　①

ア　イ　ウ　エ

②ベートーヴェンが生まれた国を答えなさい。　②

③ベートーヴェンが活躍した音楽史での時代を答えなさい。　③

④ベートーヴェンと同じ時代に，ウィーンで活躍した作曲家をハイドンの他にもう1人答えなさい。　④

⑤この曲のような演奏形態を何というか答えなさい。　⑤

⑥この曲は全部でいくつの楽章からできていますか。　⑥

⑦この曲の種類を**ア～ウ**から選びなさい。　⑦
　　ア　ピアノソナタ　　イ　協奏曲　　ウ　交響曲

Q ベートーヴェンの交響曲で，「合唱付き」と呼ばれるのは第何番？　答えは次のページ

musiQuiz

定 ステージ**2**
着のワーク

6　交響曲第5番 ハ短調

解答 p.24

/100

1 ベートーヴェンと「交響曲第5番 ハ短調」について，正しいものに○，正しくないものに×を書きなさい。
2点×6（12点）

(1)　ベートーヴェンが生まれた国はイタリアである。　　　　　　　　（　　　　）

(2)　この曲の第1楽章は，ソナタ形式で書かれている。　　　　　　　（　　　　）

(3)　ベートーヴェンは20代後半から，視覚に障害が起きて苦しんだ。　（　　　　）

(4)　ベートーヴェンは交響曲を9曲作曲した。　　　　　　　　　　　（　　　　）

(5)　ベートーヴェンが亡くなったのは56歳だった。　　　　　　　　　（　　　　）

(6)　この曲は日本では「合唱付き」と呼ばれ，広く親しまれている。　（　　　　）

よく出る 2 次の第1楽章の楽譜1と楽譜2を見て，あとの問いに答えなさい。
4点×6（24点）

楽譜1

Allegro con brio—A
ff
B

楽譜2

(1)　Aの速度記号の意味として正しいものを，ア〜ウから選びなさい。　（　　　　）

　　ア　歩く速さで　　イ　ゆったりと　　ウ　速く，いきいきと

(2)　Bの2小節はあるまとまりを意味しています。このまとまりを表す用語を漢字2字で答えなさい。　　　　　　　　　　　　　　　　　　　　　　　（　　　　）

(3)　楽譜1と2の説明として正しいものを，ア〜ウから選びなさい。　（　　　　）

　　ア　楽譜1はやわらかく，なめらかな感じを表している。
　　イ　楽譜2はやわらかく，なめらかな感じを表している。
　　ウ　楽譜1，2ともに激しい感じを表している。

(4)　第2主題は楽譜1と楽譜2のどちらですか。数字で答えなさい。　（　　　　）

(5)　楽譜1を演奏している楽器を，ア〜エから2つ選びなさい。（　　　　）（　　　　）

　　ア　トロンボーン　　イ　打楽器　　ウ　弦楽器　　エ　クラリネット

3 オーケストラの楽器について，説明と合うものをア〜オから選びなさい。
3点×5（15点）

(1)　弦楽器の中でコントラバスとともに低音を受け持ち，いすに座って弾く。　（　　　　）

(2)　円形に巻かれた細長い管と大きなベルが特徴。音域が広い。　　　　　　　（　　　　）

(3)　大きな半球型の胴体に脚がついた太鼓。現代の楽器はペダルがつく。　　　（　　　　）

(4)　弦楽器の中で最小の大きさ。オーケストラの中では第1と第2のパートに分かれていることが多い。　　　　　　　　　　　　　　　　　　　　　　　　　　　（　　　　）

(5)　2枚リードの木管楽器。オーケストラの音合わせにも使われる。　　　　　　（　　　　）

　　ア　ホルン　　イ　チェロ　　ウ　ティンパニ　　エ　オーボエ　　オ　ヴァイオリン

musiQuiz　　**A** 第9番だよ。ベートーヴェンが完成させた最後の交響曲なんだ。

④ 次の文を読んで，あとの問いに答えなさい。　　　　　　　　　5点×5（25点）

> この曲は（　　A　　）が作曲した5番目の a 交響曲で，第1楽章と第4楽章はソナタ形式をとっている。全部で b 4つの楽章からできているが，第2楽章は変奏曲である。
> 　作曲者のベートーヴェンは，音楽の時代区分では（　　B　　）〜ロマン派に属し，ハイドンやモーツァルトの音楽を手本にしている。第1楽章の動機について，彼は「（　　C　　）はこのように扉をたたく」と語ったといわれていて，この動機が全曲を通じて現れる。

(1)　A〜Cにあてはまる言葉を答えなさい。

A（　　　　　　　）　B（　　　　　　　）　C（　　　　　　　）

(2)　下線部 a の交響曲が成立する条件として3つの項目があります。「ソナタ形式の楽章をふくむ」，「複数の楽章で構成されている」，もう1つは何ですか。

（　　　　　　　　　　　　）

(3)　下線部 b の4つの楽章で切れ目なく演奏される楽章はどれですか。数字で答えなさい。

（　　　　楽章と　　　　楽章）

⑤ 次の図は，ある形式の構成を，順不同に表したものです。あとの問いに答えなさい。

3点×4（12点）

ア	イ	ウ	
（　　A　　）	（　　B　　）	提示部	コーダ（終結部）
〔2つの主題が再び現れる〕	〔主題がさまざまに展開される〕	〔第1主題と第2主題が現れる〕	〔曲を締めくくる〕

(1)　A，Bにあてはまる言葉を答えなさい。

A（　　　　　　　）　B（　　　　　　　）

(2)　上のような形で構成される音楽の形式を何といいますか。　（　　　　　　　）

(3)　図のア〜ウを正しい順番に並べなさい。　（　　　→　　　→　　　→コーダ）

⑥ 次のア〜エについて，楽器名と分類を下の表にまとめなさい。　　3点×4（12点）

ア

イ

ウ

エ

	楽器名	分類
ア	①（　　　　　）	弦楽器
イ	ティンパニ	②（　　　　　）
ウ	トランペット	③（　　　　　）
エ	④（　　　　　）	木管楽器

交響曲第5番　ハ短調

確 ステージ **1**
認 のワーク

7 アイーダ

教科書の**要点** 次の各問いに答えよう。

1 基本データ 曲について，表にまとめなさい。

作曲	代表作に「ナブッコ」「リゴレット」	作曲者の生まれた国	
時代	ロマン派	演奏形態	日本語では歌劇
幕の数	全　　　幕	初演の年	1871年

2 作曲者について （　　）にあてはまる言葉を から選びなさい。

　作曲者のG.ヴェルディは（①　　　　　　　）北部の村に生ま
れた。幼い頃から音楽への興味と才能を示したが，専門的な
（②　　　　　　　）は受けることができなかった。それでも実
力のある作曲家などに師事して（③　　　　　　）歳（さい）の頃（ころ）には
最初の（④　　　　　　　）を世に出すことができた。

　それからは「ナブッコ」「リゴレット」「（⑤　　　　　　　）」な
どのオペラをはじめとした作品を残し，オペラ作曲家としての
地位を築いた。

25　　イタリア　　椿姫（つばきひめ）　　音楽教育　　オペラ

3 この曲について （　　）にあてはまる言葉を から選びなさい。

　オペラは（①　　　　　　　）をはじめ，文学，演劇，美術，舞踊など，さまざまな分野の
要素を組み合わせて上演される（②　　　　　　　）である。声楽を中心に置き，ほとんどの
場合（③　　　　　　　）の伴奏が付く。オペラは16世紀末（④　　　　　　）のフィレン
ツェで誕生し，その後ヨーロッパ各国に普及（ふきゅう）した。現在でも数多く上演される作品には，プッ
チーニの「（⑤　　　　　　　）」，ワーグナーの「タンホイザー」，ビゼーの「カルメン」，モー
ツァルトの「フィガロの結婚」などがある。

　「アイーダ」はスエズ運河の開通を記念して，エジプトの（⑥　　　　　　　）の歌劇場で上
演するために作曲された。古代（⑦　　　　　　）を舞台（ぶたい）に，将軍ラダメスと敵国エチオピ
アの王女（⑧　　　　　　）の悲恋（ひれん）を描（えが）いている。大がかりな舞台を使った上演が多く，特
にイタリアの「アレーナ ディ（⑨　　　　　　）音楽祭」の公演は人気がある。

蝶々夫人（ちょうちょう）　　総合芸術　　音楽　　ヴェローナ　　アイーダ
エジプト　　オーケストラ　　カイロ　　イタリア

A トロンボーンだよ。「運命」は初めてトロンボーンが使われた交響曲なんだ。

4 **登場人物と声の種類** 次の図は「アイーダ」と登場人物の関係をまとめたものです。 □には登場人物名を,（　　）には声の種類を入れなさい。

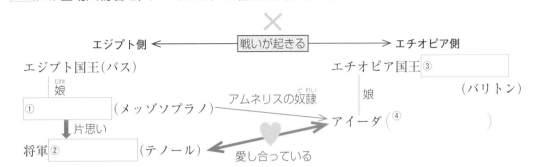

5 **「アイーダ」について** 次の問いに答えなさい。

登場人物の関係を
しっかりおさえよう。

◆あらすじを順番に並べなさい。

ア　捕虜になったアイーダの父アモナズロは，娘にラダメスからエジプト軍の機密を盗む
　　ように命じた。それを実行した結果，ラダメスは裏切り者として捕らえられた。

イ　戦いで勝利をおさめたエジプト軍が凱旋してくる。兵士や民衆が喜び祝う。

ウ　ラダメスは裁判にかけられ，神殿の地下牢に閉じ込められることになるが，そこでは
　　アイーダが待っていた。2人は永遠の愛を誓いながら息絶える。

エ　エジプトとエチオピアとの間に戦いが起ころうとしている。エジプトの将軍ラダメス
　　は，捕らえられている敵国エチオピアの王女アイーダと恋に落ちている。

（①　　　→　　　→　　　→　　　）

◆ラダメスに恋心を抱いているエジプトの王女の名前を書きなさい。

（②　　　　　　　）

一問一答で要点チェック 次の各問いに答えよう。

/7問中

①この曲の作曲者をア～エから選びなさい。　　　　　　　　□ ①

ア イ ウ エ

②ヴェルディが生まれた国を答えなさい。　　　　　　　　□ ②

③この曲の舞台となった時代と国名を答えなさい。　　　　□ ③

④ヴェルディの「アイーダ」以外の代表作を1つ答えなさい。□ ④

⑤この曲のような舞台芸術を何というか答えなさい。　　　□ ⑤

⑥この曲は全部で何幕からできていますか。　　　　　　　□ ⑥

⑦この曲は悲劇，喜劇のどちらですか。　　　　　　　　　□ ⑦

Q ショパン，スメタナ，ビゼーが活躍した時代は？　　　答えは次のページ

定着のワーク ステージ**2**

7 アイーダ

/100

1 この曲について，正しいものに○，正しくないものに×を書きなさい。　3点×6（18点）

(1) 作曲者はワーグナーである。　　　　　　　　　　　　　　　　　　　（　　　　）

(2) 舞台になっている場所は古代エジプトである。　　　　　　　　　　　（　　　　）

(3) 作曲者の生まれた国はドイツである。　　　　　　　　　　　　　　　（　　　　）

(4) エジプト国王はアイーダの父である。　　　　　　　　　　　　　　　（　　　　）

(5) オペラは16世紀末にイタリアのフィレンツェで誕生した。　　　　　 （　　　　）

(6) オペラの指揮者やオーケストラが演奏するステージ前面の場所を

　　　オーケストラピットと呼ぶ。　　　　　　　　　　　　　　　　　（　　　　）

2 次の楽譜について，あとの問いに答えなさい。　　　　　　　3点×7（21点）

(1) 第何幕で演奏される曲ですか。数字で書きなさい。　　　第（　　　　）幕

(2) どんな場面で演奏されますか。ア〜エから選びなさい。　（　　　　）の場面

> ア　結婚式　　イ　裁判　　ウ　戦い　　エ　凱旋

(3) この主題を演奏するのは，アイーダトランペットと呼ばれる特殊な楽器です。この楽器
　　の種類をア〜エから選びなさい。　　　　　　　　　　　　　　　（　　　　）

> ア　弦楽器　　イ　木管楽器　　ウ　金管楽器　　エ　打楽器

(4) 楽譜中のＡ，Ｂの記号の読み方と意味を答えなさい。

> Ａ　読み方（　　　　　　　　）　意味（　　　　　　　　　）
>
> Ｂ　読み方（　　　　　　　　）　意味（　　　　　　　　　）

3 次の図はオペラを上演する仕組みについて示したものです。（　　　　）にあてはまる役割をア
〜オから選びなさい。　　　　　　　　　　　　　　　　　　　　　　3点×5（15点）

	音楽に関わる人たち	舞台，演出に関わる人たち	
企画・立案に携わる人たち	音楽監督	（　Ａ　）←舞台の視覚面に責任を持つ 照明家　美術家　振付家	Ａ（　　　）
出演する人たち	（　Ｂ　）←音楽についての責任を持つ （　Ｃ　）←オペラの主役たち 合唱団（　Ｄ　）←オペラの伴奏を担当	（　Ｅ　）←踊りなどを担当	Ｂ（　　　） Ｃ（　　　） Ｄ（　　　）
練習や裏方として携わる人たち	副指揮者　練習ピアニスト 合唱指揮者	舞台監督　大道具係　小道具係 衣装係　メイク係	Ｅ（　　　）

> ア　歌手　　イ　バレエ団　　ウ　指揮者　　エ　演出家　　オ　オーケストラ

 musiQuiz

Ａ ロマン派だよ。ヴェルディが活躍した時代でもあるね。

④ 声の種類を上から高い順に並べたとき，A，Bにあてはまる言葉を答えなさい。

4点×2（8点）

女声	高い	男声
ソプラノ		（　B　）
（　A　）		バリトン
アルト		バス
	低い	

A（　　　　　　　）

B（　　　　　　　）

⑤ 次の問いに答えなさい。

4点×5（20点）

(1) オペラの中心は歌であるが，通常の上演では伴奏にある集団を使います。その名前を答えなさい。（　　　　　　　）

(2) ヴェルディの「アイーダ」以外のオペラ作品を，ア～エから選びなさい。（　　　）

> ア 「トスカ」　　イ 「カルメン」　　ウ 「椿姫(つばきひめ)」　　エ 「蝶々夫人(ちょうちょう)」

(3) オペラが誕生したイタリアの都市の名前を答えなさい。（　　　　　　　）

(4) オペラのように，文学，美術，演劇，舞踊(ぶよう)などの要素を結びつけた芸術を何というか答えなさい。（　　　　　　　）

(5) オペラを日本語で言いかえると，どのような言葉になりますか。（　　　　　　　）

⑥ 次の問いに答えなさい。

3点×6（18点）

(1) この曲の登場人物A～Dの役の名前をア～エから選びなさい。

A	エチオピア王女	B	エジプト王女
C	エジプトの将軍	D	エチオピア国王

A（　　　　　　　）
B（　　　　　　　）
C（　　　　　　　）
D（　　　　　　　）

> ア アムネリス　　イ アイーダ　　ウ アモナズロ　　エ ラダメス

(2) AとCの声の種類をそれぞれ答えなさい。

A（　　　　　　　）　C（　　　　　　　）

アレーナ ディ ヴェローナでの「アイーダ」の公演

　右の写真は，およそ2000年前に建てられた古代ローマの遺跡アレーナ ディ ヴェローナで行われた「アイーダ」の公演である。人間の大きさから，舞台の規模を想像してみよう。手前には大編成のオーケストラが，また，2本の大きな柱の後方には合唱団が見える。

解答 p.26

確認のワーク ステージ**1**

8　歌舞伎「勧進帳」

教科書の要点　次の各問いに答えよう。

1 **基本データ**　曲について，表にまとめなさい。

作曲	四世杵屋六三郎	時代		時代	用いられる音楽

2 **歌舞伎と長唄について**　（　　）にあてはまる言葉を　　から選びなさい。

　歌舞伎は音楽，（①　　　　　），演技からなる総合芸術で，1603年に（②　　　　　）が興行した「かぶき踊」が起源といわれている。

　「勧進帳」で演奏される音楽である（③　　　　　）は，唄を担当する（④　　　　　），三味線を担当する三味線方，鳴物を担当する（⑤　　　　　）によって演奏される。「勧進帳」で使われる楽器は，**小鼓・大鼓・笛**である。

　唄方・三味線方・囃子方は総勢20〜30数名になることもあるが**指揮者は存在せず**，雛壇上段中央に隣り合って座る唄方と三味線方の2人が，呼吸を合わせながら全体を統率する。

武蔵坊弁慶：松本白鸚

> 舞踊　　唄方　　長唄　　囃子方　　出雲のお国

3 **「勧進帳」について**　（　　）にあてはまる言葉を　　から選びなさい。

　源義経は，不仲である兄の（①　　　　　）から逃れるために，（②　　　　　）と四天王とともに京（現在の京都）から**奥州平泉**（現在の岩手県）の藤原秀衡のもとへ向かう。

　義経一行は東大寺の大仏再建のために勧進を行う※1山伏※2に変装をするが，**加賀国**（現在の石川県）の（③　　　　　）で，関守の**富樫左衛門**が山伏を義経一行ではないかと疑う。

　弁慶は疑いを晴らすため，にせの勧進帳※3を読み上げ，富樫からの難問にも答える。富樫は，弁慶の義経を思う気持ちに心を打たれ，関所の**通行を許可する**。

　関所を通過した義経一行のもとに（④　　　　　）が訪れ，酒をふるまう。弁慶はそのお礼に「（⑤　　　　　）」を披露し，義経一行に先に発つよう促す。その後弁慶は義経一行を追いかける。〔この演出のことを（⑥　　　　　）という〕

※1　勧進を行う……寄付を募ること。

※2　山伏……山の中で寝起きをし，修行をする僧のこと。

※3　勧進帳……寄付金を集めるときに必要な巻物。

> 飛び六方（法）　　武蔵坊弁慶　　安宅の関所　　富樫　　頼朝　　延年の舞

  musiQuiz　Ａ　ビゼーだよ。「アルルの女」なども作曲しているね。

④ **歌舞伎の演技**　次の図と写真について，（　　）にあてはまる言葉を◻◻◻から選びなさい。

図1　　　　　図2　　　　　　図3

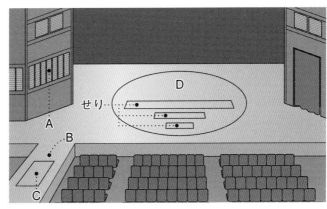

武蔵坊弁慶：
松本白鸚

◆図1のように，役者が動きを止めて，目を寄せて睨んで見せる演技を何と呼ぶか。
（①　　　　　　）

◆図2のような歌舞伎の化粧法を何と呼ぶか。
（②　　　　　　）

◆図3のように，歌舞伎「勧進帳」で，最後の場面に弁慶が見せる飛ぶような歩き方を何と呼ぶか。
（③　　　　　　）

> 隈取（くまどり）　見得（みえ）　飛び六方（法）

⑤ **歌舞伎の舞台**　次の問いに答えなさい。

◆右の図のA〜Dの名称（めいしょう）を◻◻◻から選びなさい。

A（①　　　　）
B（②　　　　）
C（③　　　　）
D（④　　　　）

> 花道　廻（まわ）り舞台
> 黒御簾（くろみす）　すっぽん

せり

◆次の説明にあてはまるのは，A〜Dのどれですか。

・花道に切り穴が設けられていて，その下から役者が登場する。（⑤　　）
・人物の心情や舞台の情景を表す唄や音楽を演奏する。（⑥　　）
・建物などのセットを載（の）せたまま回転し，場面転換（てんかん）などを行う。（⑦　　）
・舞台から客席を貫（つらぬ）く通路で，役者はここで演技や踊りを見せることがある。（⑧　　）

一問一答で要点チェック　次の各問いに答えよう。　/5問中

①歌舞伎が誕生したのは何時代ですか。　①
②「勧進帳」で用いられる音楽を何といいますか。　②
③武蔵坊弁慶や四天王と平泉へ向かったのは誰（だれ）ですか。　③
④弁慶が富樫へのお礼に披露した舞の名前は何ですか。　④
⑤役者が両目を寄せて睨んで見せることを何といいますか。　⑤

Ⓠ相撲と歌舞伎の両方にある，力士や俳優が出入りする場所は？　答えは次のページ

定着のワーク ステージ**2**

8 歌舞伎「勧進帳」

解答 p.26

/100

1 次の問いに答えなさい。 4点×5 （20点）

(1) 歌舞伎が誕生した時代を，ア～エから選びなさい。 （　　　）

> ア 室町時代　　イ 江戸時代　　ウ 奈良時代　　エ 平安時代

(2) 歌舞伎の起源となった，出雲のお国が興行した踊の名前を答えなさい。

（　　　）

(3) 歌舞伎は，音楽と舞踊と，あと1つどのようなものが一体となった総合芸術ですか。

（　　　）

(4) 歌舞伎の演技で，感情が頂点に達したときに，役者が一瞬静止し，力をこめ，両目をぐっとよせて睨んで見せるものを何といいますか。 （　　　）

(5) 「むきみ隈」，「筋隈」のような，正義や悪などの役柄を強調するために行う，歌舞伎における特殊な化粧法のことを何といいますか。 （　　　）

2 「勧進帳」のストーリーについて，次の問いに答えなさい。 5点×3 （15点）

(1) 源義経や四天王とともに平泉へ向かったのは誰ですか。漢字5文字で答えなさい。 （　　　）

(2) 源義経の兄の名前を答えなさい。 （　　　）

(3) 富樫が義経一行を待っていた，関所の名前を答えなさい。

（　　　）

「誰が」「どこで」「何をしたか」をおさえよう。

3 次の写真は，長唄の演奏風景です。あとの問いに答えなさい。 5点×3 （15点）

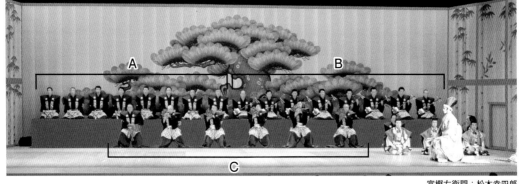

富樫左衛門：松本幸四郎

(1) 唄を担当しているのはA～Cのどれですか。 （　　　）

(2) Bの演奏している楽器の名前を，ア～エから選びなさい。 （　　　）

> ア 小鼓　　イ 大鼓　　ウ 三味線　　エ 笛

(3) Cの演奏者を何といいますか。ア～ウから選びなさい。 （　　　）

> ア 囃子方　　イ 唄方　　ウ 三味線方

musiQuiz **A** 花道だよ。「引退の花道を飾る」のように使われることもあるね。

④ 次の説明にあてはまる，歌舞伎の舞台上の場所を答えなさい。　4点×3（12点）

(1) 唄や効果音を演奏するための舞台下手の部屋。　（　　　　　　　）

(2) 建物などのセットを載せたまま回転する舞台。　（　　　　　　　）

(3) 観客席を貫いて延びている通路。　（　　　　　　　）

⑤「勧進帳」で，次の(1)，(2)が表す演技や舞の名称を答えなさい。　5点×2（10点）

(1)

武蔵坊弁慶：
松本白鸚

（　　　　　　　）

(2)

武蔵坊弁慶：
松本白鸚

（　　　　　　　）

よく出る ⑥ 次の問いに答えなさい。　4点×3（12点）

(1) 「勧進帳」のあらすじの順に，**ア**～**オ**を並べなさい。

義経は兄から逃れるために，京から平泉に向けて出発した。

ア 弁慶は富樫からの質問に答え，にせの勧進帳を読み上げる。

イ 弁慶は富樫へのお礼にa舞を披露する。

ウ 安宅の関所で，富樫は山伏を義経一行ではないかと疑い，質問をする。

エ 富樫は義経一行に関所の通行を許可する。

オ 義経一行のもとに富樫が訪れ，酒をふるまう。

弁慶は，先に発ったb義経一行を追いかける。

（　　　→　　　→　　　→　　　→　　　）

(2) 下線部**a**の舞の名前を答えなさい。　（　　　　　　　）

(3) 下線部**b**の演出の名前を答えなさい。　（　　　　　　　）

⑦ 次の文章で，正しいものに○，正しくないものに×を書きなさい。　2点×8（16点）

(1) 長唄は歌舞伎とともに発展した音楽である。　（　　　）

(2) 長唄では，客席の最後部に指揮者がいて，全体を統率する。　（　　　）

(3) 「勧進帳」の音楽では，三味線・小鼓・尺八が用いられる。　（　　　）

(4) 山伏とは，山の中で寝起きをし，修行をする僧のことである。　（　　　）

(5) 勧進とは，寺を建てるという意味である。　（　　　）

(6) 源頼朝と源義経の関係は，親子である。　（　　　）

(7) 富樫は，弁慶の義経を思うひたむきさに心を打たれ，関所の通行を許可した。

（　　　）

(8) 花道は役者の入退場に使われることが多い。　（　　　）

Ⓠ「勧進帳」で，義経一行は何という寺の勧進を行うふりをした？　答えは次のページ　musiⓆuiz

解答 p.27

確認のワーク ステージ **1**

9 文楽「新版歌祭文」「義経千本桜」

しんぱんうたざいもん　よしつねせんぼんざくら

教科書の要点 次の各問いに答えよう。

1 基本データ 文楽について，表にまとめなさい。

上演形態	人形劇	人形の遣い手	，左遣い，足遣い
語り役の名称		伴奏する楽器	三味線
文楽の別名	人形浄瑠璃	成立した時代	時代

2 文楽について （　）にあてはまる言葉を から選びなさい。

文楽の舞台

足遣い

主遣い　　　　　左遣い

雪姫：桐竹勘十郎

太夫　　　　　三味線

太夫：豊竹藤太夫
三味線：豊澤富助

　日本の伝統芸能の１つである文楽は，（①　　　　　　　　）とも呼ばれ（②　　　　　　　　）（歌と語り），**三味線**(伴奏)，（③　　　　　　　　）(所作)が一体となって展開する**人形劇**である。（④　　　　　　　　）に**大坂**(現在の大阪)で始まり，大坂の町人文化を背景にして今日まで発展してきた。

江戸時代	人形浄瑠璃	人形	太夫

3 文楽の３つの役割について （　）にあてはまる言葉を から選びなさい。

　文楽では，太夫，三味線，人形の３つの役割のそれぞれが息を合わせて演じていき，人間の喜怒哀楽を協力して描き出す。通常３人を必要とする（①　　　　　　　　）は，**主遣い**，左遣い，足遣いの（②　　　　　　　　）で一体の人形を動かす。これに対して，**太夫と三味線**で演奏する（③　　　　　　　　）は，太夫が通常一人で，多彩な表現により，人物や情景を描写する。三味線には，低音を力強く表現できる（④　　　　　　　　）が用いられる。義太夫節は17世紀後半に（⑤　　　　　　　　）が始めた音楽である。

竹本義太夫	三人遣い	人形遣い	義太夫節	太棹三味線

musiQuiz Ⓐ 東大寺だよ。今も奈良県にあるお寺だね。

4 太夫，三味線，人形について 次の①～④にあてはまる言葉をア～クから選びなさい。

◆物語の語りを受け持つ太夫が使う台本を何と呼ぶか。 ①（ 　　 ）

◆文楽で用いる三味線を何と呼ぶか。 ②（ 　　 ）

◆3人いる人形遣いの中で，頭部と右手を担当するのは誰か。 ③（ 　　 ）

◆主遣いが操る，人形の首から上の部分を何と呼ぶか。 ④（ 　　 ）

> ア　足遣い　　イ　太棹三味線　　ウ　床本　　エ　かしら　　オ　主遣い
> カ　細棹三味線　　キ　読本　　ク　てした

5 文楽の舞台について 次の問いに答えなさい。

◆右の図のA～Dの名称を　　　から選びなさい。

A ①（ 　　 ）
B ②（ 　　 ）
C ③（ 　　 ）
D ④（ 　　 ）

> 床　　屋体
> 手摺　　船底

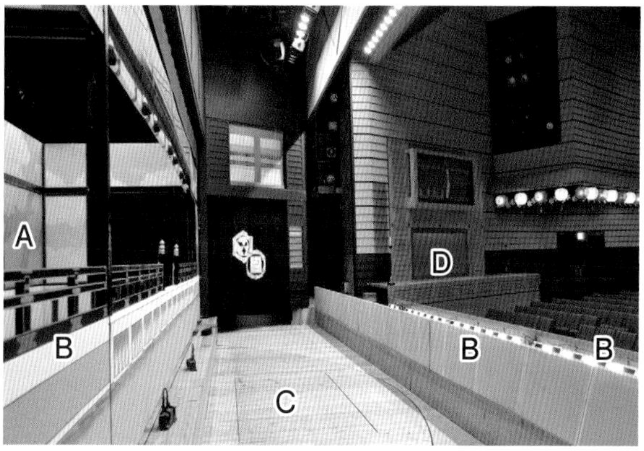

◆次の説明にあてはまるものは，上の図のA～Dのどれですか。

・太夫と三味線が演奏する場所。客席に張り出している。 ⑤（ 　　 ）

・人形遣いが人形を操る場所で，客席から見やすいように，少し低くなっている。 ⑥（ 　　 ）

・舞台を仕切る3つの横長の板。人形の足が地面や床に接しているように見せるために設置している。 ⑦（ 　　 ）

・舞台上にある家屋，社寺などに見立てた大道具。 ⑧（ 　　 ）

一問一答で要点チェック 次の各問いに答えよう。 ／6問中

①文楽の別名を何というか答えなさい。 ①（ 　　 ）

②この曲で語り役を担当する人の名称を答えなさい。 ②（ 　　 ）

③この曲を伴奏する楽器を答えなさい。 ③（ 　　 ）

④太夫と三味線で演奏する音楽の名称を答えなさい。 ④（ 　　 ）

⑤文楽が成立した時代は何時代ですか。 ⑤（ 　　 ）

⑥人形の遣い手で，頭部と右手を担当する人の名称を答えなさい。 ⑥（ 　　 ）

Q 文楽で使われる三味線は，なに三味線という？ 答えは次のページ musiQuiz

定 ステージ2 着のワーク

9 文楽「新版歌祭文」「義経千本桜」
しんぱんうたざいもん よしつねせんぼんざくら

解答 p.27

/100

❶ 文楽について，次の問いに答えなさい。 3点×7（21点）

(1) 文楽で太夫と三味線が演奏する音楽を何といいますか。 （　　　　　　　　）

(2) (1)の音楽を始めた人物の名前を答えなさい。 （　　　　　　　　）

(3) 文楽で用いられる三味線の種類を答えなさい。 （　　　　　　　　）三味線

(4) 文楽の人形を動かす3人の人たちのことを何といいますか。 （　　　　　　　　）

(5) (4)で答えた3人のそれぞれの名称を答えなさい。

（　　　　　　　）（　　　　　　　）（　　　　　　　）

❷ 次の文の（　）のア，イのうち，正しいものを選びなさい。 3点×5（15点）

(1) 文楽は〔ア 明治時代　イ 江戸時代〕に生まれた。 （　　　）

(2) 文楽が生まれたのは〔ア 江戸　イ 大坂〕である。 （　　　）

(3) 義太夫節の創始者は〔ア 出雲のお国　イ 竹本義太夫〕である。 （　　　）
　　　　　　　　　　　　　いずも

(4) 太夫は力強い発声をするために，腹に〔ア 腹帯　イ 眼帯〕をきつく巻き，懐にはオ
トシというおもりを入れる。 （　　　）　　　　　　　　　　　　　　　　ふところ

(5) 三味線は〔ア 人形遣い　イ 太夫〕を補ったり，リードしたりする役割をになってい
る。この三味線には，低音を力強く表現できる太棹三味線が用いられる。 （　　　）

❸ 次の問いに答えなさい。 3点×6（18点）

(1) 次の写真は文楽の上演の様子です。A〜Cの役割の名前を答えなさい。

A →

雪姫：桐竹勘十郎

B →

→ C

太夫：豊竹藤太夫，三味線：豊澤富助

A（　　　　　　　）　B（　　　　　　　）　C（　　　　　　　）

(2) 江戸時代に生まれた伝統的な人形劇の名称を，漢字2文字で答えなさい。

（　　　　　　　　）

(3) (2)の別の名称を漢字5文字で答えなさい。 （　　　　　　　　）

(4) 文楽の人形は3人で遣いますが，主遣い以外の2人が着る着物の色は何色ですか。

（　　　　　　　　）

❹ 次の①と②のような物語の内容をもつ文楽を，ア，イから選びなさい。 3点×2（6点）

①大坂を舞台に，奉公人久松と2人の女性お染，お光をめぐる悲劇の恋愛物語。
　　　　　ほうこうにんひさまつ　　　　　　　　そめ　　　　　　　　　　　れんあい

②平家が滅亡した後，平家の武将平知盛は生き延びて，義経一行への復讐を企てる。
　へいけ めつぼう　　　　　　　たいらのとももり　　　　　　　よしつね　　ふくしゅう くわだ

ア 義経千本桜　　　イ 新版歌祭文　　　①（　　　　）②（　　　　）

musiQuiz　　Ａ 太棹三味線だよ。三味線は細棹・中棹・太棹という3種類に分けられるんだ。

5 次の問いに答えなさい。　　　　　　　　　　　　　　　　　　　　3点×6（18点）

(1)　次の作品について，作者は**ア**，**イ**のうちどちらですか。

・新版歌祭文　　　　　　　　　　　　　　　　　　　　　　　①（　　　　　　）

・義経千本桜　　　　　　　　　　　　　　　　　　　　　　　②（　　　　　　）

> **ア**　二世 竹田出雲・三好松洛・並木千柳(宗輔)　　**イ**　近松半二

(2)　次の文は，中学生が義太夫節を語るときに気を付けることです。（　　　）にあてはまる言葉を　から選びなさい。

・（①　　　　　　）を伸ばし，上半身の力を抜いて，　　　①（　　　　　　）

　（②　　　　　　）の底から（③　　　　　　）を　　　　②（　　　　　　）

　全部出すような感じで語るとよい。　　　　　　　　　　　③（　　　　　　）

> 息　　背筋　　おなか

(3)　義太夫節を語る役割を担当する人を何といいますか。　　（　　　　　　）

6 義太夫節について，次の各問いに答えなさい。　　　　　　　　　2点×8（16点）

　義太夫節は，a竹本義太夫(1651～1714)が始めた音楽である。彼は17世紀末に（　　A　　）の道頓堀に（　　B　　）という（　　C　　）の芝居小屋を建て，b近松門左衛門(1653～1724)が作った「曽根崎心中」などの（　　D　　）を魅力的な声で語って大きな評判をとった。

　義太夫節は，物語に節をつけて語って聞かせる（　　E　　）という音楽の一つで，義太夫節の（　　F　　）は，この時代に大坂で使われていた言葉が元になっている。

(1)　文中の**A**～**F**にあてはまる言葉を**ア**～**カ**から選びなさい。

> **ア**　抑揚　　**イ**　台本　　**ウ**　語り物　　**エ**　竹本座　　**オ**　大坂　　**カ**　人形浄瑠璃

A（　　　　）　　B（　　　　）　　C（　　　　）　　D（　　　　）　　E（　　　　）

F（　　　　）

(2)　下線部**a**，**b**の読み方をひらがな8字，10字でそれぞれ書きなさい。

　　　　　　　　　　　　　a（　　　　　　　　　）　b（　　　　　　　　　）

7 太夫が語るときに使う道具について答えなさい。　　　　　　　　3点×2（6点）

(1)　「腹帯」の説明について，正しいものを**ア**，**イ**から選びなさい。　（　　　）

> **ア**　語るときには，軽い声が出るように胸に「腹帯」を巻く。
> **イ**　語るときには，おなかに力をこめて発声ができるよう，下腹に「腹帯」を巻く。

(2)　「オトシ」の説明について，正しいものを**ア**，**イ**から選びなさい。　（　　　）

> **ア**　「オトシ」は下半身を安定させるために用いるおもりである。
> **イ**　「オトシ」は声の音色をコントロールするための道具である。

Q 文楽を上演する国立文楽劇場はどこにある？　　　　　　答えは次のページ

解答 p.28

確認のワーク ステージ **1**

10 ブルタバ(モルダウ)

教科書の要点 次の各問いに答えよう。

❶ 基本データ 曲について，表にまとめなさい。

作曲		時代	ロマン派(国民楽派)
	チェコ国民音楽の創始者		
曲の種類		演奏形態	

❷ 作曲者について （　）にあてはまる言葉を □ から選びなさい。

　作曲者のB.スメタナは（①　　　　　　　）のボヘミア地方に生まれた。（②　　　　　　）でピアノと作曲を学んだあと，指揮者や作曲家として活躍し，50歳頃には（③　　　　　　）を完全に失ったが，その後も60歳で亡くなるまで，数多くの傑作を生み出した。

　彼が活躍した当時，チェコは（④　　　　　　）から強い支配を受けていて，国民の間で自由と（⑤　　　　　　）への願いが高まっていた。彼は，そうした願いを音楽に託して，（⑥　　　　　　）への思いに満ちた作品を作曲し続けた。

> オーストリア　　プラハ　　祖国　　チェコ　　聴覚　　独立

❸ この曲について （　）にあてはまる言葉を □ から選びなさい。

　連作交響詩「（①　　　　　　）」は，祖国チェコの（②　　　　　　）や伝説，歴史に基づく**6つ**の曲で構成されている。「ブルタバ」はその第（③　　　　　）曲にあたり，南北に流れる（④　　　　　　）に沿って，祖国のさまざまな姿を描き出している。交響詩は，物語や情景を（⑤　　　　　　）で表現する音楽のことで，「（⑥　　　　　　）」も作曲者自身による**7つ**の標題を基に，水源から祖国を流れ去るまでのさまざまな情景が豊かに表現されている。

　チェコはドイツ語圏のドイツやオーストリアと密接なつながりがあるので，ブルタバのドイツ語名である（⑦　　　　　　）と呼ばれることも多い。

　この曲の作曲者のように，民族や祖国への思いを託した作曲家たちを（⑧　　　　　　）と呼ぶが，他国ではフィンランドで活躍した（⑨　　　　　　）も，「**フィンランディア**」など，民族色の濃い作品を残した。

> オーケストラ(管弦楽)　　モルダウ　　我が祖国　　自然　　ブルタバ川
> 2　　シベリウス　　国民楽派　　ブルタバ

④ **情景と楽器について**　次の問いに答えなさい。

◆**楽譜**1～5を見て，それぞれの情景と演奏される楽器について，下の語群を参考に，次の
表をまとめなさい。

楽　譜	情　景	演奏される楽器
楽譜1	（①　　　）	（②　　　）
楽譜2	（③　　　）	（④　　　）
楽譜3	（⑤　　　）	（⑥　　　）
楽譜4	（⑦　　　）	ヴァイオリン オーボエ
楽譜5	（⑧　　　）	ヴァイオリン クラリネット

ブルタバ（モルダウ）

> **情景**：ブルタバの主題，森の狩り，農民の結婚式，ブルタバの源流，水の精の踊り

> **演奏される楽器**：ヴァイオリン，フルート，ホルン

◆この曲の冒頭に演奏されるのは，どの情景ですか。　（⑨　　　）
上の「情景」の語群を参考に答えなさい。

一問一答で要点チェック　次の各問いに答えよう。　　　/6問中

①作曲者名を答えなさい。　　　　　　　　　　　　　　　①＿＿＿＿＿

②作曲者の生まれた国を答えなさい。　　　　　　　　　②＿＿＿＿＿

③作曲者のように，祖国の伝説や民謡，自然を題材にした作
品を書いた作曲家のことを何と呼ぶか答えなさい。　　③＿＿＿＿＿

④この曲の演奏形態を答えなさい。　　　　　　　　　　④＿＿＿＿＿

⑤次の旋律を演奏する楽器を答えなさい。

⑤＿＿＿＿＿

⑥この曲の作曲者の写真や肖像画をア～エから選びなさい。

ア　　イ　　ウ　　エ　

⑥＿＿＿＿＿

Ⓠ「フィンランディア」を作曲した，フィンランドの作曲家は？　　答えは次のページ

定 ステージ **2**
着のワーク

解答 p.28

10 ブルタバ（モルダウ）

/100

1 次の文章について，正しいものに○，正しくないものに×を書きなさい。 2点×5 （10点）

(1) スメタナは現在のチェコ共和国で生まれた。 （　　　　　）

(2) スメタナの生まれた地域は，彼が活躍していた当時，オーストリア
から強い支配を受けていた。 （　　　　　）

(3) スメタナは，チェコの人々が戦争で負けた悲しみの気持ちを音楽で
表した。 （　　　　　）

(4) この曲のように，物語や情景をオーケストラで表現した音楽のこと
を交響詩という。 （　　　　　）

(5) 作曲当時は母国語の使用が禁じられていたので，この曲のことをド
イツ語で「ブルタバ」と呼んだ。 （　　　　　）

曲が書かれた
背景を理解し
よう。

2 オーケストラの主な楽器やその種類について，（　　　　）にあてはまるものを から選びな
さい。 5点×4 （20点）

木管楽器	ピッコロ，（　　A　　），オーボエ，クラリネット，ファゴット
金管楽器	ホルン，（　　B　　），トロンボーン，チューバ
弦楽器	（　　C　　），ヴィオラ，チェロ，コントラバス
打楽器	（　　D　　），大太鼓，シンバル，トライアングル

ヴァイオリン　　ティンパニ　　フルート　　トランペット

A（　　　　　　　　　） B（　　　　　　　　　）

C（　　　　　　　　　） D（　　　　　　　　　）

3 次の問いに答えなさい。 4点×5 （20点）

(1) ア〜エの楽器の名前を答えなさい。

ア　　　　　イ　　　　　　　　　ウ　　　　　　　　　　エ

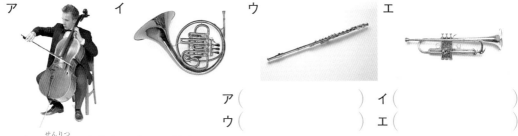

ア（　　　　　　　　　） イ（　　　　　　　　　）

ウ（　　　　　　　　　） エ（　　　　　　　　　）

(2) 次の旋律を演奏する楽器を答えなさい。

木管楽器と（　　　　　　　　　　　　）

musiQuiz

Ⓐ シベリウスだよ。スメタナと同じ，国民楽派なんだ。

4 次の問いに答えなさい。　　　　　　　　　　　　　　5点×5（25点）

(1) 「ブルタバの源流」をア，イから選びなさい。　　　　　　（　　　　）

(2) 次の楽譜について，あとの問いに答えなさい。

① この旋律の標題を □□□ から選びなさい。　　　　（　　　　）

> 農民の結婚式　　森の狩り　　ビシェフラトの動機

② この旋律を演奏する楽器を答えなさい。　　　　　　（　　　　）

(3) 次の楽譜について，あとの問いに答えなさい。

① この旋律を演奏するクラリネット以外の楽器を □□□ から選びなさい。　　　　　　　　　　　　　　（　　　　）

> ホルン　　フルート　　ヴァイオリン　　ピッコロ

② Aの記号の読み方を答えなさい。　　　　　　　　　（　　　　）

5 次の問いに答えなさい。　　　　　　　　　　　　　　5点×5（25点）

(1) 物語や情景をオーケストラで表現する音楽を何と呼ぶか。　（　　　　）

(2) 「ブルタバ」をドイツ語で何と呼ぶか答えなさい。　　　（　　　　）

(3) この連作交響詩の名前を何と呼ぶか答えなさい。　　　　（　　　　）

(4) フィンランドで活躍した国民楽派の作曲家を1人答えなさい。（　　　　）

(5) 「ブルタバ」は「我が祖国」の何曲目にあたるか答えなさい。（　　　　）

 **チェコ最長の川**

　ブルタバ川はチェコ南部の山岳地帯を水源とし，ボヘミア盆地の水を集め，首都プラハを通り，ドイツに流れ込んでエルベ川と名前を変え，北海に注ぎ込む。右の写真はチェコ南部の町チェスキー・クルムロフを流れるブルタバ川である。

ブルタバ（モルダウ）

解答 p.29

確認のワーク ステージ❶　11　ボレロ

教科書の要点　次の各問いに答えよう。

1 基本データ　曲について，表にまとめなさい。

作曲		時代	近代
曲の種類	，管弦楽曲	演奏形態	

2 作曲者について　（　）にあてはまる言葉を▭から選びなさい。

　ラヴェルは，スペインに近い（①　　　　）南西部のバスク
地方で生まれた。幼いときから（②　　　　）を学び，のちに
パリ音楽院に入学，作曲家のフォーレなどに作曲を学んだ。
　ラヴェルは，個性的で色彩的な（③　　　　）を駆使して豊
かな響きを追求したため「オーケストラの（④　　　　）」と呼
ばれている。

> 管弦楽法　　フランス　　魔術師　　ピアノ

3 この曲について　（　）にあてはまる言葉を▭から選びなさい。

　ラヴェルは1928年に「（①　　　　）」を，（②　　　　）のための音楽として作
曲した。この作品には，ボレロのリズムが使われているが，ボレロは18世紀末に
（③　　　　）で流行した（④　　　　）系の舞曲である。
　ボレロのリズムは（⑤　　　　）によって演奏され続け，このリズムに乗って2つの
旋律が繰り返される。この2つの旋律は展開されることもなく，楽器の組み合わせを変えな
がら，延々と繰り返されるが，曲全体が1つの長い（⑥　　　　）で演奏される。現代
では，バレエ音楽としてだけでなく，オーケストラのみで演奏されることも多い。

> 3拍子　　ボレロ　　小太鼓　　スペイン　　クレシェンド　　バレエ

一問一答で要点チェック　次の各問いに答えよう。

/5問中

①この曲の作曲者を答えなさい。　　　　　　　　　　　　　　①
②ラヴェルが生まれた国を答えなさい。　　　　　　　　　　　②
③ボレロは何拍子系の音楽ですか。　　　　　　　　　　　　　③　　　　　　　　系
④この曲はもともと何の音楽のために作曲されましたか。　　　④
⑤この曲の演奏形態を答えなさい。　　　　　　　　　　　　　⑤

　Ⓐ 協奏曲だよ。コンチェルトともいうね。

定着のワーク ステージ**2**

11 ボレロ

/100

1 「ボレロ」について，次の問いに答えなさい。 7点×4 （28点）

(1) この曲の作曲者を答えなさい。 （ 　　　　　 ）

(2) 作曲者の出身国を答えなさい。 （ 　　　　　 ）

(3) この曲はもともと何の音楽のために作曲されましたか。 （ 　　　　　 ）

(4) この曲の演奏形態を答えなさい。 （ 　　　　　 ）

2 「ボレロ」について，次の問いに答えなさい。 7点×8 （56点）

ボレロ

楽譜1

楽譜2

(1) 楽譜1，2は下のどちらですか。ア，イから選びなさい。

> ア　全曲を通して繰り返されるリズム　　イ　交互に繰り返される2つの旋律のうちの1つ

楽譜1 （ 　　　 ） 楽譜2 （ 　　　 ）

(2) 楽譜1を最初に演奏するオーケストラの楽器をア～エから選びなさい。

> ア　ホルン　　イ　トロンボーン　　ウ　フルート　　エ　チェロ

（ 　　　 ）

(3) 楽譜2を最初に演奏するオーケストラの楽器をア～エから選びなさい。

> ア　トランペット　　イ　小太鼓　　ウ　クラリネット　　エ　ヴァイオリン

（ 　　　 ）

(4) この曲は何分の何拍子ですか。 （ 　　　 ）

(5) aの記号の名称と意味を答えなさい。 名称 （ 　　　 ）

意味 （ 　　　 ）

(6) bの記号の名称を答えなさい。 名称 （ 　　　 ）

3 次のオーケストラの楽器の名称をア～エからそれぞれ選びなさい。 4点×4 （16点）

①  ②  ③  ④

> ア　ホルン　　イ　トランペット　　ウ　フルート　　エ　クラリネット

① （ 　　　 ） ② （ 　　　 ） ③ （ 　　　 ） ④ （ 　　　 ）

解答 p.29

確認のワーク ステージ❶

12 尺八曲「巣鶴鈴慕」「鹿の遠音」

教科書の要点 次の各問いに答えよう。

❶ 基本データ 曲について，表にまとめなさい。

◆巣鶴鈴慕

作曲	不詳	時代	時代	演奏形態	の独奏

◆鹿の遠音

作曲	不詳	時代	時代	演奏形態	2本の

❷ 尺八について （　）にあてはまる言葉を　　から選びなさい。

尺八は（①　　　　　）でできた管楽器の１つで，表に
（②　　　　　）つ，裏に１つ開いた指孔を開閉し，歌口に
（③　　　　　）を吹き込んで演奏する。

顎を使って歌口に当たる息の**角度**を変化させることで，**音高**
を下げたり上げたりすることができる。顎を引いて音高を下げ
ることを（④　　　　　），顎を出して音高を上げることを
（⑤　　　　　）という。

> メリ　　息　　竹　　4　　カリ

撮影：桶川智昭

❸ 曲について （　）にあてはまる言葉を　　から選びなさい。

◆巣鶴鈴慕

「（①　　　　　）」という曲をもとにしてできた尺八曲の１つ。

冬の厳寒の中，（②　　　　　）が自分を犠牲にして雛を育て，子鶴の巣立ちのあとに
力尽きて死んでしまう鶴の親子の愛情と（③　　　　　）を描写しているといわれている。

◆鹿の遠音

江戸時代中期の尺八の名手であった（④　　　　　）が収集した尺八曲の１つ。

２頭の（⑤　　　　　）が互いに呼び合う様子を，（⑥　　　　　）本の尺八で表現
した曲と伝えられている。

〈巣鶴鈴慕〉語群	親鶴　　別れ　　鶴の巣籠

〈鹿の遠音〉語群	黒沢琴古　　2　　鹿

一問一答で要点チェック 次の各問いに答えよう。　　/2問中

①「巣鶴鈴慕」「鹿の遠音」は何という楽器で演奏されますか。　　①

②尺八で，顎を出して音高を上げる奏法を何といいますか。　　②

 musiQuiz

Ⓐ ○だよ。ジョン ケージの「4分33秒」は，4分33秒間無音なんだ。

解答 p.29

/100

ステージ2 12 尺八曲「巣鶴鈴慕」「鹿の遠音」
定着のワーク

1 「巣鶴鈴慕」について，次の問いに答えなさい。 6点×4（24点）

(1) この曲は18世紀半ば頃から人々に親しまれていたある曲をもとにしてできた曲です。ある曲の名前を答えなさい。 （　　　　　　　　）

(2) この曲を演奏する楽器を答えなさい。 （　　　　　　　　）

(3) この曲が生まれたのは何時代ですか。 （　　　　　　　　）

(4) この曲が表す様子を，ア〜ウから選びなさい。 （　　　　　　　　）

> ア　親子の愛情と別れ　　イ　親子の再会の喜び　　ウ　親子間の争い

2 「鹿の遠音」について，次の問いに答えなさい。 6点×4（24点）

(1) 鹿のどんな様子を表した曲か，ア〜ウから選びなさい。 （　　　　　　　　）

> ア　1頭の鹿が鳴く　　イ　2頭の鹿が呼び合う　　ウ　3頭の鹿が走る

(2) この曲を演奏する楽器を答えなさい。 （　　　　　　　　）

(3) この曲が生まれたのは何時代ですか。 （　　　　　　　　）

(4) この曲を収集した虚無僧の名前を答えなさい。 （　　　　　　　　）

3 尺八と日本の伝統音楽について，次の問いに答えなさい。 7点×4（28点）

よく出る

(1) 尺八は表と裏を合わせていくつの穴があいていますか。 （　　　　　　　　）

(2) この楽器はどのような素材でできた楽器ですか。 （　　　　　　　　）

(3) 日本の伝統音楽では，音と音のあいだの音のない部分が大切にされます。この部分のことを何といいますか。漢字と平仮名の両方で答えなさい。

　　　　　　　　漢字（　　　　　　　　）　平仮名（　　　　　　　　）

4 尺八の奏法について，次の問いに答えなさい。 8点×3（24点）

ア　　　イ

アは顎を出している。イは顎を引いているね。

(1) ア，イの奏法を，それぞれ何といいますか。

　　　　　　　　ア（　　　　　　　　）　イ（　　　　　　　　）

(2) 音高を上げるときに使う奏法は，ア，イのどちらですか。

（　　　　　　　　）

Q 1尺はどのくらいの長さかわかる？ 　　　　　答えは次のページ

解答 p.30

確認のワーク ステージ①

13 能「敦盛」「羽衣」

教科書の要点　次の各問いに答えよう。

① 基本データ　能について，表にまとめなさい。

現在につながる形に完成させた人物	観阿弥・　　　　　　　の親子	
完成された時代	音楽の中心となる要素	謡（地謡），

② 能の歴史について　（　）にあてはまる言葉を　　から選びなさい。

　日本の伝統芸能の１つである（①　　　　　）は，平安時代から行われていた猿楽を源流にしているが，（②　　　　　）に現れた（③　　　　　）の親子により，基本的な形が整えられた。この時代の将軍（④　　　　　）は親子を大いに支援し，能の隆盛に寄与した。その後，江戸時代には幕府が儀式に能を用いるようになった。

　能は演劇の一種で，**謡（地謡）**と（⑤　　　　　）の演奏のもと，演者が演技や舞で表現する（⑥　　　　　）ともいえる。能の影響は，（⑦　　　　　）や文楽など，後の諸芸能にも及んでいる。

シテ：友枝昭世

囃子　　足利義満　　能　　歌舞劇　　観阿弥・世阿弥　　歌舞伎　　室町時代

③ 能の諸役について　（　）にあてはまる言葉を　　から選びなさい。

　能の演者には，**主役**である（①　　　　　）と**相手役**にあたる（②　　　　　）がある。シテは多くの曲の場合（③　　　　　）をかけて演じる。能を演奏する囃子の楽器は４つあり，管楽器の**笛（能管）**，打楽器の（④　　　　　），**大鼓，太鼓**が，謡の伴奏や舞の音楽を担当している。

小鼓　　面　　シテ　　ワキ

太鼓は曲目によっては，入らないときもあるよ。

一問一答で要点チェック　次の各問いに答えよう。

/3問中

①能の基本的な形を整えた親子を答えなさい。　　　　　　　①
②能の基本的な形が整えられた時代を答えなさい。　　　　　②
③能の音楽を担当するのは，地謡の他は何ですか。　　　　　③

musiQuiz　Ａ　１尺は30.3cmだよ。１寸は約３cmなんだ。

定着のワーク ステージ **2**

解答 p.30

/100

13 能「敦盛」「羽衣」

1 能について，次の問いに答えなさい。 6点×6（36点）

(1) 能舞台の右奥に位置し，合唱団の役割を担うものを何というか。（ 　　　　 ）

(2) 能の上演で，「面」をかける演者名を答えなさい。また，「面」の読み方を平仮名で書きなさい。 演者名（ 　　　　 ） 読み方（ 　　　　 ）

(3) 能の上演で，主役の相手役をつとめる演者を何といいますか。 （ 　　　　 ）

(4) 能を現在につながる形に完成させた親子を答えなさい。 （ 　　　　 ）

(5) (4)の親子を支援した人物を答えなさい。 （ 　　　　 ）

よく出る 2 能の囃子の楽器について，図1～図4の名称をア～エから選びなさい。 6点×4（24点）

図1 　図2 　図3　図4

図1（ 　　 ）
図2（ 　　 ）
図3（ 　　 ）
図4（ 　　 ）

> ア 笛　イ 太鼓　ウ 小鼓　エ 大鼓

3 次の①と②のような物語の内容をもつ能を，ア，イから選びなさい。 5点×2（10点）

① 美しい衣が松に掛けてあるのを見た漁師がそれを持ち帰ろうとする。そこへ天人が現れ，自分の羽衣なので返してほしいと頼まれ，衣を返す。天人はその礼に，舞を舞って昇天する優美な能。

② 一ノ谷の戦いで命を落とした平敦盛を弔うため須磨の裏を訪れた蓮生法師の前に，敦盛の霊が現れ，平家一門の盛衰を語る。源平の戦いの無常を描いた「平家物語」を素材にした能。

①（ 　　 ） ②（ 　　 ）

> ア 敦盛　イ 羽衣

4 能舞台の各部の名称A～Eにあてはまるものを，ア～オからそれぞれ選びなさい。

6点×5（30点）

写真提供：国立能楽堂

A（ 　　 ）
B（ 　　 ）
C（ 　　 ）
D（ 　　 ）
E（ 　　 ）

 能舞台の名称も確認しておこう。

> ア 鏡板　イ 揚幕　ウ 本舞台　エ 目付柱　オ 橋掛り

Q 羽衣の舞台，三保の松原はどの都道府県にある？ 　　答えは次のページ  musiQuiz

解答 p.30

確 ステージ **1**
認 のワーク

14　日本の民謡（ソーラン節）・日本の郷土芸能

教科書の要点　次の各問いに答えよう。

❶ 日本の民謡　（　　）にあてはまる言葉を　　から選びなさい。

きみの住んでいる地域の民謡を記入しよう。

金毘羅船々　　ソーラン節　　谷茶前　　こきりこ節　　五木の子守歌

❷ 日本の音階　（　　）にあてはまる言葉を　　から選びなさい。

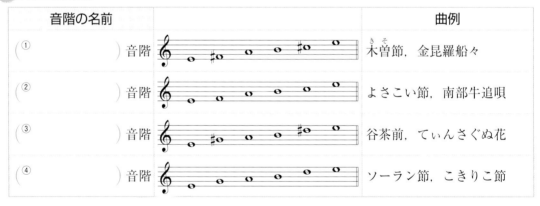

音階の名前		曲例
（①　　）音階		木曽節，金毘羅船々
（②　　）音階		よさこい節，南部牛追唄
（③　　）音階		谷茶前，てぃんさぐぬ花
（④　　）音階		ソーラン節，こきりこ節

都節　　民謡　　律　　沖縄

日本の音楽には，五音音階でできているものが多くみられるよ。

❸ 日本の郷土芸能　（　　）にあてはまる言葉を　　から選びなさい。

阿波おどり	（①　　）県	博多祇園山笠	（②　　）県
天神祭	（③　　）府	秩父夜祭	（④　　）県

徳島　　大阪　　福岡　　埼玉

   Ⓐ 静岡県だよ。三保の松原は，ユネスコの世界文化遺産に登録されているね。

定着のワーク　ステージ **2**

14　日本の民謡(ソーラン節)・日本の郷土芸能

解答 p.30

/100

よく出る ① 次の民謡はどの都道府県の民謡か，答えなさい。　　　　6点×8（48点）

(1) 津軽じょんから節　　　　　　　　(2) 斎太郎節
（　　　　　　　）　　　　　　　（　　　　　　　）

(3) 佐渡おけさ　　　　　　　　　　(4) 会津磐梯山
（　　　　　　　）　　　　　　　（　　　　　　　）

(5) 小諸馬子歌　　　　　　　　　　(6) 安来節
（　　　　　　　）　　　　　　　（　　　　　　　）

(7) よさこい節　　　　　　　　　　(8) 刈り干し切り歌
（　　　　　　　）　　　　　　　（　　　　　　　）

② ソーラン節について，A～Dにあてはまる言葉を答えなさい。　5点×4（20点）

- ・ソーラン節は（　A　）の民謡で，（　B　）漁で歌われていた歌である。
- ・「ハイハイ」や「ドッコイショ」は（　C　）と呼ばれ，歌を引き出すように力強く囃す。
- ・細かい装飾的な節回しのことをカタカナ3文字で（　D　）という。

A（　　　　　　　）　　B（　　　　　　　）
C（　　　　　　　）　　D（　　　　　　　）

③ 日本の音階について，(1)～(4)にあてはまるものをア～エから選びなさい。　5点×4（20点）

(1) 雅楽などで用いられる音階。　　　　　　　　　　　　　（　　　）
(2) 三味線や箏の曲などによく使われる音階。　　　　　　　（　　　）
(3) 沖縄独特の音階。　　　　　　　　　　　　　　　　　　（　　　）
(4) 日本民謡やわらべ歌に多い音階。　　　　　　　　　　　（　　　）

> ア　沖縄音階　　イ　都節音階　　ウ　律音階　　エ　民謡音階

④ 阿波おどりについて，A～Cにあてはまる言葉を答えなさい。　4点×3（12点）

- ・（　A　）県各地で踊られてきた（　B　）踊り。
- ・三味線や太鼓，鉦，笛などによるお囃子にのせて，（　C　）と呼ばれる踊り手の集団が練り歩く。

授業で扱ったものや，きみの住んでいる地域の民謡や郷土芸能を確認しておこう。

A（　　　　　　　）　　B（　　　　　　　）
C（　　　　　　　）

Q 「エイサー」はどの都道府県の芸能かわかるかな？　　答えは次のページ

musiQuiz

確 ステージ **1**
認 のワーク

解答 p.31

15 世界の諸民族の音楽・ポピュラー音楽

教科書の要点　次の各問いに答えよう。

1 世界の諸民族の音楽 （　）にあてはまる言葉を........から選びなさい。

フラメンコ ①

ホーミー, オルティンドー ②

シタール, タブラー ⑤

京劇(ジンジュ) ③

ガムラン ⑥

チャランゴ ④

など

．．．
スペイン　　インドネシア　　インド　　中国　　ボリビア　　モンゴル
．．．

授業で扱った楽器や音楽について, ここにまとめておこう。

2 ポピュラー音楽 （　）にあてはまる言葉を........から選びなさい。

音楽の種類	曲例
①	クイーン「ウィー ウィル ロック ユー」 ザ ビートルズ「レット イット ビー」
②	ビル エヴァンス「ワルツ フォー デビイ」 マイルス デイヴィス「ソー ホワット」
③	アントニオ カルロス ジョビン「おいしい水」 〃　　　　　　　「イパネマの娘」

．．．．．．．．．．．．．．．．．．．．．．．．．．
ジャズ　　ロック　　ボサ ノヴァ
．．．．．．．．．．．．．．．．．．．．．．．．．．

ボサ ノヴァは1950年代後半にブラジルで生まれた音楽だよ。

  A 沖縄県だよ。最近は沖縄県以外で行っている地域もあるんだ。

15 世界の諸民族の音楽・ポピュラー音楽

❶ 世界の諸民族の音楽とポピュラー音楽について，次の説明にあてはまるものを……から選びなさい。

8点×8（64点）

(1) 北インドの打楽器。2個1対の太鼓で，右手では高音の太鼓を，左手では低音の太鼓を演奏する。（　　　　）

(2) 賛美歌と，アメリカに連れてこられたアフリカ系アメリカ人の音楽が融合したもの。（　　　　）

(3) インドネシア周辺に伝わる合奏形態。青銅でできた打楽器が中心になるが，楽器編成は地方によって異なる。（　　　　）

(4) 中国の伝統的な音楽劇。役柄によって，発声の方法や衣装，メーキャップが異なる。（　　　　）

(5) スペイン南部のアンダルシア地方の民族音楽。歌，踊り，ギターの伴奏が中心になっている。（　　　　）

(6) アラブ諸国で使われる弦楽器。はじいて音を出す。日本の琵琶と関係が近い。（　　　　）

(7) 南アメリカのアンデス地方の弦楽器。胴はかつてアルマジロの甲羅で作られていた。（　　　　）

(8) 19世紀末に，アメリカ南部の都市を中心に生まれた。即興的な演奏法であるアドリブが特徴。（　　　　）

> ガムラン　　ウード　　チャランゴ　　フラメンコ
> タブラー　　京劇（ジンジュ）　　ゴスペル　　ジャズ

❷ 次の曲に代表される音楽や舞台は，どのジャンルに属していますか。ア～カから選びなさい。

6点×6（36点）

(1) 「ウエストサイド物語」（　　　　）

(2) 「ワルツ フォー デビイ」（　　　　）

(3) 「おいしい水」（　　　　）

(4) 「白鳥の湖」（　　　　）

(5) 「ウィー ウィル ロック ユー」（　　　　）

(6) 「アイーダ」（　　　　）

> ア オペラ　　イ ジャズ　　ウ ロック
> エ ミュージカル　　オ ボサ ノヴァ　　カ バレエ

解答 p.31

プラスワーク　音楽史

1 **日本の音楽史**　次の表について，あとの問いに答えなさい。

時代	特　徴
平安	・A管絃（管弦），歌い物が生まれる。
室町～ 安土・桃山	・観阿弥，世阿弥によって，（①　　　　　　　　　　）の基本的な形が整う。 ・三味線の起源とされるサンシエンが中国より伝来。
江戸時代初期	・（②　　　　　　　　　　）が興行したBかぶき踊が流行。 ・八橋検校が近代C箏曲の基礎をつくる。 ・竹本義太夫が大坂に（③　　　　　　　　）を創設する。
江戸時代中期	・文楽（人形浄瑠璃）が流行。
明治～	・日本の伝統音楽にも，西洋音楽の手法を取り入れた作品が生まれる。

(1)　①～③にあてはまるものを　　　から選び，表の（　　）に書き入れなさい。

> 竹本座　　能　　出雲のお国

(2)　下線部Aなどの種類がある，「越天楽」などで有名な音楽を何といいますか。漢字2文字
　　で答えなさい。　　　　　　　　　　　　　　　　　　　　　　　（　　　　　　　　　）

(3)　下線部Bが起源といわれている，音楽・舞踊・演技からなる総合芸術を何といいますか。
　　漢字3文字で答えなさい。　　　　　　　　　　　　　　　　　　（　　　　　　　　　）

(4)　下線部Cについて，この楽器には弦（糸）が通常何本ありますか。（　　　　　　　　　）

2 **西洋の音楽史①**　(1)～(5)の作曲家について，語群Aから活躍していた時代を，語群Bから代表作をそれぞれ選びなさい。語群Aからは同じものを2回使ってもかまいません。

(1)　ラヴェル　　　　　　　　時代（　　　　　）　　代表作（　　　　　）
(2)　リスト　　　　　　　　　時代（　　　　　）　　代表作（　　　　　）
(3)　ヴィヴァルディ　　　　　時代（　　　　　）　　代表作（　　　　　）
(4)　ハイドン　　　　　　　　時代（　　　　　）　　代表作（　　　　　）
(5)　ムソルグスキー　　　　　時代（　　　　　）　　代表作（　　　　　）

> ＜語群A＞
> バロック
> 古典派
> ロマン派
> 近代・現代

> ＜語群B＞
> 展覧会の絵
> 交響曲第101番「時計」
> ボレロ
> 四季
> ラ カンパネッラ

同じ時代の曲には，共通する雰囲気があるよ。聴き比べてみよう。

  A J.S.バッハだよ。「フーガ ト短調」を作曲した，バロック時代の作曲家だね。

3 **西洋の音楽史②** 次の表について，あとの問いに答えなさい。

区　分	特　徴
古代	・古代ギリシャで音楽の考え方や理論が生まれ，西洋音楽の基礎となる。
中世	・カトリック教会の典礼や儀式で歌われる単旋律の（④　　　　　　）が生まれる。 ・グレゴリオ聖歌に新たな声部が加わり，（⑤　　　　　　）が生まれる。
ルネサンス	・多声音楽が発達し，対位法が完成。 ・印刷楽譜が流通し，曲が広い範囲で演奏されるようになる。 ・ジョスカン デプレ，パレストリーナらが活躍。
（①　　　　　　）	・イタリアのフィレンツェで<u>A</u>オペラが誕生。 ・（⑥　　　　　　）が声楽と同じくらい重要なものになる。 ・通奏低音(曲を支える低音)が用いられるようになる。 ・独奏楽器と合奏からなる協奏曲が発展する。
（②　　　　　　）派	・<u>B</u>ソナタ形式が確立し，多くの（⑦　　　　　　），協奏曲や<u>C</u>ピアノ ソナタ，室内楽作品が作曲される。 ・演奏を聴く場が，貴族や富裕層から一般の市民へと開かれていく。
（③　　　　　　）派	・形式にとらわれず，心の内面を自由に表現する音楽が盛んになる。 ・<u>D</u>交響詩などの（⑧　　　　　　）が作曲されるようになる。 ・のちに（⑨　　　　　　）と呼ばれる作曲家たちが現れる。
近代・現代	・ドビュッシーら（⑩　　　　　　）の音楽などが先駆けとなる。 ・無調の(調の考え方がない)音楽，拍子が変化し続ける音楽，電子音楽，コンピュータ ミュージックなどが生まれる。 ・環境音や電子音などが音楽にとり入れられるようになる。

⑴　①〜⑩にあてはまるものを　　　から選び，表の（　　　）に書き入れなさい。

> 印象主義　　国民楽派　　古典　　ロマン　　バロック　　標題音楽
> 多声音楽　　交響曲　　器楽曲　　グレゴリオ聖歌

⑵　下線部Aについて，オペラ「アイーダ」を作曲したロマン派の作曲家を答えなさい。
（　　　　　　　　　　）

⑶　下線部Bについて，ソナタ形式の楽章が含まれる交響曲「交響曲第5番 ハ短調(運命)」の作曲家を答えなさい。
（　　　　　　　　　　）

⑷　下線部Cについて，⑶の作曲家の「3大ピアノ ソナタ」といわれるものは，「悲愴」，「熱情」，もう1曲は何か，答えなさい。
（　　　　　　　　　　）

⑸　下線部Dについて，連作交響詩「我が祖国」を作曲したロマン派(国民楽派)の作曲家を答えなさい。
（　　　　　　　　　　）

解答 p.32

プラス ワーク　リコーダー(1)

1　**アルト リコーダーの構造**　次の問いに答えなさい。

(1)　アルト リコーダーの各部の名称を答えなさい。

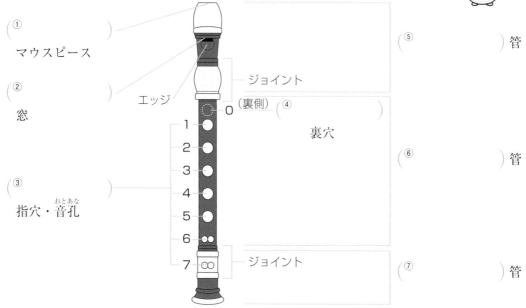

① （　　　　　）
マウスピース

② （　　　　　）
窓

エッジ

③ （　　　　　）
指穴・音孔（おとあな）

ジョイント

（裏側）

④ （　　　　　）
裏穴

ジョイント

⑤ （　　　　　）管

⑥ （　　　　　）管

⑦ （　　　　　）管

(2)　右手で押さえる指孔と，左手で押さえる指孔はそれぞれどこですか。(1)の図に書かれている数字で答えなさい。

右手（　　　　　）
左手（　　　　　）

2　**音合わせ**　次の問いに答えなさい。

(1)　楽器の音の高さ（ピッチ）を合わせることを，何といいますか。

（　　　　　）

(2)　アルト リコーダーが音合わせをしてピッチをかえるとき，どの部分を調節しますか。**1**の図から適切な部分の名称を選びなさい。　　　　　　　（　　　　　）

(3)　(2)の部分を抜くと，ピッチは高くなりますか，低くなりますか。

（　　　　　）

(4)　リコーダーのピッチは，楽器が温まると高くなりますか，低くなりますか。

（　　　　　）

(5)　(4)のように，楽器が温まってピッチが途中で変わるのを防ぐために，演奏を始める前に楽器を手や息で温めておくことが必要です。リコーダーのどの部分を手で包み温めますか。頭部管・中部管・足部管から選んで答えなさい。

（　　　　　）

Ａ　ベートーヴェンだよ。「交響曲 第５番」などを作曲しているね。

3 **左手での演奏①** 次の楽譜について，あとの問いに答えなさい。

(1) この曲は「交響曲 第9番」のなかで歌われる「喜びの歌」です。作曲者を**ア〜エ**から選びなさい。　　　　　　　　　　　　　　　　　　　　　　　　（　　　　　）

　ア　　　　　　　　イ　　　　　　　　ウ　　　　　　　　エ

(2) 何分の何拍子ですか。　　　　　　　　　　　　　　　　　（　　　　　）

(3) アルト リコーダーについて，**A〜E**の音符の運指を**ア〜オ**から選びなさい。

A（　　　　　）B（　　　　　）C（　　　　　）D（　　　　　）E（　　　　　）

　ア　　　　　イ　　　　　ウ　　　　　エ　　　　　オ

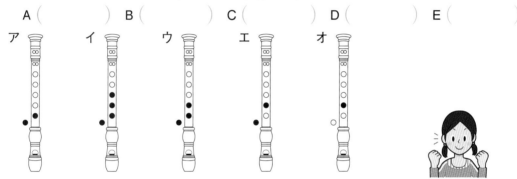

4 **左手での演奏②** 次の楽譜について，あとの問いに答えなさい。

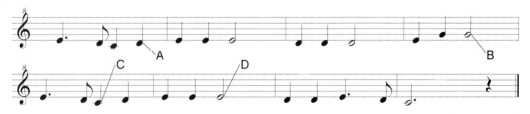

(1) この曲の名前を**ア〜ウ**から選びなさい。　　　　　　　　（　　　　　）

> ア　かっこう　　イ　メリーさんの羊　　ウ　アニー ローリー

(2) 何分の何拍子ですか。

　　　　　　　　　　　　　　　　　　　　　　　　　　　　（　　　　　）

(3) アルト リコーダーについて，**A〜D**の音符の運指を**3**(3)の**ア〜オ**から選びなさい。

A（　　　　　）　B（　　　　　）　C（　　　　　）　D（　　　　　）

プラスワーク

解答 p.32

プラスワーク リコーダー(2)

1 姿勢と構え方 アルト リコーダーを演奏するときの姿勢と構え方について，（　　）にあてはまるものをア，イから選んで○で囲みなさい。

顎を（①ア 出す　イ 引く）

唇の力を
（②ア しっかり入れる　イ 入れすぎない）

肩・腕は力を（③ア 入れる　イ 抜く）

背筋を（④ア 伸ばす　イ 丸める）

授業で，どうやって
吹いていたかな？

2 タンギング 次の問いに答えなさい。

(1) タンギングとは，体のどの部分を使って音を出したり止めたりすることですか。

（　　　　　　　　　　　　）

(2) リコーダーのタンギングの発音として，適切でないものは次のどちらですか。ア，イから選びなさい。　　　　　　　　　　　　　　　（　　　）

ア tu　イ da

3 高音の演奏 次の問いに答えなさい。

(1) 親指で裏穴(サム ホール)に隙間をつくって演奏することを，何といいますか。

（　　　　　　　　　　　　）

(2) アルト リコーダーについて，A，Bの音符の運指をア〜ウから選びなさい。

A　B

ア　イ　ウ

●はサミングを
表しているね。

A（　　　）
B（　　　）

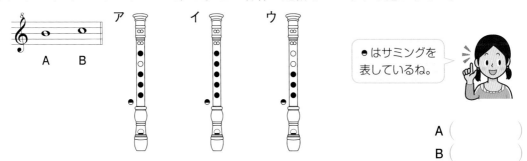

 musiQuiz 　A 本当だよ。2mくらいある，コントラバス リコーダーというものがあるんだ。

4 **両手での演奏** 次の楽譜について，あとの問いに答えなさい。

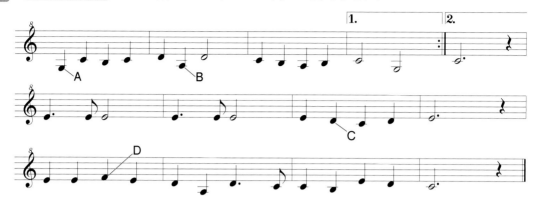

(1) 何分の何拍子ですか。

( )

(2) アルト リコーダーについて，A～Dの音符の運指をア～キから選びなさい。

A ( ) B ( ) C ( ) D ( )

ア イ ウ エ オ カ キ

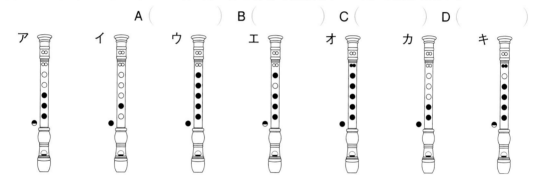

5 **サミング** 次の楽譜をアルト リコーダーで演奏するときのA～Cの音符の運指を，**4**(2)のア～キから選びなさい。

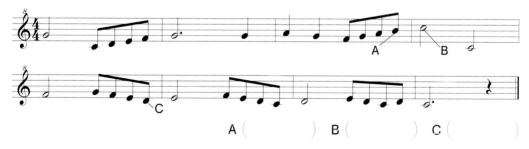

A ( ) B ( ) C ( )

6 **♭をふくむ曲の演奏** 次の楽譜をアルト リコーダーで演奏するときのA～Cの音符の運指を，**4**(2)のア～キから選びなさい。

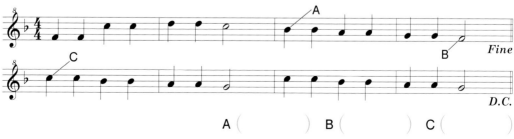

A ( ) B ( ) C ( )

プラスワーク

クイズはここで終わり。どのくらい正解できたかな？

プラス メモ　合唱コンクールのまとめ

♪ 合唱コンクールについて，表にまとめよう。

曲　名					
指 揮 者			伴 奏 者		
拍子		速　さ		調	
		演奏形態		自分のパート	

♪ この曲に使われている記号（強弱・速度など）についてまとめよう。

記号	読み方	意味		記号	読み方	意味

♪ 歌詞をうつしたり，歌いかたのポイントを書いたりしよう。

_____

_____

_____

_____

_____

_____

_____

_____

_____

合唱コンクールや合唱祭で歌った曲についてまとめて，テストの前に見直そう！

♪ 合唱コンクールについて，表にまとめよう。

曲　　名				
指 揮 者			伴 奏 者	
拍 子 ＿＿	速　　さ		調	
	演奏形態		自分のパート	

♪ この曲に使われている記号（強弱・速度など）についてまとめよう。

記号	読み方	意味	記号	読み方	意味

♪ 歌詞をうつしたり，歌いかたのポイントを書いたりしよう。

 校歌や学級歌のまとめ

校歌や学級歌の楽譜や歌詞をかこう。

作詞/ 　　　　　　作曲

* * *

中学教科書ワーク

解答と解説

この「解答と解説」は，**取りはずして** 使えます。

音楽 1〜3年

全教科書対応

■□ プラスワーク

p.2　　楽典 五線譜と楽譜の記号

3 ①ト音　　②ヘ音

4 ①調号　　②拍子

解説

3 ①ト音記号は，ト音の位置を表す音部記号である。ト音記号は高音を表すのが一般的。音部記号は五線の一番左側にかく。

②ヘ音記号は，ヘ音の位置を表し，低音を表すことが一般的である。音部記号は使う音域に応じて使い分ける。

4 ①調号は音部記号の右にかく。

②拍子記号は調号の右にかく。

ミス注意 調号や拍子記号をかく位置を間違えないように気をつけよう。

p.3　　楽典 音符と休符

2 (1)①4分音符 ♩　　②全音符 ▬

③16分音符 ♬　　④付点8分音符 ♪.

(2)①2分休符 ▬　　　②8分休符 ♪

③付点4分休符 ♩.　　④付点2分休符 ▬.

(3)① ♩　　② 𝅝　　③ ♩

④ ♩.　　⑤ ▬　　⑥ 𝄽

解説

2 音符でも休符でも，「付点」の言葉が付く物は，すべて「・」が付くことに注意。

(2)休符の名前は，音符に比べると，おろそかになりがちなので，しっかり覚えよう。

(3)は **1** の表を使って考えてもよい。③は付点4分音符＋8分音符で，**1** の表での長さの割合は，付点4分音符が$1\frac{1}{2}$，8分音符が$\frac{1}{2}$となる。この2つをたすと，長さの割合は2になるから，その長さにあたる音符を **1** で探せばよい。

p.4　　楽典 拍子とリズム

2 (1)①

②

③

(2)①A $\frac{2}{4}$　B ♪　　②A $\frac{2}{2}$ $\left(\frac{4}{4}$も正解$\right)$　B ♩

③A $\frac{3}{4}$　B ♩　C ♩

④A $\frac{3}{8}$　B ♪.　C ♪

⑤A $\frac{4}{4}$　B ♩　C ♩

⑥A $\frac{6}{8}$　B ♪　C ♩.

解説

2 (1)①4分の4拍子は，1小節に4分音符が4つ入る拍子であることを元に考える。

③8分の6拍子は，1小節に8分音符が6つ入る拍子であることを元に考える。

(2)①③⑤は4分音符，②は2分音符，④⑥は8分音符が，1小節にそれぞれいくつあるかを考える。拍子記号を先に調べ，それから小節単位で考えていけばよい。

p.5　　楽典 音階・和音とコードネーム

1 ①主音　　②階名　　③ド　　④ラ

⑤臨時記号　　⑥沖縄(琉球)

2 ①音程　　②三和音　　③主要三和音

④属七の和音

解説

1 ②階名は，長調の場合ドレミファソラシド，短調の場合はラシドレミファ♯ソラ。どの調でも，階名は同じである。それに対し，音名は絶対的な音の高さを表し，ハニホヘトイロハなどと書く。

2 主要三和音の進行には，Ⅰ→Ⅴ→ⅠやⅠ→Ⅳ→Ⅴ→Ⅰなど，様々なパターンがある。

2

p.6 《楽典 調》

1 ①最後　②上げる　③下げる　④戻す

2 ①ヘ　②ニ　③ロ　④ヘ

⑤ヘ　ト　イ　変ロ　ハ　ニ　ホ　ヘ
⑥ド　レ　ミ　ファ　ソ　ラ　シ　ド
⑦ラ　シ　ド　レ　ミ　ファ♯　ソ　ラ
⑧ト　イ　ロ　ハ　ニ　ホ　嬰ヘ　ト
⑨ド　レ　ミ　ファ　ソ　ラ　シ　ド
⑩ラ　シ　ド　レ　ミ　ファ♯　ソ　ラ

3 ①平行調　②同主調

解説

1 調号はその記号がついている音だけでなく，オクターヴ上や下の音など，すべての音に有効なので注意しよう。

2 ハ長調のほかの長調では，ヘ長調（♭1つ），変ロ長調（♭2つ），変ホ長調（♭3つ），ト長調（♯1つ），ニ長調（♯2つ），イ長調（♯3つ）などが，比較的よく使われる調である。

3 曲中で平行調転調をする例としては「アニー・ローリー」が，同主調転調をする例としては「帰れソレントへ」などがあげられる。

p.7 《楽典 音の強弱記号》

1 ①ピアニッシモ　②とても弱く
③メッゾ ピアノ　④少し弱く
⑤メッゾ フォルテ　⑥少し強く
⑦フォルティッシモ　⑧とても強く
⑨クレシェンド　⑩だんだん強く
⑪デクレシェンド　⑫ディミヌエンド
⑬だんだん弱く

2 (1)*f* *mf* *mp* *pp*　(2)*p* *mp* *mf* *ff*
(3)*p*　(4)◁—— （*cresc.* も正解）
(5)——▷ （*dim.* も正解）

解説

1 「だんだん強く（*cresc.* ——）」「だんだん弱く（*decresc. dim.* ——）」は，特にいろいろな表記のしかたがあるので，しっかり整理しておこう。

2 **ミス注意** *mp*と*p*では*mp*のほうが強く，*mf*と*f*では*f*のほうが強い。*p*と*pp*では*p*のほうが強く，*f*と*ff*では*ff*のほうが強い。弱いほうから順にかくと，*pp*，*p*，*mp*，*mf*，*f*，*ff*となる。間違えやすいので注意。

p.8 《楽典 速度記号》

1 ①アンダンテ　②ゆっくり歩くような速さで
③モデラート　④中ぐらいの速さで
⑤アレグレット　⑥やや速く
⑦アレグロ　⑧速く　⑨96
⑩リタルダンド　⑪だんだん遅く
⑫アッチェレランド　⑬だんだん速く
⑭ア テンポ　⑮もとの速さで

2 (1)Allegro Moderato Andante Adagio
(2)Lento Andante Allegretto Presto

解説

1 Adagio，Moderato，Allegro などの速さは，ある程度の幅があって，演奏者がその範囲で自由に決めることができる。♩=96 などと書かれている場合はその速さで演奏することが前提となる。

2 Lento と Adagio は，「緩やかに」と意味が同じでも，記号が異なっている。

p.9 《楽典 演奏のしかた・その他の記号，反復の記号》

1 ①スタッカート　②テヌート
③アクセント　④フェルマータ　⑤タイ
⑥スラー

2 (1)6　(2)8　(3)6　(4)8　(5)8

解説

1 *poco* は「少し」という意味で *poco f*（少しだけ強く）などのように使う。

2 **ミス注意** 繰り返し記号は *D.C.* と *D.S.* の違いに注意しよう。*D.C.* は始めに，*D.S.* は 𝄋 に戻る。

p.10～11 《楽典 楽曲形式とオーケストラの楽器》

2 ①展開部　②声部

3 ①オーボエ　②金管楽器　③ティンパニ
④ヴァイオリン

解説

1 中学校で学習する歌唱曲にも，一部形式や二部形式のものがある。歌いながら，曲の形式についても考えてみよう。

2 このほかには，ロンド形式や変奏曲形式など，さまざまな楽曲形式がある。ガボット，メヌエット，ワルツなども楽曲形式の1つである。

3 オーケストラで使われる楽器は，どれも重要なので，楽器の形，名前，音色や音域，楽器の分類などをしっかり覚えよう。

歌唱曲

1　We'll Find The Way　〜はるかな道へ

p.12　ステージ**1**

教科書の要点

① 下の表

作詞・作曲	杉本竜一	速度記号	♩=112〜120
拍子	4分の4拍子	調	ハ長調

② ①未来にむかって　②胸にいだいて
③まだまだ遠いけど　④めぐり来る季節は
⑤自由な空へと　⑥星にたくして

③ ①2分　②メッゾ ピアノ
③同じ高さ　④だんだん強く

一問一答で要点チェック

①4分の4拍子　②ハ長調

解説

① 速度記号：1分間に♩を112〜120打つ速さ。

ミス注意 2分休符と全休符の形は似ているので，しっかりと区別して覚えよう。
　タイは隣り合う同じ高さの音に，スラーは高さの異なる音に用いられることを区別して覚えよう。

p.13　ステージ**2**

① (1)2分休符　(2)少し弱く　(3)タイ
(4)はるかなみちを　(5)コードネーム
(6)イ

② (1)強く　(2)1拍　(3)ぼくたちのじだいは
(4)2拍

③ （C）→D→A→B

④ （A）→B→C→A→B→D

解説

① (3)同じ高さの音をつないでいるので，スラーではなくタイ。

② このフレーズは，この曲で最も盛り上がる部分。

👉 この曲のポイント！

● 曲全体の強弱の変化をおさえる。
　曲の始まりと，山場の強弱記号をしっかりとおさえよう。

● 歌う順序を確認。
　1番かっこ・2番かっこがあるときの演奏順序を確認しよう。

2　青空へのぼろう

p.14　ステージ**1**

教科書の要点

① 下の表

作詞	中野郁子	作曲	平吉毅州
形式	二部形式	拍子	4分の4拍子	調	ハ長調

② ①青空へ続く　②どこまでも
③呼んでいる　④青空へ　⑤青空で
⑥みんなで　⑦響けよ

③ ①2分　②じゅうぶん　③スタッカート

一問一答で要点チェック

①4分の4拍子　②♪　③テヌート

解説

一問一答 ②2分休符は2分音符1つ分，4分休符は4分音符1つ分休む。2分音符は4分音符の倍の長さなので，4分休符＋4分休符＝2分休符。

p.15　ステージ**2**

① (1)イ　(2)$\frac{4}{4}$　(3)ハ長調
(4)記号 *mf*　読み方 メッゾ フォルテ
(5)8分休符　(6)どこまでもいこう

② (1)♪　(2)フォルテ
(3)C 読み方 スタッカート
　意味 音を短く切って
D 読み方 テヌート
　意味 音の長さをじゅうぶんに保って

③ (1)読み方 タイ　意味 つなげる
(2)2拍　(3)イ
(4)あおぞらへのぼろうよ

解説

① (2)下の数字は1拍に数える音符である4分音符の「4」を，上の数字は1小節に入る拍数である4拍の「4」を表す。

👉 この曲のポイント！

● 演奏のしかたを表す記号を覚える。
　スタッカートやテヌートなど基本的な記号をしっかり覚えよう。

● 休符の読み方と拍数を確認。
　8分休符，4分休符，2分休符の読み方と拍数を確認しよう。

3　主人は冷たい土の中に

p.16　ステージ**1**

教科書の要点

❶　下の表

作曲	S.C. フォスター	速度記号	Andante
形式	二部形式	拍子	4分の4拍子	調	ハ長調

❷　①青く晴れた　　②思い出す
　　③呼んでも帰らぬ　　④静かに眠れ

❸　①アンダンテ　　②少し弱く
　　③フェルマータ　　④のばす

　　（ド）レ　ミ　ファ　ソ　ラ　シ　ド

❹　A
　　B

一問一答で要点チェック

①S.C. フォスター　　②二部形式

解説

❸　ト音記号は，「ソ」（日本音名のト）の位置を表す。
　　階名は各調の音階の中の音符の読み方。

p.17　ステージ**2**

❶　(1)A
　　B
　　(2)付点2分音符
　　(3)階名 レ　　フレーズ 続く感じ

❷　(1)4分の4拍子　　(2)イ　　(3)少し弱く
　　(4)ウ　　(5)その音符をほどよくのばす
　　(6)♪　　(7)階名 ド　　フレーズ 終わる感じ
　　(8)ウ　　(9)しずかに

解説

❶　(3)この曲は a － a′　b － a′ の二部形式である。
　　この曲の最初の4小節が a，次の4小節が a′，…
　　…となっている。

❷　(3)**mp** は「少し弱く」，**mf** は「少し強く」とい
　　うように，**p**（弱く）や **f**（強く）に **m** がつくと「少
　　し」という意味が加わる。

👆 この曲のポイント！

●音符，休符の読み方と拍の長さを確認。
　　8分音符，4分音符，2分音符など，基本的な
　　音符を確認しよう。

4　アニー・ローリー

p.18　ステージ**1**

教科書の要点

❶　下の表

作詞	ダグラス	作曲	スコット夫人
速度記号	Moderato	拍子	4分の4拍子

❷　①川辺　　②いとし　　③時　　④夢
　　⑤雪　　⑥ひとみ　　⑦うるわしさ

❸　①モデラート　　②中ぐらい
　　③（ラ）シ ド レ ミ ファ♯ ソ ラ

❹　A
　　B

一問一答で要点チェック

①Moderato　　②4分の4拍子

解説

❸　③短調の階名から「ラシドレミファ♯ソラ」。

p.19　ステージ**2**

❶　(1)ウ　　(2)$\frac{4}{4}$　　(3)ハ長調
　　(4)読み方 モデラート
　　　意味 中ぐらいの速さで
　　(5)つゆはあれど

❷　(1)A ド　　B ミ
　　(2)a 付点4分音符　　b 付点2分音符

❸　

❹　(1)A
　　B
　　C
　　(2)a ソ　　b ミ　　c ド

解説

❸　ソの音に♯が付くことに注意。

👆 この曲のポイント！

●長調と短調の階名をおさえよう。
　　長調の主音は「ド」，短調の主音は「ラ」。
●アルトリコーダーの運指を覚えよう。
●音符の読み方と拍の長さを確認。
　　付点4分音符，付点2分音符など，基本的な音
　　符を確認しよう。

5 浜辺の歌

p.20・21 ステージ**1**

教科書の要点

❶ 下の表

作詞	林古溪	作曲	成田為三
速度記号	♪＝104～112	拍子	8分の6拍子	調	ヘ長調
形式	二部形式	合唱形態	斉唱

❷ ①浜辺　　②昔　　③さまよ　　④かい
　　⑤ゆうべ　　⑥しのばるる　　⑦寄する波
　　⑧月の色

❸ ①16　　②付点4　　③少し弱く
　　④クレシェンド　　⑤息つぎ
　　⑥リタルダンド

❹ ①林古溪　　②神奈川県　　③成田為三
　　④フレーズ

❺ ①イ→ウ→ア→(エ)
　　②二部形式

一問一答で要点チェック

①林古溪　　②ア　　③8分の6拍子
④ヘ長調　　⑤斉唱　　⑥♪

解説

❶ 速度記号：♪＝104～112は1分間に8分音符
を104～112打つ速さ。
拍子：8分音符を1拍として，1小節に6拍ある
拍子。この曲では3拍を1つに感じて，2拍子の
ように歌ってもよい。
調：ヘ音が主音。下のような音階になる。

❸ ①16分音符は，8分音符の半分の長さ。
　②付点が付くと，元の音符の1.5倍の長さにな
るので，付点4分音符は4分音符と8分音符を合
わせた長さ。
　⑥ rit. は ritardando の略。

❺ この曲を4小節ずつ4つの部分あいうえに分け
ると次のようになり，記号で表すと a − a′　b − a′
の二部形式となっている。
　あ　最初の旋律　　　　　（続く感じ）
　い　あと似た旋律　　　　（終わる感じ）
　う　あと異なる旋律　　　（続く感じ）
　え　あと似た旋律　　　　（終わる感じ）

p.22・23 ステージ**2**

❶ Aあした　　　Bしのばるる
　　C風　　D波も　　　Eもとおれば
　　F昔の人ぞ　　　Gかえす
　　H星のかげ

❷ (1)イ　　(2)ウ　　(3)エ　　(4)ア

❸ (1)a 8　　b 6　　c 8分　　d 6
　　(2)だんだん遅く　　(3)ア

❹ (1)イ　　(2)♪　　(3)ア
　　(4)読み方 タイ
　　　意味 すぐ隣の同じ高さの音符をつなげる
　　(5)p　　(6)ロ(音)

❺ (1)二部形式　　(2)エ　　(3)ア　　(4)エ
　　(5)ウ

解説

❷ ミス注意 (1)「あした」は「明日」ではなく「朝」
という意味。
　(2)「ゆうべ」は「昨夜」ではなく「夕方」とい
う意味。
　(4)「もとおれば」は「も通れば」ではなく「歩
きまわれば」という意味。

❸ (2) rit. は ritardando の略。

❹ (2)1小節に入る8分音符(8分休符)の数は6拍。
4分休符→2拍，8分休符→1拍，8分音符→1
拍の合計4拍を，6拍から引いた2拍分が，**B**に
入る休符の長さ。
　(4)隣り合う同じ高さの音に，スラーと同じ記号
が付いていたらタイ。
　(6)ヘ長調の調号は，ロ音にフラットが付く。

❺ (1)二部形式はaとa′で1つのまとまりなので，
aの終わりはa′へ続く感じ。a′は各まとまりや曲
の最後なので終わる感じになる。

☝ **この曲のポイント！**

●歌詞の意味をしっかりと理解する。
　「あした」，「ゆうべ」，「しのばるる」，「もとお
れば」などの意味をおさえよう。また，「かい」
は水をかいて船を進める道具である。

●拍子と音符の種類を確認。
　8分の6拍子であることを確認しよう。
　この拍子でよく使われる16分音符や付点4分
音符について理解しておこう。

6 赤とんぼ

p.24 **ステージ1**

教科書の要点

❶ 下の表

作詞	三木露風	作曲	山田耕筰	速度記号	♩＝58〜63
拍子	4分の3拍子	調	変ホ長調	形式	一部形式

❷ ①赤とんぼ ②いつの日 ③桑の実
④まぼろし ⑤嫁に行き ⑥絶えはてた
⑦小やけの ⑧とまっているよ

❸ ①ピアノ ②メッゾ フォルテ ③強く
④強く ⑤デクレシェンド ⑥弱く

一問一答で要点チェック

①山田耕筰 ②4分の3拍子

解説

❶ 速度記号：1分間に4分音符を58〜63打つ速さ。
拍子：4分音符を1拍として，1小節に3拍ある
拍子。

p.25 **ステージ2**

❶ (1)作詞者 三木露風 作曲者 山田耕筰
(2)$\frac{3}{4}$
(3)読み方 クレシェンド 意味 だんだん強く
(4)mf (5)ウ (6)ゆうやけこやけの
(7)くわのみを (8)おさとのたよりも

❷ (1)イ (2)ウ (3)イ (4)1番から3番
(5)一部形式

解説

❶ (1)成田為三は「浜辺の歌」の作曲者，江間章子
は「夏の思い出」，「花の街」の作詞者である。

❷ (1)「負われて」を「追われて」＝「追いかけら
れて」と間違えないように漢字で覚えるとよい。
(2)「お里」は「故郷」のこと，「たより」は「便
り」で手紙のことである。
(4)1番の後半から回想に入り，2番と3番では
過去のことを，4番では現在の情景を歌っている。

👉 **この曲のポイント！**

● 歌詞の意味をおさえる。
「負われて」は，歌詞を漢字で理解しておこう。
「お里のたより」は，「お里」，「たより」それぞ
れの意味を調べておこう。

7 Edelweiss（エーデルワイス）

p.26 **ステージ1**

教科書の要点

❶ 下の表

作詞	O. ハマースタイン2世	作曲	R. ロジャーズ
速度記号	Moderato	拍子	4分の3拍子
形式	二部形式	調	ハ長調

❷ ① morning ② happy ③ snow
④ homeland

❸ ①4分 ②息つぎ ③メッゾ ピアノ
④弱く ⑤強く ⑥デクレシェンド
⑦弱く

一問一答で要点チェック

①4分の3拍子 ②ハ長調 ③だんだん弱く

解説

❶ 拍子：4分音符を1拍として1小節に3拍ある
拍子。

p.27 **ステージ2**

❶ (1)作詞者 O. ハマースタイン2世
作曲者 R. ロジャーズ
(2)$\frac{3}{4}$ (3)少し弱く (4)アルプス地方
(5)イ

❷ (1)a つゆに b さくはな
(2)読み方 付点2分音符 長さ 3拍

❸ (1)少し強く (2)ブレス
(3)サウンド オブ ミュージック
(4)二部形式 (5)b

解説

❷ (2)付点2分音符は2分音符に付点の付いた音符。
2分音符と4分音符を合わせた長さ。

❸ (3)同じミュージカルの「ドレミの歌」も有名。
(4)a－a′ b－a′の二部形式。
(5)❸の楽譜はbの部分で，曲の山場として曲
想が大きく変化する。

👉 **この曲のポイント！**

● 曲の背景を理解。
ミュージカルの題名や，エーデルワイスとはど
んな花なのかを確認しよう。

● 曲の構造を確認。
曲の山場と，曲想や強弱の関連性をおさえよう。

8 夢の世界を

p.28 ステージ1

教科書の要点

❶ 下の表

作詞	芙龍明子	作曲	橋本祥路
速度記号	♩=84〜92	拍子	8分の6拍子	調	ハ長調
形式	二部形式	合唱形態	斉唱→混声三部合唱

❷ ①落ち葉 ②あざやか ③思い出
④語り合おう ⑤はるかな夕日
⑥小川の流れ

❸ ①リタルダンド ②遅く ③速さ
④テヌート

一問一答で要点チェック

①8分の6拍子

②読み方 ア テンポ 意味 もとの速さで

③ハ長調

解説

❶ 拍子：8分音符を1拍として，1小節に6拍ある拍子。

一問一答 ②ア テンポはリタルダンドとともに使われることが多いので，一緒に覚えておくとよい。

p.29 ステージ2

❶ (1)作詞者 芙龍明子 作曲者 橋本祥路
(2)ほほえみかわしてかたりあい
(3)$\frac{6}{8}$ (4)ア

❷ (1)混声三部合唱 (2)Aソプラノ Bアルト
(3)a 6拍分 b 2拍分 c 1拍分

❸ (1)Aリタルダンド Cテヌート
(2)*mf* (3)ア

解説

❷ (1)混声三部合唱は，ト音譜表が女声パートのソプラノとアルト。ヘ音譜表が男声パートである。

❸ (3)リタルダンドは「だんだん遅く」，ア テンポは「もとの速さで」の意味。

この曲のポイント！

●混声三部合唱のパートを理解。
ソプラノ，アルト，男声の3つのパートからなる。

●速度を変化させる記号を覚える。
rit. と *a tempo* は重要なので，読み方と意味をしっかりとおさえよう。

9 生命が羽ばたくとき

p.30 ステージ1

教科書の要点

❶ 下の表

作詞	人見敬子	作曲	西澤健治
速度	♩=86 ぐらい	拍子	4分の4拍子	調	変ロ長調

❷ ①生きる力 ②翼をひろげ ③夜をこえて
④夢見るために ⑤愛することは
⑥降る虹の ⑦同じ空の下
⑧生まれてきた

❸ ① 16 ②全 ③テヌート ④保って
⑤A→B→C→D→B→C→E

一問一答で要点チェック

①変ロ長調 ②4分の4拍子

解説

❶ 調：変ロ長調はロ音とホ音に調号の♭が付くことに注意。

❸ ① 16分音符は，8分音符の半分の長さ。

p.31 ステージ2

❶ (1)ウ (2)少し弱く (3)①タイ ②つなぐ
(4)♪ (5)2分休符

❷ (1)イ (2)*f*
(3)読み方 テヌート
意味 音の長さをじゅうぶんに保って
(4)*D.S.*

❸ (A)→B→C→D→A→B→C→E→B→C→F

解説

❶ (4)8分休符は8分音符1拍分を休む。

❷ (1)——— と *cresc.* は同じ意味。

❸ **ミス注意** *D.S.* は「𝄋に戻る」で，最初に戻るのは *D.C.* である。𝄌（ジ・デと読む）は，次の𝄌までとぶ。

この曲のポイント！

●基本的な強弱記号などを確認。
タイや休符の意味などもおさえておこう。タイとスラーの意味の違いにも注意！

●曲の演奏順序を確認。
1番かっこ，2番かっこの演奏順序と，*D.S.* は最初でなく𝄋へ戻ることを覚えよう。

10　翼をください

p.32 **ステージ 1**

教科書の要点

❶ 下の表

作詞	山上路夫	作曲	村井邦彦
速度記号	Moderato	拍子	4分の4拍子
調	変ロ長調	合唱形態	混声三部合唱

❷ ①願いごと　②翼　③鳥　④大空
　　⑤飛んで　⑥悲しみ　⑦名誉
　　⑧子ども　⑨翼　⑩自由

❸ ①3連符　②強く　③強く

一問一答で要点チェック

①山上路夫　②A 3連符　B 4　C 3

p.33 **ステージ 2**

❶ Aかなうならば　　Bこの背中に
　　C翼を広げ　D翼はためかせ　E今も同じ
　　Fこの大空に　　G悲しみのない

❷ (1)ウ　(2)混声三部合唱　(3)$\frac{4}{4}$
　　(4)変ロ長調
　　(5)読み方 モデラート　意味 中ぐらいの速さで
　　(6)3連符　　(7)ウ
　　(8)C読み方 タイ　　意味 すぐ隣の同じ高さ
　　　の2つの音符をつなげる
　　　D読み方 ナチュラル　意味 もとの高さで

解説

❷ (7)3連符全体の長さを確認。
　　(8)同じ高さの音符をつないでいるので，スラー
　ではなくタイ。

✓ 楽典チェック →問題のp.32・33

● 3連符
ある音符を3等分した音符。

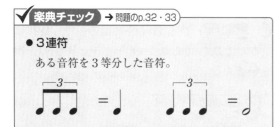

☞ この曲のポイント!

● 混声三部合唱の各パートの役割を確認。
　主旋律をどのパートが歌うかおさえよう。

● 基本的な音符や記号を理解する。
　3連符やタイの読み方，意味を覚えよう。

11　夏の思い出

p.34・35 **ステージ 1**

教科書の要点

❶ 下の表

作詞	江間章子	作曲	中田喜直
速度記号	♩=63 ぐらい	拍子	4分の4拍子
調	ニ長調	形式	二部形式

❷ ①思い出す　②うかびくる　③咲いている
　　④たそがれる　　⑤ゆれゆれる
　　⑥におっている　　⑦懐かしい

❸ ①3連符　　②フェルマータ
　　③じゅうぶんに　　④弱く
　　⑤ピアニッシモ

❹ ①福島県　②尾瀬ヶ原　③水芭蕉
　　④話しかける

❺ ①イ　　②ア　　③3連符

一問一答で要点チェック

①作詞者 江間章子　　代表作 例花の街

②ウ　③4分の4拍子　④ウ　⑤イ

解説

❶ 作曲者：「早春賦」の作曲者である中田章の息子。
数多くの童謡や歌曲を作曲した。
　速度記号：1分間に4分音符を63打つ速さ。1
分間は60秒なので，時計の秒針の進むのとほぼ
同じ速さになる。
　調：ニ音を主音とする長調。ヘ音，ハ音に調号
の♯が付く。

❸ ①4分音符1つ分の長さになる。
　②の◠はその音符(休符)の拍数を越えて音(休
符)をのばすが，③のテヌートはその音符の拍数
の中でじゅうぶんに音を保つ。
　④ *diminuendo* の略。　　　　（デクレ
シェンド）と同じ意味。

❹ ②群馬・福島・新潟県にまたがる高地にある湿
原地帯。水芭蕉をはじめとする数多くの高山植物
が咲き誇り，日本百景に選定されている。

❺ アのリズム(譜例)は16分音符2つと8分音符
で4分音符1つ分。イの3連符も元の音符は4分
音符なので，アとイは同じ拍数。歌詞の「さいて」
と「におって」の言葉のリズムと音符のリズムを
関連づけて考えよう。

一問一答 ⑤アはニッコウキスゲ，ウは石楠花。

p.36・37　ステージ❷

❶ A遠い空　　B影　　C咲いている
　　D野の旅よ　　E花　　Fにおっている

❷ (1)紅　　(2)湿原，島

❸ (1)a 4　　b 4　　c 4分　　d 4
　　(2)A *mp*　　C *p*　　(3)8分休符
　　(4)二長調

❹ (1)┐　　(2)*pp*　　(3)ウ
　　(4)ディミヌエンド　　(5)イ

❺ (1)ウ　　(2)ウ　　(3)—
　　(4)テヌート　　(5)⌒
　　(6)$\frac{4}{4}$　　(7)水芭蕉，石楠花
　　(8)新潟県

解説

❷ (2)水草などが枯れて泥炭化して，水面に浮いているもの。数ヘクタールの広い面積に及ぶものもある。

❸ (1)♪を ♩ 1つとして考えるとわかりやすい。
　(2)A *mp* は「少し弱く」，*mf* は「少し強く」というように，*p*（弱く）や *f*（強く）に *m* が付くと「少し」という意味が加わる。
　(3)8分音符1つ分休む記号。
　(4)調号に注意。ヘ音，ハ音にシャープが付く長調はニ長調である。

❹ (1)4分の4拍子は，4分音符を1拍として1小節に4拍ある拍子である。この小節には，8分音符が5つ，4分休符が1つあるので，合わせて3拍半。4分の4拍子だから，残りの半拍は8分休符になる。
　(3)4分音符1つ分の長さになる。
　(5)**ア**はスタッカート（音を短く切って），**ウ**はアクセント（音を目立たせて）の記号。

❺ (2)中田喜直は，この他に「かわいいかくれんぼ」，「ちいさい秋みつけた」，「雪の降るまちを」なども作曲している。

☞ **この曲のポイント!**
- ●曲の背景を理解。
　尾瀬ヶ原がどのような所か，水芭蕉，石楠花がどのような花か知っておこう。
- ●作詞者，作曲者について理解。
　それぞれの代表的な作品をおさえよう。

12　明日を信じて

p.38　ステージ❶

教科書の要点

❶ 下の表

作詞・作曲	小林真人	速度記号	♩=104 ぐらい
拍子	4分の4拍子	合唱形態	混声　二部合唱

❷ ①校舎　　②高い空　　③どこへ
　　④生まれて　　⑤あなたが　　⑥生きよう

❸ ①付点2分　　②8　　③メッゾ フォルテ
　　④強く　　⑤ダル セーニョ　　⑥結び

一問一答で要点チェック

①少し強く　　②ウ　　③混声二部合唱
④ダル セーニョ

解説

❶ 一問一答 ミス注意 合唱形態：女声はソプラノのみになるので，二部合唱。

❸ ③メッゾ フォルテのメッゾは「少し」という意味。音の強弱に関する記号はよく出題されるので，必ず覚えておくとよい。

p.39　ステージ❷

❶ (1)小林真人　　(2)$\frac{4}{4}$　　(3)混声二部合唱
　　(4)男声　　(5)あるいてた

❷ (1)イ　　(2)全　　(3)どこまでつづくかな
　　(4)16分　　(5)ウ

❸ (1)強く　　(2)(A)→B→C→D→E→C→D→F→G

解説

❶ (3)(4)混声二部合唱では，女声，男声は各1パートになる。混声三部合唱は，ト音譜表が女声パートのソプラノとアルト。ヘ音譜表が男声パートである。混声二部と三部の区別をしっかりとしておこう。

❷ (1)*cresc.* は *crescendo* の略で，「クレシェンド」と読み，「だんだん強く」という意味である。反対に *decresc.* は *decrescendo* の略で，「デクレシェンド」と読み，「だんだん弱く」という意味である。

☞ **この曲のポイント!**
- ●混声二部合唱のパート理解。
　女声と男声の2つのパートからなる混声合唱である。混声三部合唱は女声がソプラノとアルトに分かれるので注意。

13 荒城の月

p.40 **ステージ1**

教科書の要点

❶ 下の表

作詞	土井晩翠		作曲		滝　廉太郎
速度記号	Andante	拍子	4分の4拍子	調	ロ短調
曲の形式	二部形式	詩の形式			七五調

❷ ①影　　②光　　③霜　　④今　　⑤荒城
　　⑥松　　⑦世　　⑧夜半

❸ ①アンダンテ　　②強く　　③強く

一問一答で要点チェック

①花見の宴　　②古い松の枝　　③七五調

解説

❶ 作曲者：「鳩ぽっぽ」「お正月」などの童謡や，「箱根八里」「花」なども作曲した。

p.41 **ステージ2**

❶ (1)春の高いやぐらでは花見の宴会が行われている　　(2)手から手へと渡る盃に月の光が差している　　(3)月の光が古い松の枝をかきわけるように差し込んでいる　　(4)その栄光は今どこへ行ってしまったのか

❷ Aオ　　Bカ　　Cイ　　Dエ
　　Eウ　　Fア

❸ (1)調　ロ短調　拍子　4分の4拍子
　　(2)アンダンテ
　　(3)読み方　メッゾ フォルテ　　意味　少し強く
　　(4)読み方　デクレシェンド　意味　だんだん弱く
　　(5)イ　　(6)楽譜1 1(拍)　　楽譜2 3(拍)

解説

❷ (3)山田耕筰は「からたちの花」や「この道」なども作曲した。

❸ (5)楽譜1のDは臨時記号なので，♯はこの小節の範囲内で有効。

👆 この曲のポイント！

● 歌詞の言葉の意味をおさえる。
　1番〜4番までの情景を思い浮かべながら，歌詞の意味を理解しよう。

● 作詞者，作曲者について理解。
　人物や代表的な作品についてまとめよう。編曲をした山田耕筰についても調べよう。

14 サンタ ルチア

p.42 **ステージ1**

教科書の要点

❶ 下の表

原曲	ナポリ民謡		速度	♪=96〜104
拍子	8分の3拍子	調	変ロ長調	曲の種類	カンツォーネ

❷ ①月の光　　②かなた島へ
　　③しろがねの　　④今宵

❸ ① 16　　②付点8　　③メッゾ ピアノ
　　④アクセント　　⑤滑らかに　　⑥のばす

一問一答で要点チェック

①ナポリ　　②カンツォーネ　　③8分の3拍子
④変ロ長調

解説

❶ 拍子：8分音符を1拍として，1小節に3拍ある拍子。
　曲の種類：カンツォーネはイタリア語で「歌」のことだが，日本ではナポリの歌を指すことが多い。

❸ ②付点8分音符は8分音符に付点の付いた音符。8分音符と16分音符を合わせた長さである。

p.43 **ステージ2**

❶ (1)①イ　　②ウ　　③ア　　(2)ウ　　(3)ウ

❷ (1)ア　　(2)8分の3拍子
　　(3) a ともよゆかん　　b サンタルチア
　　(4)アクセント　　(5)ア　　(6)ア
　　(7)読み方　フェルマータ
　　　意味　その音符をほどよくのばす
　　(8)付点8分音符

解説

❶ (3)「オ ソーレ ミオ」は「私の太陽」の意味。

❷ (5)━━━ は *dim.*(*diminuendo*)，
decresc.(*decrescendo*)と同じ意味。
　(6)Cはスラー。イはタイの意味。同じ高さの音に付くか，違う高さの音に付くかがポイント。

👆 この曲のポイント！

● カンツォーネについておさえる。
　ナポリの歌曲を指すことをおさえよう。

● 強弱記号など，基本的な記号を理解。
　タイやスラー，アクセントなどについてまとめよう。

15 花

p.44・45　ステージ❶

教科書の要点

❶　下の表

作詞	武島羽衣	作曲	滝　廉太郎
速度記号	♩=60〜66，**Allegro Moderato**		
拍子	4分の2拍子	調	ト長調
全体の構成	組歌「四季」の第1曲	形式	二部形式

❷　①隅田川　②ながめ　③露浴びて
　④夕ぐれ　⑤たとうべき

❸　①32　②付点16　③スラー
　④クレシェンド　⑤のばす　⑥遅く
　⑦ア テンポ　⑧速さ

❹　①四季　②春　③桜　④隅田川

❺　①16分休符　②16分休符

一問一答で要点チェック

①滝　廉太郎　②隅田川　③ウ
④A歌詞　櫂
　意味　水をかいて船を進める道具
　B歌詞　たとうべき
　意味　たとえたらよいのだろうか
⑤♪

解説

❶　作詞者：詩人，国文学者。「美しき天然」の作詞も行った。
速度記号：♩=60〜66と **Allegro Moderato** は同じぐらいの速さ。
拍子：♩を1拍として，1小節に2拍ある拍子。
調：ト長調はへ音に調号の♯が付く。
全体の構成：組歌「四季」は，第1曲「花」，第2曲「納涼」，第3曲「月」，第4曲「雪」の4曲からなる。

❸　①32分音符は，16分音符の半分の長さ。
②付点16分音符は，16分音符に付点の付いた音符。16分音符と32分音符(16分音符の半分)を合わせた長さである。
③タイは隣り合う同じ高さの音に，スラーは高さの違う音に用いられることを区別して覚えよう。
⑥ *rit.* は *ritardando* の略。
⑦ *a tempo* は *rit.* のあとに付くことが多い。

❹　②④歌詞「春のうららの隅田川」よりわかる。
③歌詞「われにもの言う桜木を」よりわかる。

p.46・47　ステージ❷

❶　(1)×　(2)○　(3)○　(4)×　(5)○

❷　(1)エ　(2)オ　(3)イ　(4)ア　(5)ウ
　(6)カ　(7)キ　(8)ク

❸　(1)イ　(2)♪　(3)ウ　(4)イ

❹　(1)エ→ア→ウ→イ　(2)ウ　(3) *f*
　(4)16分休符　(5)付点4分音符
　(6)ト長調　(7)二部形式

❺　(1)武島羽衣　(2)$\frac{2}{4}$　(3)ウ
　(4)フェルマータ　(5)イ
　(6)①イ　②ア

解説

❶　(1)作曲者は東京生まれ。
(4)この曲で歌われているのは桜の花。

❷　**ミス注意**　(1)「水や」ではないことに注意。
(3)「貝」ではないことに注意。
(7)「来るれば」ではないことに注意。

❸　(2)16分休符は，16分音符1つ分と同じ長さだけ休む休符である。
(3)アは成田為三の作曲。イは中田喜直の作曲。

❹　この曲を4小節ずつ4つの部分あいうえに分けると次のようになり，記号で表すとa−a'　b−a'の二部形式となっている。
　あ　元の旋律　　　（続く感じ）
　い　あと似た旋律　（終わる感じ）
　う　あと異なる旋律（続く感じ）
　え　あと似た旋律　（終わる感じ）
(2)(3)「かいのしずくも〜」はこの曲の山場。山場の歌詞と旋律，強弱記号をしっかりと覚えよう。

❺　(3)ア Adagio は「緩やかに」，エ Presto は「急速に」。曲の感じに合う速さを考える。
(5) *a tempo* は *rit.* や *accel.* と組で使われることが多いので，一緒に覚えておくとよい。

この曲のポイント！

●曲の背景をおさえる。
　歌われている季節や場所，花の種類をおさえよう。
●歌詞の言葉を理解。
　情景を心に浮かべ，歌詞の意味を理解しよう。
●作詞者と作曲者について確認。
　どのような人物か，代表作はそれぞれ何かをまとめよう。

16　花の街

p.48　ステージ1

教科書の要点

❶ 下の表

作詞	江間章子	作曲	團　伊玖磨
速度記号	♩=72～84, **Moderato**		
拍子	4分の2拍子	調	ヘ長調

❷ ①流れて行く　②駆けて行ったよ　③駆けて行ったよ　④あふれていた　⑤踊っていたよ　⑥踊っていたよ　⑦泣いていたよ　⑧春の夕暮れ　⑨ひとり寂しく

❸ ①弱く　②フォルテ　③デクレシェンド

一問一答で要点チェック

①江間章子　②4分の2拍子　③メッゾ ピアノ

解説

❶ 作曲者：オペラ「夕鶴」なども作曲した。
調：ロ音に♭が付く。

p.49　ステージ2

❶ (1)作詞者 江間章子　作曲者 團伊玖磨
(2)$\frac{2}{4}$　(3)ヘ長調　(4)*mp*　(5)𝄾

❷ (1)少し強く　(2)クレシェンド
(3)かけていったよ　(4)C ウ　D ア

❸ (1)ア
(2)①3番　②2番　③2番　④1番　⑤3番
(3)イ

解説

❶ (5)1小節に入る4分音符(4分休符)は2つ。1小節目には8分音符が3つ入っていて，これは4分音符1.5個分なので，Bに入る休符は4分休符0.5個分の長さをもつ8分休符となる。

❷ (1)*mp*は「少し弱く」，*mf*は「少し強く」というように，*p*（弱く）や*f*（強く）に*m*がつくと「少し」という意味が加わる。

この曲のポイント!

●曲の背景をおさえる。
この曲の書かれた時代，作詞者が曲に込めたメッセージを理解しよう。

17　早春賦

p.50　ステージ1

教科書の要点

❶ 下の表

作詞	吉丸一昌	作曲	中田　章		
速度記号	♪=116	拍子	8分の6拍子	形式	二部形式

❷ ①風の寒さや　②時にあらずと　③葦は　④今日もきのうも　⑤聞けば　⑥この頃か

❸ ①メッゾ フォルテ　②ピアニッシモ　③強く　④リタルダンド

一問一答で要点チェック

①中田　章　②8分の6拍子　③だんだん遅く

解説

❶ 作詞者：作詞家のほかに文学者，教育者として活躍した。
作曲者：「夏の思い出」の作曲者，中田喜直の父。
速度記号：1分間に♪を116打つ速さ。
拍子：8分音符を1拍として，1小節に6拍ある拍子である。

p.51　ステージ2

❶ (1)作詞者 エ　作曲者 イ　(2)ウ
(3)少し強く　(4)夏の思い出

❷ (1)A イ　B ウ　C ア　(2)ピアニッシモ
(3)だんだん遅く
(4)a 1番 ときにあらずと
2番 きょうもきのうも
b こえもたてず
(5)①ウ　②エ　③ア　④イ

解説

❶ (1)アは「ふるさと」の作詞者。ウは「夏の思い出」「花の街」の作詞者。
(2) ミス注意 8分音符を1拍とする拍子であることに注意。

この曲のポイント!

●歌詞の言葉の意味を確認。
1番～3番の表す情景と結び付けて，歌詞の意味を理解しよう。
●作詞者，作曲者をおさえる。
それぞれどのような人物か，代表作などもまとめておこう。

18　帰れソレントへ

p.52　**ステージ1**

教科書の要点

❶ 下の表

作詞	G.B. デクルティス	作曲	E. デクルティス
速度	Moderato	拍子	4分の3拍子	調	ハ短調・ハ長調

❷ ①ハ音　②同主調　③ハ短調

❸ ①遅く　②ア テンポ

　③クレシェンド　④強く

　⑤のばす　⑥アクセント

一問一答で要点チェック

①作詞者 G.B. デクルティス

　作曲者 E. デクルティス

② **Moderato**　③ハ長調

解説

❶ 作詞・作曲者：ナポリ出身の兄弟。弟の E. デクルティスは 100 曲以上の歌曲を残した。

調：ハ長調とハ短調は，同じ主音をもつ長・短調。このような 2 つの調のことを**同主調**という。

ハ長調の調号　ハ短調の調号

p.53　**ステージ2**

❶ Aイタリア　Bカンツォーネ

　Cベルカント　Dナポリ　E恋人

　F帰って来てほしい

❷ (1)ハ短調　(2)もとの高さに戻す　(3)ハ長調

　(4)転調　(5)同主調

❸ (1)息つぎをする　(2)だんだん遅く

　(3)フェルマータ　(4)もとの速さで

解説

❶ Bイタリア語の歌曲の中でも，特にナポリの歌を「カンツォーネ」と呼ぶことが多い。

❷ (1)ロ・ホ・イ音に♭の調号が付くのは，長調なら変ホ長調，短調ならハ短調。

❸ *a tempo* は *rit.* と組で使われることが多いので，一緒に覚えておくとよい。

👆 この曲のポイント!

● 調を確認。

　2 つの調と，調号を確認しよう。

19　ふるさと

p.54　**ステージ1**

教科書の要点

❶ 下の表

作詞	高野辰之	作曲	岡野貞一
速度記号	♩＝80〜88	拍子	4分の3拍子

❷ ①うさぎ追いし　②めぐりて　③父母

　④雨に風に　⑤帰らん　⑥山は青き

❸ ①メッゾ フォルテ　②弱く　③強く

　④デクレシェンド

一問一答で要点チェック

①作詞者 高野辰之　作曲者 岡野貞一

②歌詞 忘れがたき　意味 忘れられない

解説

❶ 作詞・作曲者：高野辰之，岡野貞一のコンビで「春がきた」「春の小川」「もみじ」「おぼろ月夜」など多くの唱歌を残した。

p.55　**ステージ2**

❶ (1)イ　(2)ウ　(3)$\frac{3}{4}$

　(4)Aうさぎおいしかのやま

　　Bこころざしをはたして

❷ (1)付点4分音符　(2)4分休符

　(3)Cつつがなしや　Dかえらん

❸ (1)①イ　②ア　③ウ

　(2)わすれがたきふるさと

　(3)おもいいずるふるさと

解説

❶ (1)アは「花」の，ウは「早春賦」の作詞者と作曲者の組み合わせである。

❷ (1)付点4分音符は，4分音符に付点の付いた音符。4分音符と8分音符(4分音符の半分)を合わせた長さである。

❸ (1)「忘れがたき」は「忘れ難き」，「思いいずる」は「思い出ずる」。

👆 この曲のポイント!

● 歌詞の言葉の意味を確認。

　「かの」，「友がき」などの言葉を理解しよう。

● 作詞者，作曲者をおさえよう。

　同じ作詞者と作曲者による代表作も確認しておこう。

20 Forever

p.56 **ステージ 1**

教科書の要点

❶ 下の表

作詞・作曲	杉本竜一	速度記号	♩=84~92	拍子	4分の4拍子

❷ ①緑　　②喜び　　③桜　　④風　　⑤夢
　　⑥明日　　⑦翔び立つ　　⑧Forever

❸ ①3連符　　②ダル セーニョ　　③フィーネ
　　④(A)→B→C→D→A→B→E→F

一問一答で要点チェック

①杉本竜一　　②2分音符

解説

❸ ①3連符はある音符を3等分した音符。
　　♫ は ♩ を，♫ は ♩ を3等分している。
　　④1番かっこの終わりまで演奏したら，始めに
戻り，Bまで演奏したら，2番かっこへ飛ぶ。

p.57 **ステージ 2**

❶ (1)4分の4拍子　　(2)ウ　　(3)少し強く
　　(4)B イ　　D ウ　　F ア
　　(5)C 8分休符　　E 8分音符　　G 2分音符
　　(6)あふれるとき

❷ (1)読み方 クレシェンド　意味 だんだん強く
　　(2)ナチュラル
　　(3)記号 **ƒ**　　意味 強く
　　(4)数字 3　　名前 3連符
　　(5)(A)→B→C→D→E→F→C→D

解説

❶ (2)速すぎるものや遅すぎるものを除いて考える。
　　(3)**mp**は「少し弱く」，**mf**は「少し強く」とい
うように，**p**（弱く）や**ƒ**（強く）に**m**がつくと「少
し」という意味が加わる。

❷ (5)**D.S.** は 𝄋 へ戻る。最初へ戻るのは **D.C.** で
ある。**Fine** で終わるので最後まで演奏してしま
わないように注意しよう。

👆 **この曲のポイント!**

●音符や休符，強弱記号をおさえる。
　3連符についても理解しよう。
●演奏順序を確認。
　1番かっこ，2番かっこと，**D.S.** の演奏順序
をそれぞれ確認しよう。

21 unlimited（アンリミテッド）

p.58 **ステージ 1**

教科書の要点

❶ 下の表

作詞	桑原永江	作曲	若松 歓
速度記号	♩=88 ぐらい	拍子	4分の4拍子

❷ ①光　　②星　　③箱庭　　④僕　　⑤夢
　　⑥奇跡　　⑦あした

❸ ①強く　　②(A)→B→C→D→B→E→F

一問一答で要点チェック

①ウ　　②ウ

解説

❸ *crescendo* の略。━━━━ と同じ意味。

p.59 **ステージ 2**

❶ (1)4分の4拍子
　　(2)読み方 メッゾ ピアノ　　意味 少し弱く
　　(3)付点2分音符
　　(4)a おなじとき　　b どうし

❷ (1)読み方 クレシェンド　意味 だんだん強く
　　(2)フォルテ　　(3)あのえがお

❸ (1)イ　　(2)**ƒ**
　　(3)a ゆうき　　b ちからづよく
　　(4)(A)→B→C→D→E→F→C→D→G

解説

❶ (2)**mp**は「少し弱く」，**mf**は「少し強く」とい
うように，**p**（弱く）や**ƒ**（強く）に**m**がつくと「少
し」という意味が加わる。
　　(3)付点2分音符は2分音符に付点の付いた音符。
2分音符と4分音符（2分音符の半分）を合わせた
長さである。

❸ (4)A から **D.S.** まで演奏し，𝄋 へ戻って 𝄌 ま
で演奏したら 𝄌 Coda へ飛ぶ。**D.S.** と **D.C.** の
意味の違いを確認しておこう。

👆 **この曲のポイント!**

●拍子や強弱記号を理解。
　cresc. のいろいろな表記を確認しよう。
●演奏順序を確認。
　D.S. の演奏順序と 𝄌 の記号についてそれぞれ
確認しよう。

22　マイ バラード

p.60　**ステージ1**

教科書の要点

❶　下の表

作詞・作曲	松井孝夫	速度記号	♩＝88 ぐらい
拍子	4分の4拍子	合唱形態	混声三部合唱

❷　①心　　②つらい　　③声　　④歌

　　⑤世界中

❸　①3連符　　②レント

　　③(A)→B→C→D→E→F→C→D

一問一答で要点チェック

①♩　②𝄋に戻る　③終わり

解説

❶　合唱形態：混声三部合唱はソプラノ，アルト，
　男声で構成される。

❸　①3連符全体で2分音符の長さになることを確
　認しよう。

p.61　**ステージ2**

❶　(1)4分の4拍子

　　(2)Aメッゾ フォルテ　　Bタイ

　　(3)イ　　(4)ウ

　　(5)ひとつにして

❷　(1)読み方 リタルダンド　意味 だんだん遅く

　　(2)ア　　(3)読み方 レント　　意味 緩やかに

　　(4)3連符　　(5)ピアノ

　　(6)(A)→B→C→D→E→B→C→F→G

解説

❶　**ミス注意**　(2)Bタイはすぐ隣りの同じ高さの音
　に，スラーは高さの違う音に用いられることを区
　別して覚えよう。

　　(4)速すぎるものや遅すぎるものを除いて考える。

❷　(1)次の小節の **Lento** の意味が「緩やかに」だ
　とわかればさらに判断しやすい。

👉 **この曲のポイント！**

●速度に関する記号を理解。

　rit. や **Lento** の読み方と意味を理解しよう。

●演奏順序を確認。

　1番かっこ，2番かっこと，*D.S.* の演奏順序
　をそれぞれ確認しよう。

23　大切なもの

p.62　**ステージ1**

教科書の要点

❶　下の表

作詞・作曲	山崎朋子	速度記号	♩＝88 ぐらい
拍子	4分の4拍子	合唱形態	混声三部合唱

❷　①かぞえた　　②吹いていた　　③季節

　　④想いを　　⑤大切　　⑥胸の中

❸　①タイ　　②ピアニッシモ　　③遅く

　　④のばす

一問一答で要点チェック

①とても弱く　②ウ　③フェルマータ

解説

❸　①タイでつながれた音は，それぞれの音符の拍
　数を足した長さになる。

p.63　**ステージ2**

❶　(1)山崎朋子　　(2)$\frac{4}{4}$　　(3)混声三部合唱

　　(4)男声　　(5)くじけそうなときは

❷　(1)A　　(2)イ　　(3)アルト　　(4)ウ

　　(5)やさしさをおしえてくれた

❸　(1)少し弱く

　　(2)(A)→B→C→D→A→B→E→F

解説

❶　(4)上のパートは女声によって歌われる。途中か
　ら女声はソプラノとアルトのパートに分かれる。

❷　(2)*cresc.* は *crescendo* の略で，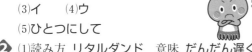
　と同じ意味。

❸　(1)*mp* は「少し弱く」，*mf* は「少し強く」とい
　うように，*p*（弱く）や *f*（強く）に *m* がつくと「少
　し」という意味が加わる。

　　(2)1番かっこの終わりまで演奏したら始めに戻
　り，Bまで演奏したら2番かっこへ飛び，最後ま
　で演奏する。

👉 **この曲のポイント！**

●混声三部合唱のパートを理解。

　ソプラノ，アルト，男声の3つのパートからなる。
　中学生の合唱はこの編成が多い。

●演奏順序を確認。

　1番かっこ，2番かっこの演奏順を確認しよう。
　どこまで戻るかを間違えないように。

24 時の旅人

p.64 **ステージ 1**

教科書の要点

❶ 下の表

作詞	深田じゅんこ	作曲	橋本祥路
拍子	4分の4拍子	合唱形態	混声三部合唱

❷ ①なつかしい　②時の旅人　③友達
④野原で　⑤よみがえる　⑥生きる喜び
⑦扉

❸ ①リタルダンド　②遅く　③速く
④遅く

一問一答で要点チェック

①作詞者 イ　作曲者 ウ　②4分の4拍子
③アッチェレランド

解説

❸ *accel.* は *accelerando* の略。

p.65 **ステージ 2**

❶ (1)混声三部合唱　(2)A エ　B イ
(3)読み方 デクレシェンド
　　意味 だんだん弱く
(4)b→a→c
(5)ア 8分音符　イ 16分音符

❷ (1)①　(2)②　(3)④

❸ (1)A リタルダンド　C テヌート
(2)B 少し弱く　D その音符をほどよくのばす
(3)読み方 メーノ モッソ
　　意味 今までより遅く
(4)ト長調

解説

❷ (1)①～③は，1分間に打つ♩の数値が高いほど
速いテンポになるので①。**Meno mosso** は「今
までより遅く」なので，④は最も速い部分にはな
らない。

❸ (4)この曲の調はへ長調→ニ短調→ニ長調→ト長
調と変化する。ト長調はへ音に調号の♯が付く。

この曲のポイント!

●速度や強弱，調の変化をおさえる。
曲の構造を理解し，4つの部分がどのように
変化するか確認しよう。*accel.* や *rit.*，**Meno
mosso** などもおさえよう。

25 蛍の光

p.66 **ステージ 1**

教科書の要点

❶ 下の表

原曲	スコットランド民謡	日本語詞	稲垣千頴
速度記号	♩=80～88，**Moderato**		
拍子	4分の4拍子	調	へ長調

❷ ①窓の雪　②月日　③わかれゆく
④ひとことに

❸ ①メッゾ フォルテ　②強く　③ブレス
④シャープ　⑤スラー

一問一答で要点チェック

①イ　②A すぎの戸　B わかれゆく

解説

❶ 作曲：原曲はスコットランド民謡「オールド
ラング サイン」で，ヨーロッパやアメリカへ広
く伝わっている。日本では明治10年代に稲垣千
頴により歌詞が付けられた。
速度記号：1分間に♩を80～88打つ速さ。
調：ロ音に調号の♭が付く。

❸⑤**ミス注意** 同じ高さの音に付くタイと間違えな
いようにする。

p.67 **ステージ 2**

❶ (1)イ　(2)$\frac{4}{4}$　(3)へ長(調)　(4)ロ(音)
(5)ほたるのひかりまどのゆき

❷ (1)イ　(2)エ　(3)ア　(4)ウ

❸ (1)あけてぞけさはわかれゆく
(2)とまるもゆくもかぎりとて
(3)さきくとばかりうとうなり
(4)A 杉の戸　B 年月

解説

❷ (3)「ちよろずの」は「千万」と書く。非常に数
が多いことを表す。
(4)「かたみに」は古語で，「互に」と書く。

この曲のポイント!

●歌詞の言葉の意味を理解。
「かたみに」，「ちよろずの」，「さきくとばかり」
などの意味をおさえよう。

●基本的な記号の読み方と意味をおさえる。
強弱記号やスラーなどを覚えよう。

26 HEIWA の鐘

p.68 **ステージ1**

教科書の要点

1 下の表

作詞・作曲	仲里幸広	編曲	白石哲也
速度記号	♩=120 ぐらい	拍子	4分の4拍子	調	変イ長調

2 ①武器　　②語り継ぐ　　③守ること
④くり返す　　⑤愚かな　　⑥幸せ贈るだろう
⑦奇跡　　⑧つなぎゆく　　⑨平和の鐘

3 ①クレシェンド　　②強く
③(A)→B→C→D→E→B→C→F

一問一答で要点チェック

①イ　　②だんだん強く

解説

1 速度記号：1分間に♩を120打つ速さ。1分間は60秒なので，時計の秒針の進む速さの倍の速さになる。
調：変イ長調では，ロ音，ホ音，イ音，ニ音に調号の♭が付く。

3 ③ *D.S.* は「𝄋 へ戻る」，⊕ は「⊕から⊕へとぶ」という意味。

p.69 **ステージ2**

1 (1)作詞・作曲者 エ　　編曲者 イ
(2)$\frac{4}{4}$　　(3)うたいおどりたすけあった

2 a とき　　b とわ　　c つみ　　d ちから

3 (1)1　　(2)タイ
(3)a おびやかす　　b なりひびき
(4)(A)→B→C→D→A→B→C→E→B→F

解説

2 歌詞に込められた作詞者の気持ちが，歌詞の読み方に反映されていることを理解する。

3 (1)♪＋♪で♩1拍分の長さになる。
(4)まず1番かっこ，2番かっこの順序通りに演奏し，次に *D.S.* から𝄋に戻る。

☞ この曲のポイント！

●曲の背景や，曲に込められた気持ちを理解。
「戦争」，「権力」などの読み方を確認する。

●演奏順序を確認。
1番かっこ，2番かっこと，*D.S.* の演奏順序をそれぞれ確認しよう。

27 旅立ちの日に

p.70 **ステージ1**

教科書の要点

1 下の表

作詞	小嶋 登	作曲	坂本浩美	編曲	松井孝夫
速度記号	Moderato	拍子	4分の4拍子	合唱形態	混声三部合唱

2 ①白い光　　②遥かな空　　③飛び立つ
④心ふるわせ　　⑤鳥よ　　⑥勇気を翼
⑦大空　　⑧別れ　　⑨未来

3 ①モデラート　　②ピウ モッソ
③だんだん強く

一問一答で要点チェック

①小嶋 登　　②今までより速く
③クレシェンド

解説

3 ② Più mosso(ピウ モッソ)と Meno mosso
(メーノ モッソ)は逆の意味なので違いに注意。
Meno mosso は「今までより遅く」

p.71 **ステージ2**

1 (1)4分の4拍子　　(2)*mp*　　(3)とものこえ
(4)中ぐらいの速さで

2 (1)イ　　(2)アルト
(3)a わかれのとき　　b とびたとう
c みらいしんじて

3 (1)イ　　(2)このひろいおおぞらに
(3)混声三部合唱　　(4)7拍分

解説

2 曲の構造と速度の変化を結び付けて理解しよう。
この曲では最後の部分が強弱，速度ともに曲の中で最も盛り上がる。

3 (4)全音符は4分音符4つ分，付点2分音符は4分音符3つ分の長さであることから考える。

☞ この曲のポイント！

●曲全体の構造を理解。
最も盛り上がる部分はどこかを確認し，曲全体の強弱記号や速度がどのように変化するかさえよう。

●速度に関する記号や強弱記号を確認。
Moderato や Più mosso，*cresc.* などの読み方と意味をまとめよう。

28　大地讃頌

p.72　**ステージ❶**

教科書の要点

❶　下の表

作詞	大木惇夫		作曲	佐藤　眞	
速度記号	♩=76	拍子	4分の4拍子	合唱形態	混声四部合唱

❷　①ふところ　　②喜び　　③人の子
　　④感謝　　⑤平和な　　⑥静かな
　　⑦たたえよ　　⑧母なる　　⑨たたえよ

❸　①グランディオーソ　　②少しずつ
　　③だんだん強く

一問一答で要点チェック

①佐藤　眞　　②壮大に　　③少しずつ

解説

❶　速度：1分間に♩を76打つ速さ。
　合唱形態：混声四部合唱は女声2パート(ソプラノ，アルト)と男声2パート(テノール，バス)で構成される。

❸　②強弱記号や速度を変える記号の前に置かれることが多い。例 *poco a poco accel.* は少しずつだんだん速く。

p.73　**ステージ❷**

❶　(1)イ　　(2)4分の4拍子　　(3)混声四部合唱
　　(4)アルト　　(5)ははなるだいちの

❷　(1)少しずつだんだん強く　　(2)とても強く
　　(3)*maestoso*　　(4)イ

❸　(1)大木惇夫　　(2)ウ　　(3)半音　　(4)*ff*

解説

❶　(1)ここには速度に関する記号ではなく，「壮大に」という意味の記号が入る。
　　(4)女声パートは上からソプラノ，アルト。男声パートは上からテノール，バスである。

❸　(3)ダブルシャープは，♯の付いた音をさらに♯で半音上げると考える。

👆 この曲のポイント!

●混声四部合唱の構成を理解。
　ソプラノ，アルトなどの呼び方をおさえよう。
●楽語や記号を理解。
　曲想を表す *maestoso* や，*poco a poco*，ダブルシャープなどの意味をまとめよう。

29　仰げば尊し

p.74　**ステージ❶**

教科書の要点

❶　下の表

作詞・作曲	不明	拍子	8分の6拍子	合唱形態	混声四部合唱

❷　①わが師　　②教えの庭　　③この年月
　　④日ごろ　　⑤名をあげ　　⑥学び
　　⑦積む白雪　　⑧行く年月

❸　①メッゾ ピアノ　　②少し強く
　　③フェルマータ

一問一答で要点チェック

①8分の6拍子　　②少し弱く　　③⌢
④とてもはやい

解説

❶　拍子：8分音符を1拍として1小節に6拍ある拍子。

p.75　**ステージ❷**

❶　(1)$\frac{6}{8}$　　(2)混声四部合唱
　　(3)読み方　クレシェンド　意味　だんだん強く
　　(4)わがしのおん

❷　(1)読み方　フェルマータ
　　　意味　その音符をほどよくのばす
　　(2)読み方　ブレス　　意味　息つぎをする
　　(3)いざさらば

❸　(1)ウ　　(2)オ　　(3)ア　　(4)イ　　(5)エ

解説

❶　(1)$\frac{6}{8}$の下の8は8分音符，上の6は1小節に入る拍の数を表す。
　　(2)混声四部合唱のパートは上からソプラノ，アルト，テノール，バス。

❸　「なれにし」は「慣れにし」，「むつみし」は「睦し」。漢字に書き直してみると，意味がわかりやすい。「やよ忘るな」の「やよ」は呼びかけの言葉である。

👆 この曲のポイント!

●混声四部合唱のパートを確認。
　男声はヘ音譜表のテノール，バスであることをおさえよう。
●歌詞の言葉の意味を確認。
　「なれにし」などの意味を確認しよう。

■□ プラスワーク

p.76〜77 〈指揮のしかた・歌いかた⑴〉

1 ⑴イ ⑵ウ ⑶ア

2 ①上 ②素早く ③ゆっくりと ④広げ
⑤前 ⑥抜く ⑦リラックス ⑧背中
⑨開いて

3 ①テノール ②バリトン ③バス
④ソプラノ ⑤メッゾ ソプラノ ⑥アルト

4 ⑴女声三部合唱 ⑵男声三部合唱
⑶混声三部合唱 ⑷混声四部合唱

5 ⑴独唱 ⑵斉唱 ⑶輪唱 ⑷重唱
⑸合唱

解説

1 8分の6拍子でテンポが速いときなどは，1小節に付点4分音符が2つと考え，2拍子の指揮をすることもある。

2 響きのある豊かな声を出すには，バランスのよい姿勢を常に意識することが大切である。

4 問題であげた合唱形態の図は，1つの例であり，他にもさまざまな種類がある。

p.78〜79 〈指揮のしかた・歌いかた⑵〉

1 ⑴○ ⑵× ⑶× ⑷○ ⑸○
⑹× ⑺○

2 ⑴弱く ⑵強く

3 ⑴ウ ⑵イ ⑶エ

4 ⑴× ⑵○ ⑶○ ⑷× ⑸×
⑹○ ⑺× ⑻○

5 ⑴○ ⑵× ⑶×

6 ⑴アルト，メッゾ ソプラノ，ソプラノ
⑵テノール，バリトン，バス

7 ⑴女声二部合唱 ⑵混声四部合唱
⑶男声三部合唱 ⑷混声三部合唱

8 ①1 ②ソロ ③間 ④1人ずつ
⑤デュエット ⑥同じ ⑦2人以上

解説

4 ⑴視線は少し上向きにする。
⑷背すじは伸ばす。
⑸上半身はリラックスさせる。⑺足は軽く開く。

5 ⑵背すじが伸びていない。
⑶肩に力が入り，足がぴったりと閉じてしまっている。

鑑賞曲

1 春

p.80・81 ステージ 1

教科書の要点

1 下の表

作曲	ヴィヴァルディ	時代	バロック時代
曲の種類	協奏曲	演奏形態	独奏ヴァイオリンと弦楽合奏(通奏低音付)

2 ①イタリア ②父 ③ヴァイオリン奏者
④協奏曲 ⑤バッハ ⑥協奏曲の父

3 ①ヴァイオリン ②四季 ③ソネット
④合奏 ⑤リトルネッロ ⑥エピソード
⑦ヴィオラ ⑧コントラバス
⑨チェンバロ ⑩通奏低音

4 ①オ ②イ ③エ ④ウ ⑤ア
⑥イ

5 ①そよ風 ②嵐 ③稲妻 ④春
⑤小鳥 ⑥(エ)→オ→(ア)→ウ→(イ)

一問一答で要点チェック

①イタリア ②イ ③ソネット
④チェンバロ ⑤協奏曲 ⑥ヴァイオリン

解説

2 アントニオ・ヴィヴァルディは，バッハやヘンデルと並ぶ，バロック時代を代表する作曲家・ヴァイオリン奏者である。

3 「春」は「和声と創意の試み」第1集「四季」の第1曲。「和声と創意の試み」は全12曲からなるヴァイオリン協奏曲集である。

「四季」は春，夏，秋，冬の全4曲で，「春」は3つの楽章からなる。

③「ソネット」はイタリアで創作されるようになった，14行からなる詩である。

⑤⑥「リトルネッロ」は反復という意味のイタリア語である。リトルネッロ形式は，この協奏曲の大きな特徴であることを覚えておこう。

リトルネッロ部…旋律の部分。合奏。

エピソード部…独奏または少人数での演奏。

⑦⑧⑨この曲で使われる楽器の形や特徴，音色をおさえておこう。

⑩「通奏低音」はチェンバロなどの鍵盤楽器やチェロなどの低音楽器などで演奏される。各楽器がどのような役割を担っているか確認しておこう。

p.82・83 ステージ2

❶ (1)× (2)○ (3)× (4)× (5)○
(6)○ (7)○

❷ (1)楽譜1 ア 楽譜2 イ 楽譜3 ウ
(2)2→3→1

❸ (1)1 (2)Aウ Bア

❹ (1)Aヴァイオリン Bチェロ
Cチェンバロ
(2)通奏低音 (3)A (4)①→④→③→②

❺ (1)ヴィヴァルディ (2)バロック時代
(3)ウ (4)エ (5)A和声 B四季
(6)ア
(7)A合奏 Bヴァイオリン C協奏曲の父

解説

❶ (1)ヴィヴァルディは主にイタリアで活躍した。
(3)ヴィヴァルディが生徒のために書いたのは協奏曲である。
(4)「春」は「四季」の第1曲。

❷ (1)曲の冒頭の主題や，ソネットの詩に対応する楽譜をよく調べておこう。

❸ 黒雲，稲妻，雷鳴の自然現象や小鳥の歌との比較は楽譜からでも想像できる。32分音符などは激しい動きを表し，スラーのかかった8分音符はなめらかな小鳥の歌を表している。

❹ (1)**ミス注意** ヴァイオリンとヴィオラはほとんど区別がつかないが，大きい方がヴィオラである。また，チェロとコントラバスは胴体下部にエンドピンという棒状のものがあるので，ヴァイオリン，ヴィオラと区別がつく。チェロは座って，コントラバスは立って演奏することが多い。

❺ (4)アはロマン派の時代に活躍したシューベルト。イは古典派〜ロマン派のベートーヴェン。ヴィヴァルディはウで，エのバッハが同じ時代に活躍した作曲家になる。

この曲のポイント！

● ソネットと曲想の関係をおさえる。
ソネットの内容や情景を，曲想とともにしっかりとおさえておこう。

● 協奏曲の楽器編成や特徴を確認。
この協奏曲は，独奏ヴァイオリンと弦楽合奏，通奏低音で演奏され，3楽章でまとめられていることを確認しよう。

---

2 魔王 － Erlkönig －

p.84・85 ステージ1

教科書の要点

❶ 下の表

作詞	ゲーテ		作曲	シューベルト
時代	ロマン派	曲の種類	リート	演奏形態	独唱とピアノ

❷ ①オーストリア ②31 ③リート
④ピアノ ⑤ドイツ ⑥小説

❸ ①18 ②ゲーテ ③子 ④1 ⑤馬
⑥魔王

❹ ①ピアノ ②3連符 ③走る様子
④不気味さ

❺ ①魔王 ②父 ③語り手 ④子

一問一答で要点チェック

①オーストリア ②イ ③リート ④ゲーテ
⑤語り手，父，子，魔王 ⑥最初と最後

解説

❷ フランツ・シューベルト(F.P.シューベルト)はロマン派の初期に活躍したウィーンの作曲家。ベートーヴェンやショパンとも活動の時期が重なっている。31年の短い生涯で，600曲以上のリートをはじめ，交響曲，室内楽曲，ピアノ曲などに優れた作品を残した。
ゲーテ(J.W.v.ゲーテ)は，小説「若きウェルテルの悩み」や戯曲「ファウスト」などの名作を残したドイツの文豪である。

❸ 「魔王」の詩を読んだシューベルトは創作意欲をかき立てられ，一気にこの曲を作曲したといわれている。 **ミス注意** 4人の登場人物による劇的な内容の曲であるが，4人の歌手が登場するわけではないので間違えないようにしよう。

❹ 3連符の音型は曲全体に現れ，物語の内容や登場人物の気持ちによって強弱や音型が変化する。前奏では馬が嵐の中を疾走する様子が激しい和音で表現され，魔王が子を誘惑する場面は3連符の柔らかい分散和音で表される。

❺ 歌い方は登場人物によってはっきりと区別されているので，曲を聴きながら確認しよう。

一問一答 ②アはヴィヴァルディ，ウはバッハ，エはベートーヴェンの肖像画。ヴィヴァルディやバッハの時代の作曲家はかつらを使用しているが，ベートーヴェンやシューベルトの時代は使用していない。

p.86・87　ステージ❷

❶ (1)×　(2)×　(3)○　(4)×　(5)○
(6)×

❷ (1)楽譜1 イ　　楽譜2 ア
(2)読み方 ピアニッシモ　意味 とても弱く

❸ (1)エ　(2)イ　(3)ア　(4)ウ

❹ (1)2→4→3→1　(2)ウ

❺ (1)18歳　(2)ドイツ　(3)イ　(4)イ, エ

解説

❶ (1)1人の歌手が, ピアノ伴奏で4人の登場人物を歌い分ける。
(2)子の声の高さは恐怖が増すとともに高くなる。
(4)「魔王」をはじめとするゲーテの詩に曲を書いた作曲家は多い。ゲーテの友人だったレーヴェの作曲した「魔王」もよく知られている。
(6)魔王は後半で本性(ほんしょう)を表すとともに, 恐ろしい声で歌う。

❷ ピアノ伴奏が歌と一体となって表現する, 物語の内容や登場人物の気持ちを感じ取ろう。**楽譜2**は, 魔王が本性とは対照的に見せる, 甘く優しい姿と声を, ピアノ伴奏が弱く柔らかな3連符になぞらえて表現している。***ppp***はピアニッシッシモ(ピアノピアニッシモ)で, ***pp***より弱い。物語の内容と一体に変化するピアノ伴奏の強弱や音型に注意して鑑賞しよう。

❸ それぞれの登場人物の音域や歌い方も確認しよう。低音域でさとすように歌うのは父, 高音域でおびえたように歌うのは子, 語り手は中音域で落ち着いて歌う。魔王は中音域から高音域まで比較的幅広い音域で歌う。

❺ (4)「野ばら」は「魔王」と同じくゲーテの詩による歌曲。シューベルトは他にも, ピアノ曲「さすらい人幻想曲」やピアノソナタ, 室内楽曲,「悲劇的」「未完成」「ザ・グレート」をはじめとする交響曲などを残した。

☞ この曲のポイント!

● **作詞者, 作曲者についておさえる。**
活躍した時代と代表作をまとめよう。
● **演奏形態と物語の内容を確認。**
1人の歌手が4人の登場人物を歌い分けることや, 物語の内容, それぞれの人物の歌い方を確認しよう。

3　雅楽「越天楽」

p.88　ステージ❶

教科書の要点

❶ ①舞　②舞楽　③アジア　④日本
⑤平安

❷ ①唐楽　②高麗楽

❸ ①篳篥　②笙　③鞨鼓　④鉦鼓

一問一答で要点チェック

①竜笛　②琵琶(楽琵琶)

解説

❶ 雅楽は中国や朝鮮半島などから伝来した音楽と, 日本古来の音楽をもとに発展した伝統芸能である。王朝文化を背景に宮廷や貴族の儀式などで演奏された。

❸ 篳篥は管の長さ約18cmのダブルリードの縦吹きの管楽器で, つやのある音色に特徴がある。
笙は17本の竹を束ねた形をしていて, 竹の根元に金属のリードが付いている。
鞨鼓は主に唐楽に使われ, 曲が始まる合図を出すなど, 指揮者の役割を担当する。

p.89　ステージ❷

❶ (1)①ア　②イ　③ウ
(2)①ア　②ついていない。

❷ (1)A 竜笛　　B 箏　　C 鉦鼓　　D 篳篥
E 太鼓　　F 笙　　G 琵琶　　H 鞨鼓
(2)吹物 A, D, F　　打物 C, E, H
弾物 B, G
(3)①F　②H　③B　④D

解説

❶ (2)「越天楽」は唐から伝来して日本で改作された管絃の音楽である。ア～ウの中で, 外来の雅楽はアの舞楽・管絃のみ。

❷ 雅楽の楽器の分類と名前を覚えておこう。

☞ この曲のポイント!

● **雅楽の種類をおさえる。**
外来のもの, 日本古来のもの, 日本で作られたものの起源と演奏形態をまとめよう。舞楽と管絃の違いにも注意。
● **雅楽の楽器とその役割をおさえる。**
それぞれの楽器の名称と役割を理解しよう。

4 箏曲「六段の調」

p.90・91 **ステージ❶**

教科書の要点

❶ 下の表

使われている楽器	箏	作曲（伝）	八橋検校

❷ ①13本　②奈良　③江戸
　　④八橋検校　⑤段物　⑥序破急

❸ ①柱　②竜尾　③生田（流）　④丸（爪）

❹ ①中指　②遠い　③為　④柱
　　⑤平調子

❺ ①イ　②ウ　③エ

❻ ①イ　②ウ　③ア

❼ ①江戸時代　②検校　③ウ　④段物

一問一答で要点チェック

①箏　②弦楽器　③奈良時代　④13本
⑤平調子　⑥八橋検校　⑦唐（中国）

解説

❶ 作曲者として伝えられている八橋検校は，江戸時代に現在の福島県いわき市に生まれたとされる。現在の箏曲の基礎を築き，さらに改革を加えた音楽家として有名。

❷ ②箏は奈良時代に雅楽の合奏の楽器として唐から日本に伝わり，現在でも雅楽の合奏で用いられる。雅楽では「楽箏(がくそう)」と呼ばれることもある。
　⑤段物の「段」とは短い部分という意味。

❸ 箏の各部の名称や生田流，山田流の爪の名称の違いなどはよく確認しておこう。箏全体を竜の姿にたとえているので，各部の名称には「竜」のつくものが多い。

❹ ③糸の名前は10本めまでは数字，11本めを斗，12本めを為，13本めを巾と呼ぶ。
　⑤江戸時代に平調子の調弦を確立したとされるのは，八橋検校である。

❺❻ 箏の奏法は多種多様であり，音高や余韻を変化させて曲に彩りを添える。代表的な奏法と，それによってどのような変化が出るのかを確認しておこう。

❼ ③序破急の音楽的な特徴をおさえておこう。

一問一答 ③**ミス注意** 箏が日本に伝来したのは奈良時代。江戸時代と間違えないようにしよう。
　④箏の糸（弦）の数は一般的な楽器で13本だが，17本，25本，30本の糸をもつ箏もある。

p.92・93 **ステージ❷**

❶ (1)×　(2)×　(3)○　(4)○　(5)○
　(6)×

❷ (1)①ア　②イ　③ア　④イ　⑤イ
　　⑥ア　(2)Aウ　Bエ

❸ (1)ア　(2)イ

❹ (1)ろくだんのしらべ　(2)やつはしけんぎょう

❺ (1)A江戸（時代）　B山田流　C段物
　(2)けんぎょう　(3)ウ　(4)巾

❻ (1)イ　(2)イ　(3)イ　(4)ア
　(5)奈良時代　(6)中国

解説

❶ (1)箏の奏法で左手を使うものに，「引き色」「後押し」「押し手」などがある。
　(6)箏の胴体は杉ではなく，通常，桐の木でできている。

❷ (1)流派による爪の形，弾くときの姿勢と構え方の違いは，写真などを見て確認しよう。
　(2)この曲がどのような速度の変化をしていくかをおさえておこう。「序破急」という日本の伝統音楽に用いられる言葉も覚えておこう。

❸ 「引き色」「後押し」などの奏法や，それによってどのような変化を出すことができるのかを確認しておこう。

❺ (1)段物は「調べ物」ともいう。
　(3)八橋検校の「検校」とは，目の不自由な音楽家たちが所属していた組織での最高の職位のこと。

❻ (1)**ミス注意** 爪は右手の親指，人さし指，中指の3本にはめて演奏する。
　(2)生田流では角爪を使い，山田流では丸爪を使う。また，生田流は箏に対して膝を斜め左に向けて座り，山田流は箏に対して膝を正面に向けて座るなどの違いがある。
　(6)奈良時代に唐から伝来した。

> **この曲のポイント！**
>
> ●箏の各部の名称や奏法をおさえる。
> 　箏の楽器の各部の名称を覚え，さまざま奏法についてもしっかりとおさえよう。
>
> ●箏の歴史や八橋検校の功績などを確認。
> 　箏が唐（現在の中国）から伝来したことや，八橋検校が確立したとされる調弦法なども確認しよう。「序破急」のことも覚えておこう。

5　フーガ ト短調

p.94・95　ステージ**1**

教科書の要点

❶　下の表

作曲	J.S.バッハ	時代	バロック時代
形式	フーガ	演奏形態	パイプオルガンによる独奏

❷　①ドイツ　②兄　③オルガン(鍵盤楽器)
　④教会　⑤宗教　⑥父

❸　①フーガ　②主題　③重なり合い
　④小フーガ　⑤空気　⑥ストップ

❹　①パイプオルガン　②パイプ　③ストップ
　④手鍵盤　⑤足鍵盤　⑥ウ　⑦エ

❺　①主題　②ト(短調)　③ニ(短調)

一問一答で要点チェック

①ドイツ　②エ　③バロック時代
④フーガ　⑤パイプオルガンによる独奏
⑥4つ　⑦パイプ

解説

❶　バロック時代はおおむね1600年頃からバッハの死の1750年頃までを指す。バロックとはポルトガル語の「ゆがんだ真珠」という意味。

❷　ヨハン・セバスティアン・バッハ(J.S.バッハ)はバロック音楽の時代のみならず、後に続くモーツァルト、ベートーヴェンなどの作曲家に大きな影響を与えた大作曲家である。そのことから「大バッハ」とも呼ばれている。彼はオルガン曲と並びバロック時代に盛んだった鍵盤楽器(クラヴィーア、チェンバロ)のための作品も数多く残しているが、ピアノ学習者がよく学ぶ「インヴェンションとシンフォニア」「平均律クラヴィーア曲集」などが代表的である。この他に宗教音楽にも優れた作品があり、「マタイ受難曲」「ロ短調ミサ曲」などが傑作として有名。

❸　①フーガはイタリア語で「逃げる」という意味の音楽用語である。

❹　②パイプオルガンの発音源はパイプである。
　⑤足鍵盤を演奏するときは、専用のオルガンシューズをはく。普通のシューズと違い、ペダルの感覚が伝わりやすい構造で、なめらかに足を運べるようになっている。

一問二答　②アはシューベルト、イはヴィヴァルディ、ウはベートーヴェンの肖像画。

p.96・97　ステージ**2**

❶　(1)×　(2)○　(3)○　(4)○　(5)×
　(6)○　(7)×

❷　Aオ　Bウ　Cイ　Dエ　Eア

❸　(1)イ　(2)手鍵盤，足鍵盤〔順不同〕
　(3)パイプ

❹　(1)楽譜１ ３　楽譜２ ２　楽譜３ ４
　楽譜４ １
　(2)主題 １，４　応答 ２，３
　(3)１，４
　(4)Aイ　Bア　Cエ　Dウ

❺　(1)アイゼナハ　(2)エ　(3)エ
　(4)イ，ウ〔順不同〕

解説

❶　(1)兄から学んだのはオルガン(鍵盤楽器)だったといわれている。
　(5)1つのパイプからは、1つの音しか出ない。
　(7)ピアノは鍵盤を押すと、その奥にあるハンマーで弦を打つことにより音が出る。

❷　この曲の第1部は主題(ト短調)・応答(ニ短調)・主題(ト短調)・応答(ニ短調)というように、主題と応答がくり返し現れる。また、このフーガの4つの声部は、高い方から順にソプラノ、アルト、テノール、バスで、それぞれの声部がからみ合いながら展開していく。

❸　(1)アはヴィヴァルディの「春」などで用いられるチェンバロ。ウはグランドピアノ。
　(2)手鍵盤では主に旋律と和音、足鍵盤では曲全体を支える低音部を弾き分ける。

❹　(1)第1声部、第2声部、……と進むにつれ、ソプラノ、アルト、……と低くなっていく。
　(2)主題→応答→主題→応答の順。
　(3)主題がト短調で、応答がニ短調である。

❺　(2)イのヴィヴァルディは1678年生まれ。エのヘンデルとバッハが同年の1685年生まれ。アのベートーヴェンは1770年生まれである。
　(4)アは管弦楽のさまざまな楽器による協奏曲集、エはチェンバロ独奏のための曲である。

この曲のポイント!

●フーガやパイプオルガンの特徴を確認。
　フーガの形式や、パイプオルガンの構造と機能をおさえよう。

6 交響曲第5番 ハ短調

p.98・99 ステージ1

教科書の要点

❶ 下の表

作曲	ベートーヴェン	時代	古典派～ロマン派
曲の種類	交響曲	楽章	全4楽章	演奏形態	オーケストラ(管弦楽)

❷ ①ドイツ ②父 ③ウィーン ④耳
⑤遺書 ⑥56

❸ ①オーケストラ(管弦楽) ②楽章
③ソナタ ④第1楽章 ⑤提示
⑥展開 ⑦再現 ⑧動機 ⑨運命

❹ ①弦 ②木管 ③金管 ④ヴァイオリン
⑤チェロ ⑥フルート ⑦クラリネット
⑧ホルン ⑨トロンボーン
⑩ティンパニ

一問一答で要点チェック

①エ ②ドイツ ③古典派～ロマン派
④シューベルト
⑤オーケストラ(管弦楽) ⑥4楽章 ⑦ウ

解説

❶ ルードヴィヒ・ヴァン・ベートーヴェン(L.v. ベートーヴェン)はハイドン，モーツァルトとともに古典派の音楽を集大成し，後のロマン派の作曲家にも大きな影響を与えた大作曲家である。

❷ 20代後半からの耳の病気も，晩年にはさらに悪化して会話帳を使って意思の疎通をはかっていたという。その中から「交響曲第9番(合唱付き)」など不滅の名曲を生み出した。

❸ 交響曲，ソナタ形式，動機などの意味を把握しておこう。交響曲はオーケストラ(管弦楽)のための大規模な曲で，4つの楽章からなるものが多く，第1，4楽章にソナタ形式がよく用いられる。ソナタ形式は提示部，展開部，再現部，コーダで構成されている。動機は音楽を構成する単位として，最も小さなまとまりのことである。

❹ オーケストラ(管弦楽)とは弦楽器，木管楽器，金管楽器，打楽器による合奏形態の1つ。指揮者側から舞台奥に向かって，弦楽器，木管楽器，金管楽器，打楽器の順に並び，指揮者の左側から順に音域の高い楽器が配置されていることが多い。

一問一答 ①アはヴィヴァルディ，イはシューベルト，ウはバッハの肖像画。

p.100・101 ステージ2

❶ (1)× (2)○ (3)× (4)○ (5)○
(6)×

❷ (1)ウ (2)動機 (3)イ (4)楽譜2
(5)ウ，エ〔順不同〕

❸ (1)イ (2)ア (3)ウ (4)オ (5)エ

❹ (1)Aベートーヴェン B古典派 C運命
(2)オーケストラ(管弦楽)で演奏される
(3)第3，第4〔順不同〕

❺ (1)A再現部 B展開部 (2)ソナタ形式
(3)ウ→イ→ア→(コーダ)

❻ ①コントラバス ②打楽器
③金管楽器 ④オーボエ

解説

❶ (1)ベートーヴェンが生まれた国はドイツである。
(3)ベートーヴェンが苦しんだのは耳の病気。
(6)「合唱付き」の交響曲は第9番である。第5番は「運命」と呼ばれている。

❷ (4)楽譜1が第1主題，楽譜2が第2主題。第2主題では6つの音符にスラー(なめらかに演奏する)がかかっていて，優美な感じを表す主題になっている。

❸ (1)チェロはいすに座って弾くことが多い。
(5)イングリッシュ ホルン，ファゴットも2枚のリードを用いる木管楽器である。

❹ (3)ミス注意 この曲で楽章の間が切れ目なく演奏されるのは第3と第4楽章の間である。

❺ ソナタ形式の構成である。「提示部」「展開部」「再現部」「コーダ(終結部)」の名称と，それぞれどんな部分なのかを確認しておこう。

❻ オーケストラ(管弦楽)の楽器の分類と名称は，写真や図などを見て確認しておこう。弦楽器はヴァイオリン，ヴィオラ，チェロ，コントラバスの順に音域が低くなる。

この曲のポイント！

●交響曲とソナタ形式についておさえる。
交響曲とソナタ形式にはどのような特徴があるかをまとめ，確認しておこう。

●ベートーヴェンについて確認。
深刻な耳の病気を乗り越えて，優れた作品を残したベートーヴェンについて，人と作品をまとめよう。

7 アイーダ

p.102・103 ステージ**1**

教科書の要点

❶ 下の表

作曲	ヴェルディ	作曲者の生まれた国	イタリア
時代	ロマン派	演奏形態	オペラ
幕の数	全4幕	初演の年	1871年

❷ ①イタリア　②音楽教育　③25
④オペラ　⑤椿姫

❸ ①音楽　②総合芸術　③オーケストラ
④イタリア　⑤蝶々夫人　⑥カイロ
⑦エジプト　⑧アイーダ　⑨ヴェローナ

❹ ①アムネリス　②ラダメス　③アモナズロ
④ソプラノ

❺ ①エ→イ→ア→ウ　②アムネリス

一問一答で要点チェック

①ウ　②イタリア　③古代, エジプト
④例「椿姫」　⑤オペラ(歌劇)　⑥4幕
⑦悲劇

解説

❷ ジュゼッペ・ヴェルディ(G. ヴェルディ)はイタリア出身のロマン派の作曲家で, オペラを中心とした作品で親しまれている。他の代表作には, オペラ「トロヴァトーレ」「仮面舞踏会」「運命の力」「マクベス」「オテロ」などがある。

❸ ②オペラがさまざまな分野の芸術の要素をあわせ持つ総合芸術であることをおさえておこう。
　⑦⑧「アイーダ」の登場人物やストーリーについて, よく確認しておこう。

❹ 登場人物の名前, 国, 人物同士の関係, それぞれの声の種類を確認して, まとめておくとよい。

一問一答 ①アはシューベルト, イはベートーヴェン, エはスメタナの肖像。
　③スエズ運河の開通を記念して, エジプトの首都カイロで上演するためにつくられた, 古代エジプトを舞台としたオペラである。
　④別解 「リゴレット」「ナブッコ」「トロヴァトーレ」「仮面舞踏会」「運命の力」「マクベス」「オテロ」など。
　⑦愛し合っているラダメスとアイーダは, 神殿の地下牢で再会を果たすものの, 永遠の愛を誓いながら息絶えてしまう。

p.104・105 ステージ**2**

❶ (1)×　(2)○　(3)×　(4)×　(5)○
(6)○

❷ (1)2　(2)エ　(3)ウ
(4)A読み方 メッゾ フォルテ
　　意味 少し強く
　　B読み方 クレシェンド
　　意味 だんだん強く

❸ Aエ　Bウ　Cア　Dオ　Eイ

❹ Aメッゾ ソプラノ　Bテノール

❺ (1)オーケストラ　(2)ウ　(3)フィレンツェ
(4)総合芸術　(5)歌劇

❻ (1)Aイ　Bア　Cエ　Dウ
(2)Aソプラノ　Cテノール

解説

❶ (1)ワーグナーはオペラ「タンホイザー」などを作曲した。ヴェルディと同じ年の生まれである。
　(3)ヴェルディはイタリア出身。
　(4)ミス注意 エジプト国王はアムネリスの父。アイーダの父はアモナズロである。

❷ 勝利に沸くラダメス率いるエジプト軍が入場してくる, 有名な「凱旋(の)行進曲」は第2幕第2場で演奏される壮大なスケールをもった曲である。アイーダトランペットという, 特殊な形をしたトランペットを用いて演奏される。

❸ オペラの上演には多大な時間と人手, お金がかかる。オペラに携わるさまざまな人々とその役割を確認しておこう。

❹ オペラの中心となる声楽の声の種類は, 女声が高い方からソプラノ, メッゾ ソプラノ, アルト。男声がテノール, バリトン, バスとなっている。

❺ (2)アとエはプッチーニ, イはビゼーの作品。

❻ 登場人物の役名, 身分, 声の種類などを表にまとめておくと, 理解しやすい。

この曲のポイント!

●総合芸術としてのオペラについておさえる。
　オペラにはどのような特徴があるかをまとめ, 上演に関わる主な人々の役割を確認しておこう。

●オペラ「アイーダ」について確認。
　あらすじをまとめたり, 主役の身分や声の種類を確認したりしておこう。

8 歌舞伎「勧進帳」

p.106・107 ステージ❶

教科書の要点

❶ 下の表

作曲	四世杵屋六三郎	時代	江戸時代	用いられる音楽	長唄

❷ ①舞踊　②出雲のお国　③長唄
　④唄方　⑤囃子方

❸ ①頼朝　②武蔵坊弁慶　③安宅の関所
　④富樫　⑤延年の舞　⑥飛び六方(法)

❹ ①見得　②隈取　③飛び六方(法)

❺ ①黒御簾　②花道　③すっぽん
　④廻り舞台　⑤C　⑥A　⑦D　⑧B

一問一答で要点チェック

①江戸時代　②長唄　③源義経
④延年の舞　⑤見得

解説

❶ 四世杵屋六三郎は江戸時代の長唄の三味線方である。三味線の名手で，長唄「老松」，「吾妻八景」など作曲でも活躍した。

❷ 長唄は江戸で歌舞伎とともに発展した音楽で，最初は江戸長唄と呼ばれていた。唄方，三味線方，囃子方によって賑やかに演奏される。三味線には細棹，中棹，太棹があるが，長唄に使われるのは細棹である。

❸ 「勧進帳」は能「安宅」をもとにした歌舞伎十八番で，1840年に初演された。ストーリーを理解し，主役の武蔵坊弁慶，源義経，関守の富樫左衛門など，主な登場人物の各場面での行動や心の動きなどをおさえよう。

❹ 飛び六方(法)は，天地東西南北の六方向に手足を動かしながら飛ぶように歩くことから，このように呼ばれる。歌舞伎特有の演技や化粧法，歩き方についてまとめよう。

❺ A〜Dの名称だけでなく，どの場面でどのように使われるかを関連付けて覚えるとよい。

　Aは舞台下手に作られた小部屋で，ここで演奏される音楽のことを黒御簾音楽，または下座音楽と呼ぶ。Bは幅約1.5メートルの通路で，役者の登場・退場にも重要な役割をもち，観客との交流などの演出にも使われる。Cのすっぽんは，花道にあり，妖怪や忍術使いなどが登場するときだけに使われるせりの一種である。

p.108・109 ステージ❷

❶ (1)イ　(2)かぶき踊　(3)演技　(4)見得
　(5)隈取

❷ (1)武蔵坊弁慶　(2)源頼朝　(3)安宅の関所

❸ (1)A　(2)ウ　(3)ア

❹ (1)黒御簾　(2)廻り舞台　(3)花道

❺ (1)飛び六方(法)　(2)延年の舞

❻ (1)ウ→ア→エ→オ→イ　(2)延年の舞
　(3)飛び六方(法)

❼ (1)○　(2)×　(3)×　(4)○　(5)×
　(6)×　(7)○　(8)○

解説

❶ (1)(2)出雲のお国と呼ばれる女性が，1603年に京都で「かぶき踊」を踊ったことが，歌舞伎の始まりといわれている。江戸時代初期には少年たちによる踊りが中心だったが，やがて筋書きをもった演劇へ発展した。

　(5)隈取はその役柄によって色や描き方が区別される。むきみ隈と筋隈は共に，若々しく正義感の強い役柄によく使われる。筋隈は特に荒々しい英雄の代表的な隈取である。

❸ 唄方，三味線方，囃子方それぞれの並び方と担当する楽器などを確認しよう。囃子方は笛，小鼓，大鼓，太鼓を演奏する。

❺ (2)無事関所を通過した後，富樫に酒をふるまわれた弁慶が舞う勇壮な舞。飛び六方(法)と並んで見せ場の1つとなっている。

❻ (1)ストーリーの流れだけでなく，それぞれの場面における登場人物の気持ちの変化と関連付けて覚えよう。

❼ (2)長唄には指揮者は存在しない。ひな壇中央で隣り合う唄方と三味線方の2人が全体を統率する。

　(3)**ミス注意**　「勧進帳」に尺八は入らない。

　(5)寺を建てたり再建したりするための寄付を募ることを勧進という。

👆 この曲のポイント！

● **ストーリー，登場人物をおさえる。**

　全体を大きくとらえた後，細部にわたる人物の気持ちなどをまとめよう。

● **歌舞伎特有の演技や舞，化粧をおさえる。**

　飛び六方(法)や延年の舞，隈取などについて理解しよう。

9 文楽「新版歌祭文」「義経千本桜」

p.110・111 ステージ**1**

教科書の要点

❶ 下の表

上演形態	人形劇	人形の遣い手	主遣い，左遣い，足遣い
語り役の名称	太夫	伴奏する楽器	太棹三味線
文楽の別名	人形浄瑠璃	成立した時代	江戸時代

❷ ①人形浄瑠璃　②太夫　③人形
　④江戸時代

❸ ①人形遣い　②三人遣い　③義太夫節
　④太棹三味線　⑤竹本義太夫

❹ ①ウ　②イ　③オ　④エ

❺ ①屋体　②手摺　③船底　④床
　⑤D　⑥C　⑦B　⑧A

一問一答で要点チェック

①人形浄瑠璃　②太夫　③太棹三味線
④義太夫節　⑤江戸時代　⑥主遣い

解説

❶ 人形浄瑠璃ともいう文楽の名称の由来は，江戸
時代から続いた人形浄瑠璃の劇場名「文楽座」に
よっている。

❸ ④三味線の種類は長唄三味線(細棹)，地歌三味
線(中棹)，義太夫三味線(太棹)の３つがあり，音
楽のジャンルにより使い分けられる。

❹ 文楽は，太夫，三味線，人形遣いのそれぞれが
三位一体となって舞台を作りあげる伝統芸能であ
る。そのことを「三業一体」と呼ぶこともある。
①太夫は「床本」を載せた台を前方に置いて語る。
「床本」には「朱」と呼ばれる注意書きが示され，
語り方が記されている。

❺ 文楽の舞台のしくみは，改良を重ねて現在のよ
うな構造になるまでになった。その独特な構造は
人形の動きを効果的に見せ，観客が見やすい舞台
を追求した結果といえる。①屋体　②手摺　③船
底　④床，の名称はしっかり覚えよう。

一問一答 ①浄瑠璃とは，三味線の伴奏に語り物のことで，
室町時代末期に始まった。人形浄瑠璃は浄瑠璃を
語りとした人形劇ということである。
　⑤竹本義太夫が竹本座という劇場を創設したの
が，江戸時代の前期であった。
　⑥文楽の人形は，主遣い，左遣い，足遣いの３
人で操る。

p.112・113 ステージ**2**

❶ (1)義太夫節　(2)竹本義太夫　(3)太棹(三味線)
　(4)三人遣い(人形遣い)
　(5)主遣い，左遣い，足遣い

❷ (1)イ　(2)イ　(3)イ　(4)ア　(5)イ

❸ (1)A主遣い　　B太夫　　C三味線
　(2)文楽　　(3)人形浄瑠璃　　(4)黒

❹ ①イ　②ア

❺ (1)①イ　②ア
　(2)①背筋　②おなか　③息
　(3)太夫

❻ (1)Aオ　Bエ　Cカ　Dイ　Eウ　Fア
　(2)a たけもとぎだゆう
　　b ちかまつもんざえもん

❼ (1)イ　(2)ア

解説

❶ (1)(2)竹本義太夫(1651〜1714)は大坂の道頓堀に
人形浄瑠璃の劇場「竹本座」を開設し，独特の語
りで人気を博した。これを「義太夫節」という。

❷ (3)**ミス注意**　アの出雲のお国は「かぶき踊」を
興業したといわれる女性。

❺ (1)「新版歌祭文」は「お染久松」の通称でも知
られる世話物の人気作。「義経千本桜」は義経伝
説と平家の没落を題材にした時代物。
　(2)学校で義太夫節を語る機会があったら，プロの
太夫さんのアドバイスをもとにチャレンジしてみよう。
　(3)浄瑠璃を演奏する三味線弾きに対して，語る
役割を担うのが太夫。芸名も「○○太夫」という
ように太夫を添えている。

❻ (1)文楽は江戸時代の初期に，竹本義太夫が大坂
に現れ，義太夫節を始めた。そこで，近松門左衛
門の作を語って成功したことによる。
　(2)竹本義太夫と近松門左衛門は重要な人物。読
み方や漢字は覚えておこう。

❼ 太夫の語りで使用する道具も覚えておこう。

☝ この曲のポイント！

● **文楽の成り立ちや特徴を確認。**
　人形浄瑠璃，義太夫節などの用語をおさえよう。

● **人形遣い，太夫，三味線の役割をおさえる。**
　文楽では人形遣いと義太夫節でストーリーが展
開するので，それぞれの役割を確認しよう。

10 ブルタバ（モルダウ）

p.114・115 ステージ❶

教科書の要点

❶ 下の表

作曲	スメタナ	時代	ロマン派（国民楽派）
曲の種類	交響詩	演奏形態	オーケストラ（管弦楽）

❷ ①チェコ　②プラハ　③聴覚
④オーストリア　⑤独立　⑥祖国

❸ ①我が祖国　②自然　③2
④ブルタバ川　⑤オーケストラ（管弦楽）
⑥ブルタバ　⑦モルダウ　⑧国民楽派
⑨シベリウス

❹ ①森の狩り　②ホルン　③水の精の踊り
④ヴァイオリン　⑤ブルタバの源流
⑥フルート　⑦ブルタバの主題
⑧農民の結婚式　⑨ブルタバの源流

一問一答で要点チェック

①スメタナ　②チェコ　③国民楽派
④オーケストラ（管弦楽）　⑤フルート　⑥ウ

解説

❷ ベドルジハ・スメタナ（B.スメタナ）は「チェコ国民楽派の創始者」と呼ばれる。作曲家，指揮者，オルガニストとして活躍したが，晩年は聴覚を失いながら作曲を続けた。連作交響詩「我が祖国」やオペラ「売られた花嫁」，弦楽四重奏曲「我が生涯より」など民族色の濃い作品を数多く残した。

❸ 連作交響詩「我が祖国」の構成と，「ブルタバ」の中で描かれるさまざまな情景をおさえておこう。曲の中ではボヘミアの山間部に水源をもつ，チェコ最長のブルタバ川が，周囲の情景をのぞみながら川幅を増してプラハへ流れ出る様子が描かれる。スメタナは，支配国オーストリアからの独立への思いをこの曲へ託して，5年の歳月をかけて作曲した。同じくチェコのドボルザークやフィンランドのシベリウスなど，他の国民楽派の作曲家についても調べてみよう。

❹ ⑦「ブルタバの主題」はこの曲の主題なので，演奏する楽器とあわせてしっかりと覚えよう。

ミス注意 後半の「幅広く流れるブルタバ」と間違えないようにしよう。後半では川幅を増すブルタバ川の様子がffで表現される。情景と強弱や楽器を関連付けて覚えよう。

p.116・117 ステージ❷

❶ (1)○　(2)○　(3)×　(4)○
(5)×

❷ Aフルート　Bトランペット
Cヴァイオリン　Dティンパニ

❸ (1)ア チェロ　イ ホルン
ウ フルート　エ トランペット
(2)ヴァイオリン

❹ (1)ア　(2)①森の狩り　②ホルン
(3)①ヴァイオリン　②スラー

❺ (1)交響詩　(2)モルダウ　(3)我が祖国
(4)シベリウス　(5)2曲目

解説

❶ (3)祖国の独立への願いを音楽に託している。
(5)ブルタバはチェコ語，モルダウはドイツ語。

❸ (1)チェロはコントラバスと似ているので間違えないようにしよう。コントラバスは立って演奏することが多い。
(2)「幅広く流れるブルタバ」の旋律である。木管楽器とヴァイオリンがffで，ブルタバ川が川幅を増して勇壮に流れる様子を表現している。前半の「ブルタバの主題」との強弱記号や楽器の違いを確認しよう。

❹ (1)音の動きや強弱記号から，表現されている情景を想像しよう。イは「聖ヨハネの急流」。
(2)表題と旋律の内容と楽器の音色を結び付け，イメージをふくらませて覚えるとよい。
(3)「農民の結婚式」。結婚式を祝う舞曲が軽やかに演奏される。
②**ミス注意** タイと間違えないようにしよう。

❺ (5)交響曲と区別して覚えよう。交響詩は楽章がなく，自由な形式で表現される。また，交響詩は詩や物語，自然の情景などの内容表現に重点を置いていることが特徴。

この曲のポイント！

●**作曲者について理解。**
祖国に対する作曲者の気持ちを理解しよう。
●**曲の書かれた背景を理解。**
チェコの歴史や当時の様子を調べよう。
●**曲に描かれる情景と楽器をおさえる。**
各部分の旋律と演奏する楽器をまとめよう。

11 ボレロ

p.118 ステージ**1**

教科書の要点

❶ 下の表

作曲	ラヴェル	時代	近代
曲の種類	バレエ音楽，管弦楽曲		
演奏形態	オーケストラ(管弦楽)		

❷ ①フランス　　②ピアノ　　③管弦楽法
　④魔術師

❸ ①ボレロ　　②バレエ　　③スペイン
　④3拍子　　⑤小太鼓　　⑥クレシェンド

一問一答で要点チェック

①ラヴェル　　②フランス　　③3拍子(系)
④バレエ　　⑤オーケストラ(管弦楽)

解説

❷ ラヴェルは近代フランスの作曲家で，その作品の多くは現在でも広く愛好されている。特にオーケストラ曲は世界中の管弦楽団にとって重要なレパートリーになっている。

❸ 18世紀末にスペインで流行した3拍子系の舞曲であるボレロのリズムが，この曲のもとになっていることを押さえておこう。

p.119 ステージ**2**

❶ (1)ラヴェル　　(2)フランス　　(3)バレエ
　(4)オーケストラ(管弦楽)

❷ (1)楽譜1　イ　　楽譜2　ア
　(2)ウ　　(3)イ　　(4)4分の3拍子
　(5)名称　スラー
　　　意味　高さの違う2つ以上の音を滑らかに
　(6)タイ

❸ ①ウ　　②ア　　③イ　　④エ

解説

❶ (2)ラヴェルはスペイン国境に近い町で生まれたが，所属はフランスであるので，出身国を間違えないようにしよう。

👆 **この曲のポイント!**

●作曲者や曲の成り立ちついて確認。

ラヴェルについて，どの時代に活躍したかや代表作などを確認しよう。もともとはバレエのために作曲されたことも覚えておこう。

12 尺八曲「巣鶴鈴慕」「鹿の遠音」

p.120 ステージ**1**

教科書の要点

❶ 下の表

◆巣鶴鈴慕

作曲	不詳	時代	江戸時代	演奏形態	尺八の独奏

◆鹿の遠音

作曲	不詳	時代	江戸時代	演奏形態	2本の尺八

❷ ①竹　　②4　　③息　　④メリ　　⑤カリ

❸ ①鶴の巣籠　　②親鶴　　③別れ
　④黒沢琴古　　⑤鹿　　⑥2

一問一答で要点チェック

①尺八　　②カリ

解説

❷ 尺八は標準の長さが一尺八寸(約54〜55cm)であるため，尺八と呼ばれるようになったといわれている。実際にはさまざまな長さのものがある。

p.121 ステージ**2**

❶ (1)鶴の巣籠　　(2)尺八　　(3)江戸時代
　(4)ア

❷ (1)イ　　(2)尺八　　(3)江戸時代　　(4)黒沢琴古

❸ (1)5つ　　(2)竹
　(3)漢字　間　　平仮名　ま

❹ (1)ア　カリ　　イ　メリ　　(2)ア

解説

❷ (1)秋の奥山で呼び合う牡鹿と牝鹿の様子を表しているといわれている。

　(4)黒沢琴古(1710〜1771)は虚無僧として各地を行脚しながら各地に伝わる尺八曲を収集した。

❸ (1)右手で2つ，左手で3つの穴をふさいで演奏する。

　(2)竹の根の部分で作られる。

❹ 尺八の基本となる音は6つだが，息の吹き込み方を変えたり，指孔のふさぎ方を変えたり，メリやカリを行ったりする。

👆 **この曲のポイント!**

●尺八について理解。

大きさや素材，穴の数などを確認しよう。

●曲の内容や演奏法をおさえる。

メリやカリ，曲の表す様子などをおさえよう。

13 能「敦盛」「羽衣」

p.122　ステージ❶

教科書の要点

❶ 下の表

現在につながる形に完成させた人物	観阿弥・世阿弥の親子
完成された時代 室町時代	音楽の中心となる要素 謡(地謡)，囃子

❷ ①能　②室町時代　③観阿弥・世阿弥
　④足利義満　⑤囃子　⑥歌舞劇
　⑦歌舞伎

❸ ①シテ　②ワキ　③面　④小鼓

一問一答で要点チェック

①観阿弥・世阿弥　②室町時代　③囃子

解説

❷ 能の成り立ちや，室町時代に観阿弥・世阿弥の親子が現れて，現在につながる形に完成させたことなどを確認しておこう。

❸ 能の各演者が担当する役割は何かも覚えておこう。また，器楽部分を担当する囃子方の4つの楽器は重要事項なので，答えられるようにしよう。

p.123　ステージ❷

❶ (1)地謡　(2)演者名 シテ　読み方 おもて
　(3)ワキ　(4)観阿弥・世阿弥　(5)足利義満

❷ 図1 イ　図2 エ　図3 ウ　図4 ア

❸ ①イ　②ア

❹ A イ　B オ　C エ　D ア　E ウ

解説

❶ 能における主役はシテ，相手役はワキという。また，シテがかける「面」の読み方も覚えておこう。

❷ **ミス注意** 打楽器の小鼓と大鼓は形が似ているので注意しよう。また，大鼓と太鼓も間違えやすいので要注意。

❸ 「敦盛」「羽衣」のあらすじを確認しておこう。「平家物語」と羽衣伝説に基づいた作品である。

❹ 現在能が主に上演される場所を能楽堂という。

👆 この曲のポイント！

●能の歴史や関係した人物をおさえる。
　成り立ちと観阿弥・世阿弥の親子をおさえよう。

●能の演者や囃子方，能舞台などを確認。
　能の上演にまつわる事項や能舞台の各部の名称を調べて確認しよう。

14 日本の民謡(ソーラン節)・日本の郷土芸能

p.124　ステージ❶

教科書の要点

❶ ①ソーラン節　②こきりこ節　③金毘羅船々
　④五木の子守歌　⑤谷茶前

❷ ①律　②都節　③沖縄　④民謡

❸ ①徳島　②福岡　③大阪　④埼玉

解説

❶ ①ソーラン節はニシン漁の際に歌われた仕事歌。
　②「こきりこ」と呼ばれる竹製の小さな2本の棒を打つ伴奏にのって歌う。
　③金毘羅船々は座敷歌として広く知られている。
　④熊本県の子守歌として全国的に有名。
　⑤沖縄県の民謡で，青年が浜で魚をとり，娘たちがそれを売る様子を描写した歌。
　自分の住んでいる地域の民謡にはどのようなものがあるか確認しておこう。

❷ 日本の音階の種類と特徴を，曲例と結びつけて理解しておこう。

❸ ここでは4つの郷土芸能をあげたが，自分の住んでいる地域の祭や行事も調べておこう。

p.125　ステージ❷

❶ (1)青森県　(2)宮城県　(3)新潟県
　(4)福島県　(5)長野県　(6)島根県
　(7)高知県　(8)宮崎県

❷ A 北海道　B ニシン　C 囃しことば
　D コブシ

❸ (1)ウ　(2)イ　(3)ア　(4)エ

❹ A 徳島　B 盆　C 連

解説

❶ 曲名と県名を確認しておこう。

❷ 「ソーラン節」は，もともとは江戸時代から昭和初期まで，北海道のニシン漁で歌われた。

❹ 徳島県の郷土芸能としてよく知られているので，「連」と呼ばれる踊り手の集団の名前も覚えよう。

👆 この曲のポイント！

●日本の民謡の曲名と各地域をおさえる。
　「ソーラン節」の特徴や音階をおさえよう。

●日本の郷土芸能の特徴を確認。
　どの地域の郷土芸能か確認しよう。

定期テスト対策

スピード チェック

まるごと
重要用語マスター

音楽

＼ 付属の赤シートを
使ってね！ ／

「スピードチェック」は取りはずして使用できます。

We'll Find The Way～はるかな道へ
青空へのぼろう

ファイナル チェック　　We'll Find The Way～はるかな道へ

☐❶この曲の作詞者・作曲者は誰か。　　　　杉本竜一（すぎもとりゅういち）

☐❷この曲の拍子は何か。　　　　４分の４拍子

☐❸この曲の調は何か。　　　　ハ長調

☐❹休符 ━ の名前を答えなさい。　　　　２分休符

☐❺ *mp* の読み方と意味を答えなさい。　**読み方** メッゾ ピアノ

　　　　　　　　　　　　　　　　　意味 少し弱く

☐❻記号 の読み方を答えなさい。　　タイ
　　　　↑この記号

☐❼ ❻の記号の意味を（　）を埋めて答えなさい。

　・すぐ隣の（　　　）の２つの音符をつなげる　　同じ高さ

☐❽ ◁ の読み方を答えなさい。　　クレシェンド

☐❾ C，G，Am，Em などのアルファベットを何というか。　　コードネーム

☐❿次の楽譜の演奏する順番を答えなさい。　　A→B→C→A→B→D

ファイナル チェック　　青空へのぼろう

☐❶この曲の作詞者は誰か。　　　　中野郁子（なかのいくこ）

☐❷この曲の作曲者は誰か。　　　　平吉毅州（ひらよしたけくに）

☐❸この曲の形式を何形式というか。　　　　二部形式

☐❹この曲の拍子は何か。　　　　４分の４拍子

☐❺この曲の調は何か。　　　　ハ長調

☐❻休符 ━ の名前を答えなさい。　　　　２分休符

☐❼記号 ┃ の読み方と意味を答えなさい。　**読み方** テヌート
　　　↑この記号

　　　　　　　　　　　　　　　　意味 音の長さをじゅうぶんに保って

☐❽記号 ┃ の読み方と意味を答えなさい。　**読み方** スタッカート
　　　↑この記号

　　　　　　　　　　　　　　　　意味 音を短く切って

☐❾記号 の読み方を答えなさい。　　タイ
　　　↑この記号

☐❿ ❾の記号の意味を（　）を埋めて答えなさい。

　・すぐ隣の（　　　）の２つの音符をつなげる　　同じ高さ

主人は冷たい土の中に
アニー・ローリー

ファイナル チェック 　主人は冷たい土の中に

☐❶この曲の作曲者は誰か。 S.C. フォスター
☐❷この曲の速度記号は何か。 Andante
☐❸この曲の拍子は何か。 ４分の４拍子
☐❹Andante の読み方と意味を答えなさい。 **読み方** アンダンテ
意味 ゆっくり歩くような速さで

☐❺ *mp* の読み方と意味を答えなさい。 **読み方** メッゾ ピアノ
意味 少し弱く

☐❻記号 ⌒ の読み方を答えなさい。 フェルマータ
☐❼❻の記号の意味を（　）を埋めて答えなさい。
・その音符（休符）をほどよく（　　　　） のばす
☐❽アルトリコーダーについて，次の楽譜のＡとＢの音符の
運指を答えなさい。

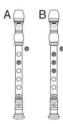

ファイナル チェック 　アニー・ローリー

☐❶この曲の作曲者は誰か。 スコット夫人
☐❷原曲はどこの民謡か。 スコットランド
☐❸この曲の速度記号は何か。 Moderato
☐❹この曲の拍子は何か。 ４分の４拍子
☐❺ Moderato の読み方と意味を答えなさい。 **読み方** モデラート
意味 中ぐらいの速さで

☐❻記号 Ｖ の読み方を答えなさい。 ブレス
☐❼右の音階は何調か。 イ短調

☐❽アルトリコーダーについて，次の楽譜のＡとＢの音符の
運指を答えなさい。

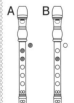

浜辺の歌
赤とんぼ

ファイナル チェック　浜辺の歌

- ☐❶この曲の作詞者は誰か。　　　　　　　　　　　　林古溪
- ☐❷この曲の作曲者は誰か。　　　　　　　　　　　　成田為三
- ☐❸この曲の拍子は何か。　　　　　　　　　　　　　8分の6拍子
- ☐❹この曲の調は何か。　　　　　　　　　　　　　　ヘ長調
- ☐❺この曲の形式を何形式というか。　　　　　　　　二部形式
- ☐❻音符 ♩. の名前を答えなさい。　　　　　　　　付点4分音符
- ☐❼記号 *mp* の読み方と意味を答えなさい。　[読み方]　メッゾ ピアノ
  　　　　　　　　　　　　　　　　　　　　　[意味]　少し弱く
- ☐❽記号 ⟨ の読み方と意味を答えなさい。　[読み方]　クレシェンド
  　　　　　　　　　　　　　　　　　　　　　[意味]　だんだん強く

●下の❾〜⓬の歌詞の意味を答えなさい。

- ☐❾あした　　　　　　　　　　　　　　　　　　　朝
- ☐❿ゆうべ　　　　　　　　　　　　　　　　　　　夕方
- ☐⓫しのばるる　　　　　　　　　　　　　　　　　思い出される
- ☐⓬もとおれば　　　　　　　　　　　　　　　　　歩きまわれば

ファイナル チェック　赤とんぼ

- ☐❶この曲の作詞者は誰か。　　　　　　　　　　　　三木露風
- ☐❷この曲の作曲者は誰か。　　　　　　　　　　　　山田耕筰
- ☐❸この曲の拍子は何か。　　　　　　　　　　　　　4分の3拍子
- ☐❹この曲の調は何か。　　　　　　　　　　　　　　変ホ長調
- ☐❺この曲の形式を何形式というか。　　　　　　　　一部形式
- ☐❻記号 *p* の読み方を答えなさい。　　　　　　　ピアノ
- ☐❼記号 *mf* の読み方と意味を答えなさい。　[読み方]　メッゾ フォルテ
  　　　　　　　　　　　　　　　　　　　　　[意味]　少し強く
- ☐❽記号 ⟩ の読み方と意味を答えなさい。　[読み方]　デクレシェンド
  　　　　　　　　　　　　　　　　　　　　　[意味]　だんだん弱く
- ☐❾歌詞の「姐や」とは誰のことか。　　　　　　　　子守娘

●下の❿〜⓫の歌詞の意味を答えなさい。

- ☐❿負われて　　　　　　　　　　　　　　　　　　背負われて
- ☐⓫お里のたより　　　　　　　　　　　　　　　　故郷からの手紙

Edelweiss
エーデルワイス
夢の世界を

ファイナル チェック　　　Edelweiss

- ☐❶ この曲の作詞者は誰か。　　　　　　　　　　　　　　O. ハマースタイン2世
- ☐❷ この曲の作曲者は誰か。　　　　　　　　　　　　　　R. ロジャーズ
- ☐❸ この曲の拍子は何か。　　　　　　　　　　　　　　　4分の3拍子
- ☐❹ この曲の調は何か。　　　　　　　　　　　　　　　　ハ長調
- ☐❺ この曲が歌われているミュージカルの名前は何か。　　サウンド オブ ミュージック
- ☐❻ エーデルワイスはどの地方の高山植物か。　　　　　　アルプス地方
- ☐❼ エーデルワイスの花の色は何か。　　　　　　　　　　白
- ☐❽ 休符 ʼ の名前を答えなさい。　　　　　　　　　　　　8分休符
- ☐❾ 記号 V の読み方と意味を答えなさい。　**読み方** ブレス
  　　　　　　　　　　　　　　　　　　　　　　意味 息つぎをする
- ☐❿ 記号 *mf* の読み方と意味を答えなさい。　**読み方** メッゾ フォルテ
  　　　　　　　　　　　　　　　　　　　　　　意味 少し強く
- ☐⓫ 記号 ＞ の読み方と意味を答えなさい。　**読み方** デクレシェンド
  　　　　　　　　　　　　　　　　　　　　　　意味 だんだん弱く

ファイナル チェック　　　夢の世界を

- ☐❶ この曲の作詞者は誰か。　　　　　　　　　　　　　　芙龍明子（ふりゅうあきこ）
- ☐❷ この曲の作曲者は誰か。　　　　　　　　　　　　　　橋本祥路（はしもとしょうじ）
- ☐❸ この曲の拍子は何か。　　　　　　　　　　　　　　　8分の6拍子
- ☐❹ この曲の調は何か。　　　　　　　　　　　　　　　　ハ長調
- ☐❺ この曲は斉唱で始まり，後半はどのような合唱形態と
  　 なっているか。　　　　　　　　　　　　　　　　　　混声三部合唱
- ☐❻ 女声の高い声のパートを何というか。　　　　　　　　ソプラノ
- ☐❼ 女声の低い声のパートを何というか。　　　　　　　　アルト
- ☐❽ 記号 *rit.* の読み方と意味を答えなさい。　**読み方** リタルダンド
  　　　　　　　　　　　　　　　　　　　　　　意味 だんだん遅く
- ☐❾ 記号 *a tempo* の読み方と意味を答えなさい。　**読み方** ア テンポ
  　　　　　　　　　　　　　　　　　　　　　　意味 もとの速さで
- ☐❿ 記号 ♩ の読み方と意味を答えなさい。　　　　　　　テヌート
  　　↑ この記号
- ☐⓫ ❿の記号の意味を（　）を埋めて答えなさい。
  　 ・音の長さを（　　　　　　　）　　　　　　　　　　じゅうぶんに保って

スピードチェック

生命が羽ばたくとき
翼をください

ファイナル チェック　生命が羽ばたくとき

☑❶この曲の作詞者は誰か。 人見敬子

☑❷この曲の作曲者は誰か。 西澤健治

☑❸この曲の拍子は何か。 ４分の４拍子

☑❹この曲の調は何か。 変ロ長調

☑❺音符 ♪ の名前を答えなさい。 16分音符

☑❻休符 ― の名前を答えなさい。 全休符

☑❼記号 ♩ の読み方を答えなさい。 テヌート

☑❽❼の記号の意味を（　）を埋めて答えなさい。
　・音の長さを（　　　　　　　　） じゅうぶんに保って

☑❾記号 **D.S.** の読み方と意味を答えなさい。 **読み方** ダル　セーニョ
　　　　　　　　　　　　　　　　　　　　　　　　　　 意味 𝄋 に戻る

☑❿次の楽譜の演奏する順番を答えなさい。 A→B→C→D→B →C→E

ファイナル チェック　翼をください

☑❶この曲の作詞者は誰か。 山上路夫

☑❷この曲の作曲者は誰か。 村井邦彦

☑❸この曲の速度記号は何か。 **Moderato**

☑❹❸の意味を答えなさい。 中ぐらいの速さで

☑❺この曲の拍子は何か。 ４分の４拍子

☑❻この曲の調は何か。 変ロ長調

☑❼この曲の合唱形態は何か。 混声三部合唱

☑❽音符 ♪♪♪ の名前を答えなさい。 ３連符

☑❾❽はどのような音符を３等分したものか。 ４分音符

☑❿記号 *mf* の読み方と意味を答えなさい。 **読み方** メッゾ　フォルテ
　　　　　　　　　　　　　　　　　　　　　　　　　　 意味 少し強く

☑⓫記号 の読み方を答えなさい。 タイ
　　　　　　この記号

☑⓬⓫の記号の意味を（　）を埋めて答えなさい。
　・すぐ隣の（　　　　　）の２つの音符をつなげる 同じ高さ

夏の思い出
明日を信じて

ファイナル チェック　　夏の思い出

☑❶この曲の作詞者は誰か。　　　　　　　　　　　　江間章子

☑❷この曲の作曲者は誰か。　　　　　　　　　　　　中田喜直

☑❸この曲の拍子は何か。　　　　　　　　　　　　　4分の4拍子

☑❹この曲の調は何か。　　　　　　　　　　　　　　ニ長調

☑❺この曲の形式は何か。　　　　　　　　　　　　　二部形式

☑❻この曲は何という湿原を歌っているか。　　　　　尾瀬ヶ原

☑❼歌詞の「石楠花色」とはどのような色か。　　　　薄い紅色

☑❽音符 $\sqrt{3}$ の名前を答えなさい。　　　　　　　　3連符

☑❾❽はどのような音符を3等分したものか。　　　　4分音符

☑❿記号 ⌢ の読み方を答えなさい。　　　　　　　　フェルマータ

☑⓫❿の記号の意味を（　）を埋めて答えなさい。

　・その音符（休符）をほどよく（　　　　　）　　のばす

☑⓬記号 **pp** の読み方を答えなさい。　　　　　　　ピアニッシモ

☑⓭記号 **dim.** の読み方と意味を答えなさい。　　読み方　ディミヌエンド

　　　　　　　　　　　　　　　　　　　　　　　　意味　だんだん弱く

ファイナル チェック　　明日を信じて

☑❶この曲の作詞者・作曲者は誰か。　　　　　　　　小林真人

☑❷この曲の拍子は何か。　　　　　　　　　　　　　4分の4拍子

☑❸休符 ⁊ の名前を答えなさい。　　　　　　　　　8分休符

☑❹ **mf** の読み方と意味を答えなさい。　　読み方　メッゾ フォルテ

　　　　　　　　　　　　　　　　　　　意味　少し強く

☑❺記号 ⌣ の読み方を答えなさい。　　　　　　　タイ
　　　　　↖この記号

☑❻❺の記号の意味を（　）を埋めて答えなさい。

　・すぐ隣の（　　　　　）の2つの音符をつなげる　同じ高さ

☑❼ ＜ の読み方を答えなさい。　　　　　　　クレシェンド

☑❽ C，G，Am，Em などのアルファベットを何というか。　コードネーム

☑❾次の楽譜の演奏する順番を答えなさい。　　　　　A→B→C→D→

　　　　　　　　　　　　　　　　　　　　　　　　E→B→C→F

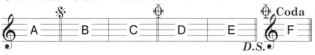

荒城の月
サンタ ルチア

ファイナル チェック　　荒城の月

☑❶この曲の作詞者は誰か。　　　　　　　　　　　土井晩翠（ど い ばんすい）

☑❷この曲の作曲者は誰か。　　　　　　　　　　　滝廉太郎（たきれん た ろう）

☑❸この曲の速度記号は何か。　　　　　　　　　　Andante

☑❹この曲の拍子は何か。　　　　　　　　　　　　4分の4拍子

☑❺この曲の調は何か。　　　　　　　　　　　　　ロ短調

☑❻この曲の形式を何というか。　　　　　　　　　二部形式

☑❼この曲の詩の形式を何というか。　　　　　　　七五調

☑❽**Andante** の読み方と意味を答えなさい。　　　読み方　アンダンテ

　　　　　　　　　　　　　　　　　　　　　　意味　ゆっくり歩くような速さで

●下の❾〜⓬の歌詞の意味を答えなさい。

☑❾花の宴（えん）　　　　　　　　　　　　　　　花見の宴

☑❿千代の松が枝（ちょ）（え）　　　　　　　　　古い松の枝

☑⓫照りそいし　　　　　　　　　　　　　　　　　照り映えた

☑⓬たがためぞ　　　　　　　　　　　　　　　　　誰のためなのか

ファイナル チェック　　サンタ ルチア

☑❶原曲はイタリアのある町の民謡である。町の名前を答え　ナポリ
　なさい。

☑❷この曲の拍子は何か。　　　　　　　　　　　　8分の3拍子

☑❸この曲の調は何か。　　　　　　　　　　　　　変ロ長調

☑❹この曲の種類を答えなさい。　※「歌」という意味である。　カンツォーネ

☑❺音符 ♪ の名前を答えなさい。　　　　　　　　　付点8分音符

☑❻ *mp* の読み方と意味を答えなさい。　　　　　読み方　メッゾ ピアノ

　　　　　　　　　　　　　　　　　　　　　　意味　少し弱く

☑❼記号 〉 の読み方と意味を答えなさい。　　　　読み方　アクセント
　　　　➤←この記号
　　　　　　　　　　　　　　　　　　　　　　意味　その音を目立たせて

☑❽記号 　　　　　　の読み方を答えなさい。　　　スラー
　　　　　　←この記号

☑❾❽の記号の意味を（　）を埋めて答えなさい。

　・高さの違う2つ以上の音符を（　　　　　）する　滑らかに

花
花の街

ファイナル チェック　花

□❶この曲の作詞者は誰か。　武島羽衣 (たけしま は ごろも)

□❷この曲の作曲者は誰か。　滝廉太郎 (たきれん た ろう)

□❸この曲の形式を何形式というか。　二部形式

□❹この曲は組歌の第１曲である。組歌の名前は何か。　四季

□❺この曲で歌われている季節と花は何か。　季節　春

　　　　　　　　　　　　　　　　　　　　　花　桜

□❻歌われている川の名前は何か。　隅田川 (すみ だ がわ)

□❼*a tempo*（ア テンポ）の意味を答えなさい。　もとの速さで

●下の❽〜⓬の歌詞の意味を答えなさい。

□❽見ずや　見てごらん

□❾あけぼの　夜明け

□❿のべて　伸ばして

□⓫くるれば　日が暮れると

□⓬千金の　とても価値のある

ファイナル チェック　花の街

□❶この曲の作詞者は誰か。　江間章子 (え ま しょうこ)

□❷❶の代表作を１つあげなさい。　夏の思い出

□❸この曲の作曲者は誰か。　團伊玖磨 (だん い くま)

□❹❸の作曲したオペラ作品を１つ上げなさい。　夕鶴 (ゆうづる)

□❺この曲の拍子は何か。　４分の２拍子

□❻この曲の調は何か。　ヘ長調

□❼❻の調では，ある音に必ず♭がつく。その音は何か。　ロ音

□❽この曲のそれぞれのフレーズはすべて休符で始まっている。　𝄾
　　その休符を書きなさい。

□❾記号 *mp* の読み方と意味を答えなさい。　読み方　メッゾ ピアノ

　　　　　　　　　　　　　　　　　　　　意味　少し弱く

□❿記号 *f* の読み方と意味を答えなさい。　読み方　フォルテ

　　　　　　　　　　　　　　　　　　　　意味　強く

□⓫記号 ＞ の読み方と意味を答えなさい。　読み方　デクレシェンド

　　　　　　　　　　　　　　　　　　　　意味　だんだん弱く

早春賦
帰れソレントへ

ファイナル チェック　　早春賦

- ☑❶この曲の作詞者は誰か。　　　　　　　　　　　　　吉丸一昌
- ☑❷この曲の作曲者は誰か。　　　　　　　　　　　　　中田章
- ☑❸この曲の拍子は何か。　　　　　　　　　　　　　　８分の６拍子
- ☑❹この曲の形式を何形式と呼ぶか。　　　　　　　　　二部形式
- ☑❺記号 *mf* の意味を答えなさい。　　　　　　　　　メッゾ フォルテ
- ☑❻記号 *pp* の読み方を答えなさい。　　　　　　　　ピアニッシモ
- ☑❼記号 ◁▷ の読み方と意味を答えなさい。　読み方　クレシェンド
　　　　　　　　　　　　　　　　　　　　　意味　　だんだん強く
- ☑❽記号 *rit.* の読み方と意味を答えなさい。　読み方　リタルダンド
　　　　　　　　　　　　　　　　　　　　　意味　　だんだん遅く

●下の❾～❿の歌詞の意味を答えなさい。
- ☑❾時にあらずと　　　　　　　　　　　　　　　　　まだその時ではないと
- ☑❿角ぐむ　　　　　　　　　　　　　　　　　　　　芽が出始める
- ☑⓫知らでありしを　　　　　　　　　　　　　　　　知らないでいたものを
- ☑⓬急かるる　　　　　　　　　　　　　　　　　　　せかされる

ファイナル チェック　　帰れソレントへ

- ☑❶この曲の作曲者は誰か。　　　　　　　　　　　　　E. デ クルティス
- ☑❷この曲の速度記号は何か。　　　　　　　　　　　　Moderato
- ☑❸この曲の拍子は何か。　　　　　　　　　　　　　　４分の３拍子
- ☑❹この曲に出てくる調を２つあげなさい。　　　　　　ハ短調，ハ長調
- ☑❺ハ長調とハ短調は主音ハが共通である。このような調の　同主調
　　関係を何というか。
- ☑❻この曲の原曲はどこの国の言葉で書かれているか。　イタリア語
- ☑❼イタリアの代表的な発声法をあげなさい。※美しい歌唱の意味　ベルカント
- ☑❽ソレントはどこの湾に面した町か。　　　　　　　　ナポリ湾
- ☑❾記号 ⌢ の読み方を答えなさい。　　　　　　　　　フェルマータ
- ☑❿記号 *rit.* の読み方と意味を答えなさい。　読み方　リタルダンド
　　　　　　　　　　　　　　　　　　　　　意味　　だんだん遅く
- ☑⓫記号 *a tempo* の読み方と意味を答えなさい。　読み方　ア テンポ
　　　　　　　　　　　　　　　　　　　　　意味　　もとの速さで

ふるさと
フォーエヴァー
Forever

ファイナル チェック　　ふるさと

☐❶この曲の作詞者は誰か。　　　　　　　　　　高野辰之
☐❷この曲の作曲者は誰か。　　　　　　　　　　岡野貞一
☐❸この曲の拍子は何か。　　　　　　　　　　　4分の3拍子
☐❹この曲の調は何か。　　　　　　　　　　　　ヘ長調
☐❺❹の調では，ある音に必ず ♭ がつく。その音は何か。　ロ音
☐❻ *mf* の意味を答えなさい。　　　　　　　　少し強く
☐❼ *p* の読み方を答えなさい。　　　　　　　　ピアノ
☐❽記号 ══════▶ の読み方と意味を答えなさい。　**読み方**　デクレシェンド
　　　　　　　　　　　　　　　　　　　　　意味　だんだん弱く

●下の❾〜⓬の歌詞の意味を答えなさい。
☐❾かの山，かの川　　　　　　　　　　　　　あの山，あの川
☐❿忘れがたき　　　　　　　　　　　　　　　忘れられない
☐⓫いかにいます　　　　　　　　　　　　　　どうしているだろう
☐⓬つつがなしや　　　　　　　　　　　　　　無事でいるだろうか

ファイナル チェック　　Forever

☐❶この曲の作詞者・作曲者は誰か。　　　　　　杉本竜一
☐❷この曲の拍子は何か。　　　　　　　　　　　4分の4拍子
☐❸この曲の調は何か。　　　　　　　　　　　　ハ長調
☐❹音符 ♩♩♩ の名前を答えなさい。　　　　　　3連符

☐❺休符 ꜆ の名前を答えなさい。　　　　　　　8分休符
☐❻記号 *D.S.* の読み方と意味を答えなさい。　**読み方**　ダル セーニョ
　　　　　　　　　　　　　　　　　　　　　意味　𝄋 に戻る
☐❼記号 *Fine* の読み方と意味を答えなさい。　**読み方**　フィーネ
　　　　　　　　　　　　　　　　　　　　　意味　終わり
☐❽記号 ◀══════ の読み方と意味を答えなさい。　**読み方**　クレシェンド
　　　　　　　　　　　　　　　　　　　　　意味　だんだん強く
☐❾次の楽譜の演奏する順番を答えなさい。　　　A→B→C→D
　　　　　　　　　　　　　　　　　　　　　→A→B→E→F

🎼 ─A─── B ── C ── D :‖ E ── F ──

スピードチェック

unlimited（アンリミテッド）
マイ バラード

ファイナル チェック 　　unlimited（アンリミテッド）

☐❶この曲の作詞者は誰か。　　　　　　　　　　　　　　桑原永江（くわはらながえ）

☐❷この曲の作曲者は誰か。　　　　　　　　　　　　　　若松歓（わかまつかん）

☐❸この曲の拍子は何か。　　　　　　　　　　　　　　　４分の４拍子

☐❹記号 *mp* の読み方と意味を答えなさい。　　【読み方】　メッゾ ピアノ

　　　　　　　　　　　　　　　　　　　　　　【意味】　少し弱く

☐❺強弱記号で「強く」を表す記号を答えなさい。　　　　*f*

☐❻記号 *cresc.* の読み方と意味を答えなさい。　【読み方】　クレシェンド

　　　　　　　　　　　　　　　　　　　　　　【意味】　だんだん強く

☐❼記号 　　　　　　　の読み方を答えなさい。　　　　　タイ
　　　　　　　　↖この記号

☐❽記号 *D.S.* の読み方と意味を答えなさい。　【読み方】　ダル セーニョ

　　　　　　　　　　　　　　　　　　　　　　【意味】　𝄋 に戻る

☐❾次の楽譜の演奏する順番を答えなさい。　　　　　　　A→B→C→D→

　　　　　　　　　　　　　　　　　　　　　　　　　　B→E→F

ファイナル チェック 　　マイ バラード

☐❶この曲の作詞者・作曲者は誰か。　　　　　　　　　　松井孝夫（まついたかお）

☐❷この曲の拍子は何か。　　　　　　　　　　　　　　　４分の４拍子

☐❸この曲の合唱形態は何か。　　　　　　　　　　　　　混声三部合唱

☐❹音符 の名前を答えなさい。　　　　　　　　　　　　３連符

☐❺❹と同じ長さの音符を答えなさい。　　　　　　　　　２分音符

☐❻記号 *mf* の読み方と意味を答えなさい。　【読み方】　メッゾ フォルテ

　　　　　　　　　　　　　　　　　　　　　　【意味】　少し強く

☐❼記号 *D.S.* の読み方と意味を答えなさい。　【読み方】　ダル セーニョ

　　　　　　　　　　　　　　　　　　　　　　【意味】　𝄋 に戻る

☐❽記号 *Fine* の読み方と意味を答えなさい。　【読み方】　フィーネ

　　　　　　　　　　　　　　　　　　　　　　【意味】　終わり

☐❾次の楽譜の演奏する順番を答えなさい。　　　　　　　A→B→C→D→

　　　　　　　　　　　　　　　　　　　　　　　　　　E→F→C→D

大切なもの
時の旅人

ファイナル チェック　　大切なもの

- ☐❶この曲の作詞者・作曲者は誰か。　　　　　　　　　　　　山崎朋子
- ☐❷この曲の拍子は何か。　　　　　　　　　　　　　　　　　４分の４拍子
- ☐❸この曲の合唱形態は何か。　　　　　　　　　　　　　　　混声三部合唱
- ☐❹女声の高い声のパートを何というか。　　　　　　　　　　ソプラノ
- ☐❺女声の低い声のパートを何というか。　　　　　　　　　　アルト
- ☐❻記号 *pp* の読み方を答えなさい。　　　　　　　　　　　ピアニッシモ
- ☐❼記号 ⌢ の読み方を答えなさい。　　　　　　　　　　　　フェルマータ
- ☐❽記号 *rit.* の意味を答えなさい。　　　　　　　　　　　だんだん遅く
- ☐❾記号 ⌣ の読み方を答えなさい。　　　　　　　　　　　タイ

　　　　　　　←この記号

- ☐❿❾の記号の意味を（　　）を埋めて答えなさい。
  ・すぐ隣の（　　　　　）の２つの音符をつなげる　　　　同じ高さ
- ☐⓫次の楽譜の演奏する順番を答えなさい。　　　　　　　　　A→B→C→D→

　　　　　　　　　　　　　　　　　　　　　　　　　　　　A→B→E→F

A　　B　　C　　D　：　E　　F

ファイナル チェック　　時の旅人

- ☐❶この曲の作詞者は誰か。　　　　　　　　　　　　　　　　深田じゅんこ
- ☐❷この曲の作曲者は誰か。　　　　　　　　　　　　　　　　橋本祥路
- ☐❸この曲の拍子は何か。　　　　　　　　　　　　　　　　　４分の４拍子
- ☐❹この曲の合唱形態は何か。　　　　　　　　　　　　　　　混声三部合唱
- ☐❺記号 ▷ の読み方と意味を答えなさい。　　【読み方】デクレシェンド
  　　　　　　　　　　　　　　　　　　　　　　　　【意味】だんだん弱く
- ☐❻休符 ꜔ の名前を書きなさい。　　　　　　　　　　　　　８分休符
- ☐❼記号 *rit.* の読み方と意味を答えなさい。　【読み方】リタルダンド
  　　　　　　　　　　　　　　　　　　　　　　　　【意味】だんだん遅く
- ☐❽記号 *accel.* の読み方と意味を答えなさい。【読み方】アッチェレランド
  　　　　　　　　　　　　　　　　　　　　　　　　【意味】だんだん速く
- ☐❾記号 **Meno mosso** の読み方を答えなさい。　　　　　メーノ モッソ
- ☐❿❾の記号の意味を（　　）を埋めて答えなさい。
  ・今までより（　　　　　）　　　　　　　　　　　　　　遅く

スピードチェック

蛍の光
HEIWAの鐘

ファイナル チェック　　蛍の光

☐❶この曲の原曲はどこの民謡か。　　　　　　　　　スコットランド

☐❷この曲の拍子は何か。　　　　　　　　　　　　　4分の4拍子

☐❸この曲の調は何か。　　　　　　　　　　　　　　ヘ長調

☐❹❸の調では，ある音に必ず♭がつく。その音は何か。　ロ音

☐❺記号 Ⅴ の意味を答えなさい。　　　　　　　　　息つぎをする

☐❻記号 ♯ の意味を答えなさい。　　　　　　　　　半音上げる

☐❼記号 ⌒ の読み方を答えなさい。　　　　　　　　スラー
　　　　　　　↖この記号

☐❽❼の記号の意味を（　）を埋めて答えなさい。

　・高さの違う2つ以上の音符を（　　　　　）する　　滑らかに

●下の❾〜⓬の歌詞の意味を答えなさい。

☐❾とまるも行くも　　　　　　　　　　　　　　　　とどまる人も去る人も

☐❿かたみに　　　　　　　　　　　　　　　　　　　互いに

☐⓫ちよろずの　　　　　　　　　　　　　　　　　　たくさんの

☐⓬さきくとばかり　　　　　　　　　　　　　　　　幸せであるようにと

ファイナル チェック　　HEIWAの鐘

☐❶この曲の作詞者・作曲者は誰か。　　　　　　　　仲里幸広

☐❷この曲の拍子は何か。　　　　　　　　　　　　　4分の4拍子

☐❸この曲の調は何か。　　　　　　　　　　　　　　変イ長調

☐❹❸の調では♭の調号はいくつつくか。　　　　　　4つ

☐❺記号 *mf* の意味を答えなさい。　　　　　　　　少し強く

☐❻記号 *cresc.* の読み方を答えなさい。　　　　　　クレシェンド

☐❼記号 *D.S.* の読み方を答えなさい。　　　　　　　ダル セーニョ

☐❽記号 ⌣ の読み方を答えなさい。　　　　　　　　タイ
　　　　　　　↖この記号

☐❾❽の記号の意味を（　）を埋めて答えなさい。

　・すぐ隣の（　　　　　）の2つの音符をつなげる　　同じ高さ

☐❿次の楽譜の演奏する順番を答えなさい。　　　　　A→B→C→D→
　　　　　　　　　　　　　　　　　　　　　　　　E→B→C→F

旅立ちの日に
大地讃頌(さんしょう)

ファイナル チェック 　旅立ちの日に

☐❶この曲の作詞者は誰か。　　　　　　　　　　　　小嶋登(こじまのぼる)

☐❷この曲の作曲者は誰か。　　　　　　　　　　　　坂本浩美(さかもとひろみ)

☐❸この曲の速度記号は何か。　　　　　　　　　　　Moderato

☐❹❸の速度記号の読み方と意味を答えなさい。　**読み方** モデラート

　　　　　　　　　　　　　　　　　　　　　　意味 中ぐらいの速さで

☐❺この曲の拍子は何か。　　　　　　　　　　　　　４分の４拍子

☐❻この曲の合唱形態は何か。　　　　　　　　　　　混声三部合唱

☐❼女声の高い声のパートを何というか。　　　　　　ソプラノ

☐❽女声の低い声のパートを何というか。　　　　　　アルト

☐❾休符 ❜ の名前を答えなさい。　　　　　　　　　　８分休符

☐❿記号 *cresc.* の読み方と意味を答えなさい。　**読み方** クレシェンド

　　　　　　　　　　　　　　　　　　　　　　意味 だんだん強く

☐⓫記号 **Piu mosso** の読み方を答えなさい。　　ピウ　モッソ

☐⓬⓫の記号の意味を（　）を埋めて答えなさい。

　　・今までより（　　　　　）　　　　　　　　　　速く

ファイナル チェック 　大地讃頌

☐❶この曲の作詞者は誰か。　　　　　　　　　　　　大木惇夫(おおきあつお)

☐❷この曲の作曲者は誰か。　　　　　　　　　　　　佐藤眞(さとうしん)

☐❸この曲の拍子は何か。　　　　　　　　　　　　　４分の４拍子

☐❹この曲の合唱形態は何か。　　　　　　　　　　　混声四部合唱

☐❺男声の高い声のパートを何というか。　　　　　　テノール

☐❻男声の低い声のパートを何というか。　　　　　　バス

☐❼歌詞「恩寵」の意味を答えなさい。　　　　　　　恵み

☐❽臨時記号 ✕ の意味を答えなさい。　　　　　　　半音２個分上げる

☐❾記号 *cresc.* の読み方と意味を答えなさい。　**読み方** クレシェンド

　　　　　　　　　　　　　　　　　　　　　　意味 だんだん強く

☐❿記号 *poco a poco* の読み方と意味を答えなさい。**読み方** ポーコ　ア　ポーコ

　　　　　　　　　　　　　　　　　　　　　　意味 少しずつ

☐⓫記号 **Grandioso** の読み方と意味を答えなさい。**読み方** グランディオーソ

　　　　　　　　　　　　　　　　　　　　　　意味 壮大に

仰(あお)げば尊し
楽典のまとめ

ファイナル チェック　　仰げば尊し

☐❶この曲の拍子は何か。　　　　　　　　　　　　　8分の6拍子
☐❷この曲の合唱形態を答えなさい。　　　　　　　混声四部合唱
☐❸男声の高い声のパートを何というか。　　　　　テノール
☐❹男声の低い声のパートを何というか。　　　　　バス
☐❺記号 *mp* の読み方を答えなさい。　　　　　　　メッゾ ピアノ
☐❻記号 *mf* の読み方と意味を答えなさい。　[読み方] メッゾ フォルテ
　　　　　　　　　　　　　　　　　　　　　[意味] 少し強く

☐❼記号 ⌢ の読み方を答えなさい。　　　　　　　フェルマータ
☐❽❼の記号の意味を（ ）を埋めて答えなさい。
　・その音符（休符）をほどよく（　　　　　　）　のばす
●下の❾～⓬の歌詞の意味を答えなさい。
☐❾いと疾し　　　　　　　　　　　　　　　　　とてもはやい
☐❿今こそ別れめ　　　　　　　　　　　　　　　今こそ別れましょう
☐⓫むつみし　　　　　　　　　　　　　　　　　仲よくした
☐⓬忘るる間ぞなき　　　　　　　　　　　　　　忘れるときもない

ファイナル チェック　　楽典のまとめ

☐❶ Andante の読み方と意味を答えなさい。　[読み方] アンダンテ
　　　　　　　　　　　　　　　　　　　　[意味] ゆっくり歩くような速さで

☐❷ *mp* の読み方と意味を答えなさい。　　　[読み方] メッゾ ピアノ
　　　　　　　　　　　　　　　　　　　　[意味] 少し弱く

☐❸音符 ♪ の名前を答えなさい。　　　　　　　　付点8分音符
☐❹記号 *accel.* の読み方と意味を答えなさい。[読み方] アッチェレランド
　　　　　　　　　　　　　　　　　　　　[意味] だんだん速く

☐❺休符 ▬ の名前を答えなさい。　　　　　　　　2分休符
☐❻ ◁ の読み方を答えなさい。　　　　　　　　クレシェンド
☐❼記号 ♩̇ の読み方と意味を答えなさい。　[読み方] スタッカート
　　　↑この記号　　　　　　　　　　　　　　[意味] 音を短く切って

☐❽次の楽譜の演奏する順番を答えなさい。　　　A→B→C→A→
　　　　　　　　　　　　　　　　　　　　　B→D

スピードチェック

春
魔王 － Erlkönig －
まおう　　　エルケーニヒ

ファイナル チェック　　春

☐ ❶ この曲の作曲者は誰か。　　　　　　　　　　　　　　ヴィヴァルディ

☐ ❷ ❶の生まれた国はどこか。　　　　　　　　　　　　　イタリア

☐ ❸ ❶の活躍したのは何時代か。　　　　　　　　　　　　バロック時代

☐ ❹ ❶と同じ時代の作曲家を２人あげなさい。　　　　　　バッハ，ヘンデル

☐ ❺ この曲の種類を何というか。　　　　　　　　　　　　協奏曲

☐ ❻ ❶は，❺の発展に重要な役割を果たした。そのため，　協奏曲の父
　　❶はどのように呼ばれているか。

☐ ❼ この曲は何という曲集に含まれる曲か。　　　　　　　四季

☐ ❽ この曲の独奏楽器である右の楽器は何か。　　　　　　ヴァイオリン

☐ ❾ この曲はいくつの楽章からできているか。　　　　　　３つ

☐ ❿ 第１楽章の形式を何というか。　　　　　　　　　　　リトルネッロ形式

☐ ⓫ この曲には楽譜のはじめに短い詩が付けられている。　ソネット
　　この詩を何というか。

☐ ⓬ チェンバロなどが，低音パートの上に　　　　　　　　通奏低音
　　和音を加えながら伴奏することを何とい
　　うか。

ファイナル チェック　　魔王－Erlkönig－

☐ ❶ この曲の作詞者は誰か。　　　　　　　　　　　　　　ゲーテ

☐ ❷ ❶の生まれた国はどこか。　　　　　　　　　　　　　ドイツ

☐ ❸ この曲の作曲者は誰か。　　　　　　　　　　　　　　シューベルト

☐ ❹ ❸の活躍したのはどのような時代か。　　　　　　　　ロマン派

☐ ❺ ❸はある国の都市ウィーンの郊外に生まれた。その国の　オーストリア
　　名前は何か。

☐ ❻ ❸の代表作を歌曲の中から１つあげなさい。　　例　野ばら

☐ ❼ ❸が「魔王」を作曲したのは何歳のときか。　　　　　18歳

☐ ❽ ドイツ語による歌曲を何というか。　　　　　　　　　リート

☐ ❾ 伴奏する楽器は何か。　　　　　　　　　　　　　　　ピアノ

☐ ❿ この曲は何人の歌手で歌われるか。　　　　　　　　　１人

☐ ⓫ この曲の４人の登場人物をすべて答えなさい。　　　　語り手, 父, 子, 魔王

☐ ⓬ 語り手の現れる場所は，曲のどの部分とどの部分か。　最初と最後

スピードチェック

雅楽「越天楽」
箏曲「六段の調べ」

ファイナル チェック　　雅楽「越天楽」

- ☐❶この曲はどんな種類の雅楽か。　　　　　　　　　　　管絃（管弦）
- ☐❷この曲には舞は付いているか。　　　　　　　　　　　いない
- ☐❸アジア各地から伝来した歌や舞を起源とする雅楽を２つ　舞楽，管絃（管弦）
  あげなさい。
- ☐❹中国を起源とする唐楽の楽曲を演奏する舞楽（赤色系統　左舞
  の装束を着用）を何というか。
- ☐❺朝鮮半島を起源とする高麗楽の楽曲を演奏する舞楽（緑　右舞
  色系統の装束を着用）を何というか。
- ●雅楽の楽器について，答えなさい。
- ☐❻吹いても吸っても音が出る和音を演奏する管楽器は何か。　笙
- ☐❼全体のテンポをリードし，合奏の流れをつかさどる打楽　鞨鼓
  器は何か。
- ☐❽13本の弦を，指につけた爪で弾く弦楽器は何か。　　　箏（楽箏）
- ☐❾アシと竹でできていて，主旋律を演奏する管楽器は何か。　篳篥

ファイナル チェック　　箏曲「六段の調べ」

- ☐❶この曲に使われる楽器は何か。　　　　　　　　　　　箏
- ☐❷この楽器が日本に伝来したのは何時代か。　　　　　　奈良時代
- ☐❸この曲の作曲者は誰と伝えられているか。　　　　　　八橋検校
- ☐❹この曲が作られたのは何時代か。　　　　　　　　　　江戸時代
- ☐❺この曲は，日本の伝統音楽に見られるある特徴を持って　序破急
  いる。それは何か。
- ☐❻この曲の調弦を答えなさい。　　　　　　　　　　　　平調子
- ☐❼この楽器の弦の数は何本か。　　　　　　　　　　　　13本
- ☐❽この曲のように，１曲が数段に分かれている歌の入らな　段物
  い箏曲を何というか。
- ☐❾A，Bの爪を使う流派の名前を　　 　Ａ 生田流
  それぞれ答えなさい。　　　　　　　　　　　　　　　Ｂ 山田流
- ●下の箏の図で，（　　）にあてはまる言葉を答えなさい。

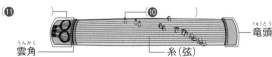

☐❿ 柱
☐⑪ 竜尾

（⑪）　　（⑩）　　竜頭
雲角　　　糸（弦）

スピードチェック

フーガ ト短調
交響曲第5番 ハ短調

ファイナル チェック　フーガ ト短調

☐❶この曲の作曲者は誰か。　J.S. バッハ

☐❷❶が生まれた国はどこか。　ドイツ

☐❸❶が活躍した時代を何というか。　バロック時代

☐❹❶と同じ年に生まれた作曲家を1人あげなさい。　ヘンデル

☐❺この曲は何という楽器で演奏されるか。　パイプオルガン

☐❻❺には音色を変化させるための装置が付いている。これを何というか。　ストップ

☐❼❺の楽器で，音を出す部分の名称を答えなさい。　パイプ

☐❽❺の楽器の鍵盤は手鍵盤ともう1つある。これは何か。　足鍵盤

☐❾この曲の形式を何というか。　フーガ

☐❿❾の形式で，最初に示される音型を何というか。　主題

☐⓫この曲では，❾はいくつの声部でできているか。　4つ

☐⓬この曲は同じト短調の「幻想曲とフーガ」と区別するためどのように呼ばれることがあるか。　小フーガ

ファイナル チェック　交響曲第5番 ハ短調

☐❶この曲の作曲者は誰か。　ベートーヴェン

☐❷❶が生まれた国はどこか。　ドイツ

☐❸❶は成人してからオーストリアのある都市に移住した。その町はどこか。　ウィーン

☐❹この曲の演奏形態を答えなさい。　オーケストラ(管弦楽)

☐❺この曲の楽章の数はいくつか。　4つ

☐❻この曲の第1楽章はどのような形式でつくられているか。　ソナタ形式

☐❼❻の形式について，下の（　）をうめなさい。
　提示部→（　）→再現部→コーダ　展開部

☐❽音楽を構成する単位として，もっとも小さなまとまりを何というか。　動機

●オーケストラの楽器について答えなさい。

☐❾弦楽器の中で，最も高い音を演奏する楽器は何か。　ヴァイオリン

☐❿フルート，オーボエ，クラリネット，ファゴットなどの楽器を何というか。　木管楽器

スピード チェック

アイーダ
歌舞伎「勧進帳」

ファイナル チェック　　アイーダ

☐❶この曲の作曲者は誰か。　　　　　　　　　　　　　ヴェルディ

☐❷作曲者の生まれた国はどこか。　　　　　　　　　イタリア

☐❸この曲の演奏形態を何というか。　　　　　　　　オペラ（歌劇）

☐❹この曲の幕の数はいくつか。　　　　　　　　　　4つ

☐❺❸は音楽，文学，演劇，美術，舞踊など，さまざまな分　総合芸術
　野の要素を組み合わされて上演される。このような芸術を
　何というか。

☐❻❸の伴奏を担当するのは何か。　　　　　　　　　オーケストラ

☐❼❸は16世紀末に誕生した。その国はどこか。　　イタリア

☐❽舞台となった時代と国を答えなさい。　　　　　　古代エジプト

☐❾アイーダはどこの国の王女か。　　　　　　　　　エチオピア

☐❿アイーダと愛し合っているエジプトの将軍は誰か。　ラダメス

☐⓫この曲は，悲劇，喜劇のどちらか。　　　　　　　悲劇

ファイナル チェック　　歌舞伎「勧進帳」

☐❶この曲がつくられたのは何時代か。　　　　　　　江戸時代

☐❷この曲で用いられる音楽を何というか。　　　　　長唄（ながうた）

☐❸かぶき踊を始めたといわれているのは誰か。　　　出雲（いずも）のお国（くに）

☐❹歌舞伎の音楽は，唄を担当する唄方（うたかた），鳴物を担当する囃　三味線（しゃみせん）方
　子方（しかた）ともう1つある。その名前を何というか。

☐❺この曲で囃子方の使う楽器を3つあげなさい。　　小鼓（こつづみ）・大鼓（おおつづみ）・笛

☐❻義経一行にかけられた疑いを晴らすために，勧進帳を読　武蔵坊弁慶（むさしぼうべんけい）
　み上げた山伏（やまぶし）の名前は何か。

☐❼❻が行われた関所の名前は何か。　　　　　　　　安宅（あたか）の関所

☐❽関所通過後，関守の富樫（とがし）に対し，❻がお礼のために舞っ　延年（えんねん）の舞
　た舞を何というか。

☐❾❻が義経一行を追いかけるために行う演出を何というか。　飛び六方（ろっぽう）（法）

☐❿右のような歌舞伎独特の化粧法を何と　　　　　　隈取（くまどり）
　いうか。

☐⓫演技や踊りのための舞台から客席を貫　　　　　　花道（はなみち）
　く通路を何というか。

文楽「新版歌祭文」「義経千本桜」
ブルタバ（モルダウ）

ファイナル チェック　　文楽「新版歌祭文」「義経千本桜」

☐❶文楽の上演形態は何か。　　　　　　　　　　　　人形劇

☐❷３人の人形遣いで人形を遣うが，この３人を何というか。三人遣い

☐❸❷で，左遣い，足遣いと，もう１人の遣い手を何というか。主遣い

☐❹文楽の語り手の名前を何というか。　　　　　　　太夫

☐❺❹と三味線で演奏する文楽の音楽を何というか。　義太夫節

☐❻文楽を伴奏する三味線の種類は何か。　　　　　　太棹三味線

☐❼文楽の別名を答えなさい。　　　　　　　　　　　人形浄瑠璃

☐❽文楽が成立したのは何時代か。　　　　　　　　　江戸時代

☐❾17世紀に大坂（現在の大坂）で❺を始めたのは誰か。竹本義太夫

●下の❿，⓫の文楽作品について，その作品名を答えなさい。

☐❿大坂を舞台に，奉公人久松と２人の女性お染，お光をめ　新版歌祭文
　ぐる悲劇の恋愛物語。

☐⓫平家が滅亡した後，平家の武将平知盛は生き延びて，義　義経千本桜
　経一行への復讐を企てる。

ファイナル チェック　　ブルタバ(モルダウ)

☐❶この曲の作曲者は誰か。　　　　　　　　　　　　スメタナ

☐❷❶のように，民族色の強いロマン派の作曲家を何というか。国民楽派

☐❸❶の生まれた国はどこか。　　　　　　　　　　　チェコ

☐❹❶の活躍した時代，❸はどこの国の支配を受けていたか。オーストリア

☐❺この曲の種類は何か。　　　　　　　　　　　　　交響詩

☐❻この曲の演奏形態は何か。　　　　　　　　　　　オーケストラ(管弦楽)

☐❼この曲は連作交響詩の１曲である。この連作交響詩の名　我が祖国
　前は何か。

☐❽この曲はこの連作交響詩の何曲目にあたるか。　　２曲目

☐❾この曲はドイツ語名ではどのように呼ばれているか。　モルダウ

☐❿❷の作曲家で「フィンランディア」を作曲したのは誰か。シベリウス

☐⓫この曲の冒頭で，次の旋律を演奏する楽器を答えなさい。フルート

ボレロ
尺八曲「巣鶴鈴慕」「鹿の遠音」

ファイナル チェック ボレロ

☑❶この曲の作曲者は誰か。 ラヴェル

☑❷❶の生まれた国はどこか。 フランス

☑❸❶が幼いころから親しんだ楽器は何か ピアノ

☑❹❶は個性的で色彩的な管弦楽法を駆使し，豊かな響きを 魔術師
追求したため「オーケストラの□□」と呼ばれている。

☑❺この曲はもともと何の音楽のために作曲されたか。 バレエ

☑❻ボレロは18世紀末にある国で流行した舞曲である。そ スペイン
の国はどこか。

☑❼ボレロは何拍子系の舞曲か。 3拍子

☑❽この曲の演奏形態は何か。 オーケストラ

☑❾この曲の冒頭でボレロのリズムを演奏する打楽器の名前 小太鼓
は何か。

☑❿この曲はとても弱い音で始まり，1つの長い□□で演奏 クレシェンド
され，最後は最強音で終了する。

ファイナル チェック 尺八曲「巣鶴鈴慕」「鹿の遠音」

☑❶これらの曲がつくられた時代は何時代か。 江戸時代

☑❷この曲に使われる楽器は何か。 尺八

☑❸尺八はどのような素材でつくられているか。 竹

☑❹尺八には表と裏にそれぞれ指孔があいている。表の指孔は ４つ
いくつか。

☑❺尺八で，顎を出して音高を上げる奏法を何というか。 カリ

☑❻尺八で，顎を引いて音高を下げる奏法を何というか。 メリ

☑❼日本の伝統音楽では音と音のあいだの音のない部分が大 間
切にされる。この部分のことを何というか。

●尺八曲「巣鶴鈴慕」について答えなさい。

☑❽この曲のもとになった曲を答えなさい。 鶴の巣籠

●尺八曲「鹿の遠音」について答えなさい。

☑❾この曲は江戸時代の尺八の名手が収集した曲と伝えられ 黒沢琴古
ている。それは誰か。

能「敦盛」「羽衣」
日本の民謡（ソーラン節）・日本の郷土芸能

ファイナル チェック　能「敦盛」「羽衣」

☐❶能を現在につながる形で完成させた親子は誰か。　観阿弥と世阿弥

☐❷❶の親子が能を完成させたのは何時代か。　室町時代

☐❸❷の時代にこの親子を支援した人物は誰か。　足利義満

☐❹能は平安時代から行われていたある芸能を起源としているといわれている。その芸能は何か。　猿楽

☐❺能が後世に影響を与えた芸能を2つあげなさい。　歌舞伎と文楽

☐❻能の演奏者を謡（地謡）ともう1つあげなさい。　囃子

☐❼能の上演で主役をつとめる演者を答えなさい。　シテ

☐❽❼は多くの場合，何をつけて演技を行うか。　面

☐❾能の上演で，主役の相手役をつとめる演者を答えなさい。　ワキ

☐❿能舞台で左手に長くのびた廊下を何というか。　橋掛り

●能の囃子に使われる楽器について答えなさい。

☐⓫管楽器の名前は何か。　笛（能管）

☐⓬打楽器の名前を3つあげなさい。　小鼓，大鼓，太鼓

ファイナル チェック　日本の民謡(ソーラン節)・日本の郷土芸能

●次の民謡はそれぞれ，どの都道府県のものか答えなさい。

☐❶金毘羅船々　香川県

☐❷ソーラン節　北海道

☐❸谷茶前　沖縄県

☐❹こきりこ節　富山県

●次の郷土芸能はそれぞれ，どの都道府県のものか答えなさい。

☐❺阿波おどり　徳島県

☐❻博多祇園山笠　福岡県

☐❼天神祭　大阪府

☐❽秩父夜祭　埼玉県

●下の2つの日本音階の名前を答えなさい。

☐❾ 　例　谷茶前　沖縄音階

☐❿ 例　こきりこ節　民謡音階

世界の諸民族の音楽・ポピュラー音楽 リコーダーのまとめ

ファイナル チェック　世界の諸民族の音楽・ポピュラー音楽

●次の世界の諸民族の音楽，ポピュラー音楽や楽器の名前を答えなさい。

□❶北インドの打楽器。2個1対の高音と低音の太鼓。　タブラー

□❷賛美歌とアフリカ系アメリカ人の音楽が融合したもの。　ゴスペル

□❸中国の伝統的な音楽劇。　京劇（ジンジュ）

□❹アラブ諸国で使われている弦楽器。はじいて音を出す。日本の琵琶と関係が近い。　ウード

□❺南アメリカのアンデス地方の弦楽器。昔はアルマジロの甲羅で作られていた。　チャランゴ

□❻インドネシア周辺に伝わる合奏形態。青銅でできた打楽器が中心となる。　ガムラン

□❼スペイン南部の民族音楽。歌，踊り，ギターの伴奏が中心となっている。　フラメンコ

□❽19世紀末に，アメリカ南部の都市を中心に生まれた音楽。即興的な演奏法であるアドリブが特徴。　ジャズ

ファイナル チェック　リコーダーのまとめ

□❶楽器の音の高さ（ピッチ）を合わせることを何というか。　チューニング

□❷リコーダーのピッチは，楽器が温まるとどのようになるか。　高くなる

□❸タンギングは，体のどの部分を使って音を出したり止めたりするか。　舌

□❹親指で裏穴に隙間をつくって演奏することを何というか。　サミング

●下の図を見て，アルトリコーダーの各部の名称を答えなさい。

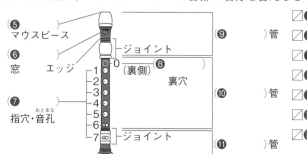

❺ マウスピース

❻ 窓　エッジ

❼ 指穴・音孔

ジョイント
0
1
2
3
4
5
6
7
ジョイント

（裏側）❽ 裏穴

（❾ ）管
（❿ ）管
（⓫ ）管

□❺ 歌口（吹き口）

□❻ ウィンドウ

□❼ トーンホール

□❽ サムホール

□❾ 頭部

□❿ 中部

□⓫ 足部

15 世界の諸民族の音楽・ポピュラー音楽

p.126　ステージ **1**

教科書の要点

❶ ①スペイン　②モンゴル　③中国
　④ボリビア　⑤インド　⑥インドネシア

❷ ①ロック　②ジャズ　③ボサ ノヴァ

解説

❶ 世界の諸民族の音楽は，日常親しんでいるクラシック音楽やポピュラー音楽とは音の響きやリズムなどが異なるので，初めは戸惑うこともある。しかし，各地域独自の文化が音楽を育んできたとも考えられ，彼らの音楽を聴くことにより，民族への理解も深まることだろう。6つの国や地域の音楽などを教科書で確認しておこう。

❷ ポピュラー音楽は広く一般の人々に親しまれている大衆的な音楽のこと。諸民族の音楽に対し，主に専門家が創作した音楽として放送，インターネット，映画などを通じて広まっている。

　①ロックは「ロックンロール」を縮めた言葉。アメリカ発で 1950 年代に世界へ広がった。

　②ジャズは 19 世紀末〜20 世紀初めにアメリカ南部の都市を中心に誕生した。即興演奏が特徴。

　③ボサ ノヴァはポルトガル語で「新しい傾向」という意味。1950 年代後半にブラジルで誕生。

p.127　ステージ **2**

❶ (1)タブラー　(2)ゴスペル　(3)ガムラン
　(4)京劇(ジンジュ)　(5)フラメンコ
　(6)ウード　(7)チャランゴ　(8)ジャズ

❷ (1)エ　(2)イ　(3)オ　(4)カ　(5)ウ
　(6)ア

解説

❶ (7)現在はほとんどが木製である。

❷ (1)映画化もされた大ヒットミュージカル。
　(4)チャイコフスキー作曲の 4 幕のバレエ。
　(6)ヴェルディ作曲のオペラ。

👆 この曲のポイント！

●世界の諸民族の音楽の特徴を確認。
　諸民族の音楽はどのようなものか確認しよう。

●ポピュラー音楽の種類をおさえる。
　ロック，ジャズ，ボサ ノヴァの曲をおさえよう。

■□ プラスワーク

p.128〜129 ◀ 音楽史

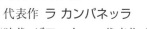

1 (1)①能　②出雲のお国　③竹本座
　(2)雅楽　(3)歌舞伎　(4)13 本

2 (1)時代 近代・現代
　　代表作 ボレロ
　(2)時代 ロマン派
　　代表作 ラ カンパネッラ
　(3)時代 バロック　代表作 四季
　(4)時代 古典派
　　代表作 交響曲第 101 番「時計」
　(5)時代 ロマン派　代表作 展覧会の絵

3 (1)①バロック　②古典　③ロマン
　④グレゴリオ聖歌　⑤多声音楽
　⑥器楽曲　⑦交響曲　⑧標題音楽
　⑨国民楽派　⑩印象主義
　(2)ヴェルディ　(3)ベートーヴェン
　(4)月光　(5)スメタナ

解説

1 (2)中国大陸や朝鮮半島など，アジア大陸の諸国から伝来した音楽や舞が，日本に古くから伝わる音楽や舞と融合し，日本化した芸術である。平安時代中ごろに大まかな形が成立し，今日まで伝承されている。

　(3)出雲のお国については，詳しいことはわかっていないが，1603 年に京都でかぶき踊を演じ，大きな人気を博したという記録が残っている。

2 (2)フランツ リスト(1811 年〜1886 年)はハンガリーに生まれたピアニスト，作曲家である。ピアノの名手として有名であるが，作曲家としては，交響詩の創始者としても知られている。

　(4)ヨーゼフ ハイドン(1732 年〜1809 年)は，古典派を代表するオーストリアの作曲家である。多くの交響曲や弦楽四重奏曲などがある。交響曲第 100 番「軍隊」，101 番「時計」などが有名。

3 (4)ベートーヴェンには 32 曲のピアノソナタがあり，どれもが名作といわれている。このほかには交響曲(9 曲)と弦楽四重奏曲(16 曲)が重要。

　(5)国民楽派としては，ロシアのムソルグスキー，ボロディン，フィンランドのシベリウス，ノルウェーのグリーグ，チェコのドヴォルザーク，スペインのファリャなどが知られている。

p.130〜131 《 リコーダー⑴

1 (1)①歌口(吹き口)　②ウィンドウ
　　③トーンホール　④サムホール
　　⑤頭部　⑥中部　⑦足部
　(2)右手 4567　左手 0123

2 (1)チューニング　(2)頭部管(ジョイント)
　(3)低くなる。　(4)高くなる。
　(5)頭部管

3 (1)イ　(2)4分の4拍子
　(3)Aア　Bオ　Cイ　Dエ　Eウ

4 (1)イ　(2)4分の4拍子
　(3)Aウ　Bオ　Cイ　Dア

解説

1 リコーダーは、ルネサンスの時代には、フルートと呼ばれており、現在のフルートの原型である横笛はフラウト トラヴェルソと呼ばれていた。この時代のリコーダーにはジョイントはなく、全体が1つにつながっていたが、バロック時代が始まった17世紀には、現在の楽器とほぼ同じ形になったと考えられている。古典派以降、この楽器はしだいに省みられなくなっていったが、20世紀に入ってから復活し、現在に至っている。
　リコーダーには、ソプラノ、アルト、テノール、バスなど、たくさんの種類があって、リコーダーどうしのアンサンブルをすることができる。

2 リコーダーは、楽器が温まるとピッチが上がり、冷えるとピッチが下がる性質がある。一定のピッチを保つため、楽器の温度変化に気を付けるようにしよう。てのひらで包み、頭部管を温めておくなどの工夫をするのも効果的である。また、管の内側に水滴が付くと、音のかすれが出やすくなるので、湿度の変化にも注意したい。

3 (1)　アは「フーガ ト短調」のバッハ、ウは「アイーダ」のヴェルディ、エは「魔王」のシューベルトである。交響曲第9番は、ベートーヴェンの最後の交響曲で「合唱」と呼ばれることもある。

4 リコーダーは大切な楽器なので、ていねいに取り扱おう。演奏が終わって、管の内側に付いた水滴などは、棒にガーゼなどを巻いて、きれいにふき取るようにする。また、ジョイント部分にはグリスを塗り、プラスチックどうしがこすれ合ってすり減らないように注意しよう。グリスが塗ってあると、チューニングしやすく便利である。

p.132〜133 《 リコーダー⑵

1 ①イ　②イ　③イ　④ア

2 (1)舌　(2)イ

3 (1)サミング　(2)Aア　Bウ

4 (1)4分の4拍子
　(2)Aオ　Bウ　Cカ　Dイ

5 Aエ　Bア　Cカ

6 Aキ　Bイ　Cア

解説

1 リコーダーを演奏するときは、腹式呼吸と呼ばれる呼吸法を使う。おなかから楽器にスムーズに空気を送り込むことを心がけよう。また、肩や腕に力が入りすぎていないことも大切である。椅子に座って吹くときは、椅子に深く座らず、浅く座って背筋を伸ばすようにする。立って吹くときには、背筋を伸ばし、少し足を開いて、体全体を支えやすいようにしよう。

2 舌を使って、息を止めたり出したりすることをタンギングという。タンギングを使うと、生き生きとした豊かな表現が可能になるので、積極的に取り入れよう。リコーダーのタンギングには、音域や音色によって、様々な方法があるが、「tu」や「du」を使うことが多い。まずは「tu」から練習し始めよう。

3 親指でサム ホール(親指孔)の空き具合を調節することをサミングという。これは高音を出すときに使う演奏法である。演奏法としては、親指を下に少しずらす方法と、親指の爪を立てるように第一関節を曲げる方法がある。

4〜6 リコーダーの演奏にはアーティキュレーションを意識することが大切である。アーティキュレーションとは、音と音のつながりに強弱や表情をつけることである。これによって、表情豊かな演奏が可能になる。ここでは4つの奏法を取り上げる。
　①**スタッカート奏法**：タンギングを使って、音を短く切って演奏する。
　②**ノン レガート奏法**：タンギングを使って、音と音の間に短い隙間を作って演奏する。
　③**ポルタート奏法(テヌート奏法)**：息の流れを切らずに、タンギングする。
　④**レガート奏法**：スラーの最初の音はタンギングし、そのあとは滑らかに演奏する。